기술과 교사의 직무수행

JOB PERFORMANCE

기술과 교사의 직무수행

기술과 교육이 제대로 이루어지기 위해서는 기술과 교육의 주체인 기술과 교사의 직무수행이 무엇보다도 중요하다.
기술과 교사가 자신에게 요구되는 다양한 역할을 이해하고, 구체적 교육상황 속에서 맡은 바 직무를 효과적으로
수행함으로써 기술과 교육이 올바른 방향으로 나아가고 발전할 수 있기 때문이다. 최근 정부에서도 교사의 직무수행의
중요성을 인식하고 이를 향상시키기 위한 다양한 정책과 지원체제를 제시하고 있다. 그런데 교사의 직무수행 향상과 전문성
신장을 위한 지원체제를 구축하기 위해서는 이에 앞서 교사의 직무수행정도가 구명되어야 할 필요가 있다.

이명훈 지음

KSI 한국학술정보㈜

기술의 발달은 편리성 면에서 이전과 비교도 할 수 없을 정도로 우리의 삶을 바꾸어 놓았다. 또한, 생활양식은 물론, 사물에 대한 사고나 가치관까지도 바꾸어 놓을 정도로 우리에게 큰 영향을 주고 있다. 이제 기술을 제외하고는 오늘날의 문명이나 지식기반사회를 상상할 수 없는 것이 현실이며, 앞으로도 우리에게 미치는 기술의 영향력은 계속 증가할 것이다. 따라서 현 시대를 슬기롭게 살아가기 위해서는 기술을 제대로 알고, 기술적 문제를 창의적으로 해결할 수 있는 능력이 요구되고 있다. 기술과(技術科) 교육은 바로 이와 같은 능력, 즉 학생들의 기술적 소양과 기술적 사고력, 창조력, 문제해결능력, 그리고 실천적 태도를 기르는 것으로서, 현 시대를 살아가는 학생들에게 반드시 필요하다.

그런데 기술과 교육이 실효를 거두기 위해서는 무엇보다도 이를 주관하는 기술과 교사의 질 높은 직무수행이 요구된다. 최근 정부에서도 교사들의 직무수행의 중요성을 인식하고, 이를 향상시키기 위한 다양한 정책과 지원체제를 제시하고 있다. 그런데 교사의 직무수행 향상과 전문성 신장을 위한 지원 체제를 제대로 마련하기 위해서는 먼저 교사의 직무수행 수준이 구명되어야 한다. 즉, 기술과 교사의 직무수행 수준이 어느 정도인지를 분석하고, 향상이 요구되는 직무내용이 무엇인지를 구체적으로 분석함으로써, 이를 향상시킬 수 있는 정책이나 지원 체제를 체계적으로 마련할 수 있을 것이다.

필자는 기술과 교사의 직무수행 수준을 구명하기 위해, 먼저 이를 측정할 수 있는 직무수행 평가도구를 개발하였다. 그리고 이를 이용하여 기술과 교사의 직무수행 수준을 평가하였으며, 이와 관련된 변인들과의 관계를 구명하였다. 아무쪼록 이러한 연구가 미약하나마 기술과 교육과 교사의 직무수행 향상을 위한 지원 체제 마련에 도움이 되길 희망한다.

　　끝으로 연구와 학문적 성장을 위해 지금까지 저를 지도해 주신 많은 은사님들과 교육에 대해 함께 고민을 나눈 많은 동료들께도 깊이 감사드린다. 그리고 출간을 제안해 주신 한국학술정보 출판사업부와 그 동안 이 책의 출판을 위해 수고해 주신 박주선 선생님께도 감사드린다.

이 명 훈 씀

목 차

Ⅰ. 서 론 / 9

1. 연구의 필요성 • 9

2. 연구의 목적 • 11

3. 연구의 문제 • 12

4. 용어의 정의 • 13

5. 연구의 제한 • 14

Ⅱ. 이론적 배경 / 15

1. 기술과 교육과 교사 • 15

2. 기술과 교사의 직무 • 26

3. 기술과 교사의 직무수행 관련 변인 • 62

Ⅲ. 연구 방법 / 93

1. 연구 설계 • 93

2. 연구 대상 • 94

3. 조사 도구 • 96

4. 자료 수집 • 142

5. 자료 분석 • 143

IV. 연구 결과 및 논의 / 145

1. 응답자의 일반 특성 • 145
2. 기술과 교사의 직무수행 • 148
3. 기술과 교사의 직무수행과 주요 변인 간의 관계 • 157
4. 기술과 교사의 직무수행 관련 변인의 설명력 • 192
5. 논 의 • 207

V. 요약, 결론 및 제언 / 223

1. 요 약 • 223
2. 결 론 • 231
3. 제 언 • 233

참고문헌 / 237

부 록 / 256

Ⅰ 서 론

1. 연구의 필요성

기술은 인류문명의 발달에 기여해 왔으며, 오늘날과 같이 복잡한 사회에서 우리는 언제나 기술과 접하며 생활하고 있다. 그리고 기술이 인간과 사회에 미치는 영향력은 앞으로도 계속 증가할 것이다. 따라서 학생들로 하여금 기술의 개념과 특성을 이해하고, 기술에 대한 긍정적 태도와 기술적 문제를 창의적으로 해결하는 능력을 갖추도록 할 필요가 있다. 그러므로 실천적이고 생산적인 학습경험을 통하여 기술에 대한 지식, 태도, 능력을 가르치는 기술과 교육은 학생들에게 반드시 필요한 교육이다(교육인적자원부, 1997b).

이러한 기술과 교육이 제대로 이루어지기 위해서는 기술과 교육의 주체인 기술과 교사의 직무수행이 무엇보다도 중요하다. 기술과 교사가 자신에게 요구되는 다양한 역할을 이해하고, 구체적 교육상황 속에서 맡은 바 직무를 효과적으로 수행함으로써 기술과 교육이 올바른 방향으로 나아가고 발전할 수 있기 때문이다. 최근 정부에서도 교사의 직무수행의 중요성을 인식하고 이를 향상시키기 위한 다양한 정책과 지원체제를 제시하고 있다(교육인적자원부, 2004a, 2004b). 그런데 교사의 직무수행 향상과 전문성 신장을 위한 지원체제를 구축하기 위해서는 이에 앞서 교사의 직무수행 정도가 구명되어야 할 필요가 있다. 다시 말해, 기술과 교사의 직무수행이 어느 정도인지를 분석하고, 향상이 요구되는 직무수행 내용을 구체적으로 파악함으로써, 이를 향상시킬 수 있는 정책이나 지원체제를 체계적으로 마련할 수 있기 때문이다. 그럼에도 불구하고 지금까지 기술과 교사의 직무나 직무능력에 관한 연구(김용익, 2001b; 김판욱, 2003 등)는 다수 이루어져 왔으나, 기술과 교사의 직무수행과 관련된 논의나 연구는 거의 이루어지지 못했다.

그런데 기술과 교사의 직무수행을 심층적으로 연구하기 위해서는 단순히 직무수행이 어느 정도인가를 구명하는 것만으로는 부족하며, 직무수행에 영향을 미치는 관련 변인들과의 관계를 함께 구명할 필요가 있다(주연희, 2004). 일반교사를 대상으로 한 선행연구들을 살펴보면, 교사의 직무수행과 관련되는 변인으로서 주로 교사의 인구통계학적 특성이나 근무학교 특성을 중심으로 교사의 직무수행과의 관계를 파악하였으며, 이외의 변인을 고려한 연구에서도 다양한 관련 변인들을 동시에 고려하지 않고 하나의 특정 변인과 직무수행의 관계만을 단편적으로 분석하였다는 아쉬움이 있다. 그러므로 기술과 교사의 직무수행을 보다 심도 있게 분석하기 위해서는 인구통계학적 특성이나 근무학교 특성뿐 아니라 다양한 관련 변인들을 종합적으로 고려할 필요가 있다.

일반교사를 대상으로 한 선행연구들에 의하면 교사의 직무수행 관련 변인은 매우 다양한데, 인구통계학적 특성이나 근무학교 특성보다도 오히려 직무의 중요성 인식과 교사의 효능감, 학교풍토와 같은 변인이 교사의 직무수행과 더 관련이 있는 것을 알 수 있다. 학생들에게 영향을 미칠 수 있는 교사 자신의 능력에 대한 믿음을 개인적 교수효능감이라고 하는데, 이러한 교수효능감은 교사의 직무수행과 깊은 관련이 있는 것으로 알려져 있다(Gibson & Dembo, 1985; Podell & Soodak, 1993 등). 또한 주어진 직무에 대한 중요성 인식도 교사의 직무수행과 매우 깊은 관계가 있는 것으로 알려져 있다(Attarian, 1996). 한편, 인간은 주어진 환경 속에서 행동하기 때문에 이러한 개인적 변인만으로는 그의 행동을 설명하거나 예측하기에 부족함이 있다. 따라서 인간의 행동을 이해하기 위해서는 개인적 변인뿐만 아니라 환경적 변인을 동시에 고려할 필요가 있는데(임거빈, 2001), 환경적 변인으로서 학교풍토는 학교의 구성원들 간의 공식적, 비공식적 인간관계에 의하여 조성되는 사회 심리적 환경으로 교사의 직무수행에 영향을 주는 중요한 변인으로 알려져 있다(Hoy & Tarter, 1992). 그러나 이러한 변인들은 어디까지나 일반교사의 직무수행과 관련이 있다는 것이지 기술과 교사의 직무수행과의 관계는 아직 명확하지 않다.

따라서 기술과 교사의 직무수행 정도를 구명하고, 직무수행과 인구통계학적 특성, 근무학교 특성, 기술과 교사의 개인적 교수효능감, 직무 중요성, 학교풍토와의 관계를 구명할 필요가 있다.

2. 연구의 목적

이 연구의 목적은 기술과 교사의 직무수행 정도를 구명하고, 이와 관련된 변인들과의 관계를 구명하는 데 있다. 이와 같은 연구 목적을 달성하기 위한 구체적인 연구 목표는 다음과 같다.

가. 기술과 교사의 직무수행 정도를 구명한다.
나. 기술과 교사의 직무수행과 주요 변인 간의 관계를 구명한다.
다. 기술과 교사의 직무수행 관련 변인의 설명력을 구명한다.

3. 연구의 문제

연구 목표별 연구 문제는 다음과 같이 설정하였다.

가. 기술과 교사의 직무수행 정도

1) 기술과 교사의 직무수행은 어느 정도인가?

나. 기술과 교사의 직무수행과 주요 변인 간의 관계

2) 기술과 교사의 직무수행은 인구통계학적 특성(성별, 학력, 교직
   경력, 현직연수 이수, 담당 교과목 수, 자격 취득경로)에 따라
   차이가 있는가?
3) 기술과 교사의 직무수행은 근무학교 특성(학교급, 학교 설립 유
   형, 학교 규모, 학교 소재지)에 따라 차이가 있는가?
4) 기술과 교사가 인식하는 직무 중요성과 직무수행 간에는 어떤
   관계가 있는가?
5) 기술과 교사가 인식하는 학교풍토와 직무수행 간에는 어떤 관
   계가 있는가?
6) 기술과 교사의 개인적 교수효능감과 직무수행 간에는 어떤 관
   계가 있는가?

다. 기술과 교사의 직무수행 관련 변인의 설명력

7) 기술과 교사의 직무수행 관련 변인의 설명력은 어떻게 나타나
   는가?

4. 용어의 정의

가. 기술과

제7차 교육과정상에 있는 중·고등학교 '기술·가정' 교과의 기술 영역에 해당하는 것을 통칭한다.

나. 직 무

직무(job)란 교사의 직위에 주어지는 직책을 가지고 수행하여야 할 업무(현안상, 1996)를 의미하며, 이 연구에서는 기술과 교사의 직무를 교수학습지도, 실습지도 및 실습실 운영, 학생생활지도, 학급경영, 행정 업무수행, 전문성 신장의 여섯 가지 영역으로 분류한다.

다. 직무수행

직무수행(job performance)이란 주어진 직무에 대해 교사가 행동으로 실천하고 있는 수준, 또는 질을 의미한다. 이 연구에서는 연구자가 개발한 직무수행 척도에 기술과 교사가 반응한 직무 영역별 평균 점수의 단순한 합이 아니라, 직무 영역별 평균 점수에 각 영역별 가중치를 곱한 점수의 합을 의미한다.

라. 직무 중요성

교사가 행한 직무의 수행 정도와는 무관하게 직무를 얼마나 중요하게 인식하고 있는가의 정도를 의미한다. 이 연구에서는 연구자가 개발한 직무 중요성 척도에 기술과 교사가 반응한 점수의 평균을 의미한다.

마. 학교풍토

학교풍토란 학교 구성원의 행동에 영향을 주는 구성원들 간의 공식적, 비공식적 인간관계에 의하여 조성되는 사회 심리적 환경을 의미하며, 학교풍토를 협의적 리더십, 교사 전문행위, 학업 강조, 기관 취약성으로 구분하였다. 이 연구에서는 연구자가 Hoy(2001)의 도구를 번안한 척도에 기술과 교사가 반응한 점수의 평균을 의미한다.

바. 개인적 교수효능감

개인적 교수효능감이란 교사효능감의 한 부분으로, 개인으로서 교사 자신이 학생들에게 긍정적인 영향을 미칠 수 있는 능력에 대한 믿음을 의미한다(Woolfolk, Rossof & Hoy, 1990). 이 연구에서는 Enochs 와 Riggs(1990)의 교사효능감 척도 중, 일반적 교수효능감 영역을 제외한 개인적 교수효능감 영역에 기술과 교사가 반응한 점수의 평균을 의미한다.

5. 연구의 제한

직무수행의 측정은 교사가 인식하는 직무수행 정도뿐만 아니라 수행결과로서 학생들의 학습효과, 교육성과 등도 함께 고려하여 다차원적으로 이루어져야 하나, 이 연구에서는 직무수행에 대한 기술과 교사의 인식만으로 측정하였다.

Ⅱ 이론적 배경

1. 기술과 교육과 교사

가. 기술과 교육의 특성

기술은 인간이 환경에 적응하거나 환경을 개선하기 위한 정신적·신체적 활동과 생산적 실천에 관한 지식을 말하며, 사회적·경제적·역사적 상황과 상호작용을 하는 특성을 갖는다(김진순, 1990). 또한 기술은 인류 역사와 더불어 시작하였고, 문명도 기술의 발달과 더불어 발전하여 왔다. 기술이 점점 발달하면서 생활에 여유가 생기게 되었고, 이로 인하여 필요한 물건을 만드는 생산 기술 이외에 만들어진 물건을 활용하는 부수적인 기술인 생활 기술도 필요하게 되었다. 따라서 이러한 생산 기술 및 생활 기술에 대한 이해 없이는 현대 문명을 이해할 수 없을 뿐만 아니라, 지식기반 사회에 적응할 수 없을 것이다. 이런 점에서 기술을 가르치는 기술과 교육은 현대 기술 문명을 이해시키는 데에 필수불가결한 교육이다(교육인적자원부, 1997b). 이러한 기술과 교육의 특성으로서 기술과 교육의 정의, 목표, 내용, 교수학습 방법, 평가 등을 고찰하였다.

기술과 교육에 대한 여러 학자들(김진순, 1990; 류창열, 2000; 이재원, 1986; DeVore, 1980; ITEA, 2000; Savage & Sterry, 1991; Snyder &

Hales, 1981)의 정의를 종합하면, 기술과 교육은 기술학이라는 고유의 지식 체계에 근원한 자주적 교육으로서, 실천적이고 생산적인 학습경험을 통하여 기술적 소양(technological literacy)을 갖추도록 하는 보통교육의 성격을 지니며, 학생의 기술적 사고력과 창조력, 문제해결능력, 그리고 실천적 태도를 기르는 교육이라고 정의할 수 있다.

우리나라는 전통적인 농업국가에서 탈피하여 공업입국을 지향하는 과정에서 국민 모두에게 기술적 소양을 함양하고 기술인력의 저변 확대를 기하려는 취지에서 제2차 교육과정인 1970년부터 기술교과가 중·고등학교에 신설됨으로써 본격적으로 기술과 교육이 실시되기 시작하였다(이재원, 2000). 그 후 교육과정이 개정될 때마다 과목 명칭, 교육 목표, 교육 내용, 교육 대상 등이 바뀌었다. 제7차 교육과정에서는 국민공통기본교육과정의 관점에서 기술과 교육이 가정과 교육과 통합되어 초등학교 '실과'와 학문적 계열성을 갖는 '기술·가정' 교과가 되었다(교육인적자원부, 1997b). 따라서 현 7차 교육과정에서 기술과 교육의 특성은 기술·가정 교과의 기술 영역에 대한 특성을 통하여 파악될 수 있다.

기술과 교육의 목표는 개인과 가정, 산업 생활의 이해와 적응에 필요한 지식과 기능을 습득하여 가정생활을 충실하게 하고, 정보화, 세계화 등 미래 사회의 변화에 대처할 수 있는 능력과 태도를 갖도록 하는 데 있다. 이를 구체적으로 제시하면, 첫째 일상생활과 관련되는 일을 경험하여, 생활에 필요한 기초적 능력을 습득하고, 둘째 기술과 관련되는 다양한 실천적 경험을 통하여 자신의 적성을 계발하고 진로를 탐색하며, 일과 직업에 대한 건전한 태도를 갖추고, 셋째 일을 창의적으로 계획하고 실천하여 자신의 미래 생활을 합리적으로 설계할 수 있으며, 그에 필요한 준비를 할 수 있도록 하는 것이다(교육인적자원부, 1997a).

기술과 교육의 내용은 일상생활과 학생의 요구, 교육 현장의 여건 등을 고려하여 구성함으로써 현대 사회와 미래 사회의 적응에 필요한 기초적인 내용을 다룰 수 있도록 되어 있다. 따라서 7~9학년에서는 실생활에 필요한 기초 지식과 진로 탐색을 위한 다양한 경험을 할 수 있는 내용으로 구성되어 있으며, 10학년에서는 장래 직업 생활을 보다 효과적으로 수행하는 데 필요한 내용과 관련 분야에 대한 폭넓은 안목을 기르는 내용으로 구성되어 있다. 이러한 기술과 교육의 내용 체계를 학년별로 구체적으로 제시하면 <표 Ⅱ-1>과 같다(교육인적자원부, 1997a).

기술과 교육의 교수학습방법은 전반에 걸쳐 노작을 중시하고, 가정생활, 학교 행사, 지역사회 등과 밀접한 관계를 가지도록 하며, 산업체 견학, 자원 인사의 활용, 전시회 관람 등을 통하여 흥미 있는 학습이 이루어질 수 있도록 하고 있다. 그리고 그 과정에서 창의력, 문제해결능력, 의사결정능력, 의사소통능력, 인간관계기술, 협동심 등이 길러질 수 있도록 하며, 일에 대한 긍정적인 태도를 가지는 것을 중시하고 있다(교육인적자원부, 1997b). 따라서 기술과 교육에서도 실험·실습, 조사, 토의 등 활동 중심 및 사례 중심의 교수학습방법의 활용을 권장하고 있다. 또한 다양한 시청각 매체와 학습 자료를 적극적으로 활용하고 모든 영역에서 컴퓨터를 활용한 수업이나 과제를 수행하도록 하며, 한정된 시간의 부족을 극복할 수 있도록 개인별, 또는 팀별 과제학습(프로젝트 학습)을 하도록 권장하고 있다(이춘식, 이수정, 2003).

<표 Ⅱ-1> 기술과 교육의 내용 체계

7학년	8학년	9학년	10학년
미래의 기술 ·기술의 발달과 미래 ·생명 기술과 재배	**기계의 이해** ·기계요소 ·운동 물체 만들기	**산업과 진로** ·산업의 이해 ·진로의 선택과 직업윤리 ·산업재해와 안전	**에너지와 수송 기술** ·에너지원의 이용 ·동력의 발생과 이용 ·자동차의 원리
제도의 기초 ·물체를 나타내는 방법 ·도면 읽기와 그리기	**재료의 이용** ·재료의 특성 ·제품의 구상과 만들기	**전기·전자 기술** ·전기회로와 조명 ·가전 기기의 점검 ·전자 제품 만들기	**건설 기술의 기초** ·건설 구조물의 시공원리 ·건설 구조물 모형 만들기
컴퓨터와 정보처리 ·컴퓨터의 구조와 원리 ·정보의 생산, 저장과 분배	**컴퓨터와 생활** ·소프트웨어의 활용 ·인터넷의 활용		

출처: 교육인적자원부(1997a). 기술·가정교육의 내용 체계 중 기술 영역만을 재구성.

　　기술과 교육의 평가는 단순하고 지엽적인 평가를 지양하고, 교육과정에 제시되어 있는 목표에 대한 성취수준을 전반적으로 평가하도록 하고 있다. 그리고 각 영역별 특성을 고려하여 과정이나 성과를 수시로 평가하고, 지필 평가 외에 학생활동의 관찰, 면담, 논술, 연구보고서, 자기 평가 보고서, 포트폴리오 등에 의한 수행평가, 과제평가 등여러 가지 방법을 적절하게 활용하도록 하고 있다. 또한 실습평가는 양적 평가뿐만 아니라 질적 평가에 중점을 두고, 다양한 평가방법을 적용하도록 하며, 기능에 대한 평가는 가급적 실기평가방법을 적용하도록 하고, 실기의 비율이 전체의 60% 이상 반영되도록 하고 있다(교육인적자원부, 1997b).

이와 같이 기술과 교육은 기술학이라는 고유의 지식 체계에 근원한 자주적 교육으로서, 기술과 교육만의 목표와 내용을 가지고 있으며, 기술과 교육의 목표를 달성하기 위하여 다양한 교수학습방법과 평가방법이 활용되고 있음을 알 수 있다.

나. 기술과 교사의 역할과 자질

일반적으로 '역할'이라는 단어는 "지위에 맞게 행동하고 수행하도록 사회적으로 기대되고 요구되는 행동양식"을 의미하는데(국립국어연구원, 1999), 교사의 역할이란 교사라는 직위에 맞게 행동하고 수행하도록 기대되고, 요구되는 포괄적인 행동이라고 정의할 수 있다. 따라서 교사의 역할은 아주 다양하며, 접근 방법에 따라, 그리고 학자에 따라 다른 시각과 분류를 하고 있다. 전제상(2001)은 기존의 다양한 선행연구들을 종합하여 교사의 역할을 교과 지도자로서의 역할, 생활 및 특별활동 지도자로서의 역할, 학급경영 관리자로서의 역할, 연구 및 연수자로서의 역할, 행정사무 관리자로서의 역할, 학부모 및 지역사회 관계자로서의 역할로 분류하였다. 박영숙, 신철지, 정광희(1999)는 미래 교사에게 요구되는 역할로서, ① 정보화에의 대응 역할, ② 세계화에의 대응 역할, ③ 다원화에의 대응 역할, ④ 평생학습사회 구축에의 대응 역할, ⑤ 교직 전문화에의 대응 역할, ⑥ 교직 자율화에의 대응 역할, ⑦ 새 학교 문화창조에의 대응 역할 등을 제시하였다.

기술과 교사의 경우 다른 교과 담당교사보다 활동이 다양하고 광범위하기 때문에 교사로서의 일반적인 역할 외에도 기술과 교사에게만 요구되는 역할도 수행해야 한다. 박흥준(1989)은 기술과 교사가 담당해야 할 역할로서, ① 교실 내 수업의 계획, 준비, 실행, 평가, ② 자기 전공에 대한 계속적인 연구, ③ 학교 시설물의 관리 및 운영, ④ 실습실에서의 실습지도, ⑤ 지역사회와의 연계, ⑥ 학교운영에 관한 담당 사무처리, ⑦ 진로지도, ⑧ 상담 및 생활지도, ⑨ 교내에서의 과외활동 지도, ⑩ 기술실의 관리운영, ⑪ 교재제작 등을 제시하였다. 김용익 (2001a)은 지식기반 사회에서의 기술과 교사의 역할로서 신기술의 이해자, 교과교육의 전문가, 학습환경의 조성자, 학습의 안내와 조언자, 지식의 생성자, 진솔한 인격의 소유자 등을 제시하였다.

한편, 교사의 자질에 대해서 김종서(1982)는 "비교적 영속성 있는 교원이 갖추어야 할 개인의 특성 및 교직적 태도"라고 정의하였으며, Dodl과 Shalock은 "교직에서 요구되는 기능을 수행해낼 수 있는 능력"으로 정의하였다(조영남, 2001에서 재인용). 전자의 정의에 따르면 기술과 교사의 자질로서 교사로서의 품성, 사명의식, 책임감, 정의감, 봉사심, 협동심 등을 들 수 있다. 그러나 후자의 정의에 따르면, 즉 교사의 자질을 교사에게 부여된 역할을 수행하기 위한 최소한의 능력이라고 볼 때(장명희, 2001), 기술과 교사의 자질은 다른 교과 담당교사의 자질보다 더 다양하다.

Ericson(권문경, 1980에서 재인용)은 기술과 교사는 교과의 성격과 내용 때문에 일반 교사가 갖추어야 할 기초적 자질 외에 ① 실기지도 능력, ② 교수능력, ③ 풍부한 교양이 요구된다고 하였다. 박홍준(1989)은 기술과 교사가 맡은 역할을 제대로 수행하기 위해서 갖추어야 할 최소한의 자질로서 ① 전인교육을 위한 전문적 지식과 소양, ② 올바른 실기능력, ③ 진로지도 담당자로서의 전문성과 능력, ④ 여러 가지 산업일반의 내용들을 하나의 기술이라는 구조로 개념화시킬 수 있는 능력, ⑤ 학생들의 올바른 직업윤리와 직업관을 가질 수 있도록 지도할 수 있는 능력, ⑥ 전공과목에 대한 깊은 지식과 실기능력, ⑦ 일반 교양에 대한 폭넓은 지식, ⑧ 학생들을 가르치는 데 보람과 긍지를 느끼는 태도, ⑨ 지식이나 기술을 잘 가르칠 수 있는 교수능력, ⑩ 학생과의 바람직한 인간관계를 유지할 수 있는 능력을 제시하였다. 또한 류창열(1997)은 기술과 교사에게 요구되는 자질을 전공기술 분야, 교수방법 분야, 사회심리 분야로 나누어 열거하였는데, 전공기술 분야로는 ① 전공기술 분야의 숙련된 기술, ② 학생들이 기술적 문제해결을 할 수 있도록 조언할 수 있는 능력, ③ 전공기술 관련 임무수행에 필요한 자료 확보능력, ④ 산업계 동향에 따른 학생지도계획 수립능력, ⑤ 학생의 기술자격취득을 위한 지도능력을 제시하였으며, 교수방법 분야로는 ⑥ 프로젝트 수행을 위한 방법 및 절차를 지도할 수 있는 능력, ⑦ 문제해결방법을 명확히 할 수 있는 능력, ⑧ 교육매체를 개발하고 이용할 수 있는 능력, ⑨ 산업체의 기술혁신을 인지하고 활용할 수 있는 능력을 제시하였으며, 사회심리 분야로는 ⑩ 학생과 개별 및 집단 상담할 수 있는 능력, ⑪ 학생의 직업능력 발전을 위한 조언을 할 수 있는 능력, ⑫ 학생집단을 잘 조직하고 상호작용을 지도할 수 있는 능력 등을 제시하였다.

또한 제7차 교육과정에서는 학교 단위에서의 교육과정 운영을 위하여 교사에게 보다 다양하고 적극적인 역할과 자질을 요구하고 있다. 제7차 교육과정의 지침(교육인적자원부 고시 제1997-15호)에 제시된 교사에게 기대되는 역할과 자질은 교육과정 편성 측면에서는 학년, 학급, 교과목별 교육과정을 편성하는 것이다. 또한 교육과정 운영 측면에서는 학교에서 설정한 연간 수업 시수에 따라 교육을 실시하되, 수준별 교육과정 운영 계획을 수립하고, 단계별 학습목표의 성취기준에 도달한 학생을 진급시키는 기준을 마련하며, 심화보충학습을 실시하는 것이다.

이와 같이 기술과 교사의 경우 다른 교과 담당교사보다 더 다양한 자질이 요구되며, 광범위한 영역에 걸쳐 많은 역할을 수행하고 있음을 알 수 있다. 또한 시대적 요구와 교육과정의 변화에 따라 기술과 교사에게 요구되는 역할과 자질은 변화해 왔으며, 앞으로도 기술과 교사의 역할과 자질에 대한 요구도는 계속해서 증가할 것이다.

다. 기술과 교사교육

교사교육이란 교사의 양성, 임용, 재교육을 의미하며, 여기서는 기술과 교사의 양성, 임용, 재교육에 대하여 고찰하였다.

1) 기술과 교사의 양성

우리나라의 경우 실업계 고등학교에서 전공과목을 담당하는 교사를 양성하는 데에는 비교적 많은 관심을 기울인 데 반해, 일반계 중등학교에서 기술과목을 담당하는 기술과 교사의 양성에는 큰 관심을 기울이지 않은 경향이 있다. 즉 우리나라의 첫 교육과정이라고 볼 수 있는 1955년 제1차 교육과정의 이전부터 일반계 중등학교에서 기술과의 전신인 실업·가정과가 교육과정에 나타나 있음에도 불구하고, 이 과목을 담당할 교사교육에 관해서는 논의된 사례가 거의 없이 직업교육을 담당하도록 교육받은 사람이 담당하는 것으로 간주되어 왔다. 일에 관한 교육이라 하더라도 직업교육과 보통교육은 그 성격과 접근방법이 서로 다름에도 불구하고, 일반계 중등학교에서 실업·가정과를 가르칠 교사양성기관이 별도로 마련되어 있지 않았으며(류창열, 1997), 1981년에야 비로소 충남대학교 공업교육대학에 기술과 교원양성기관인 기술교육과가 설립되었다. 이는 교육과정 개정에 따라 전국의 모든 중·고등학교 학생에게 기술교과를 가르치기 시작한 지 11년이 지난 후의 일이다.

다른 교과의 경우 사범대학이나 사범계 학과, 일반대학 교직과정, 교육대학원 등 다양한 경로를 통하여 교사가 양성되고 있으나 기술과 교사의 경우 사범대학 1개소(한국교원대학교), 사범계 학과 2개소(충남대학교, 대불대학교)와 일부 교육대학원에서 양성되고 있다. 기술과 교사 양성기관의 학교 설립 유형, 개설연도, 입학정원, 졸업이수학점은 <표 Ⅱ-2>와 같다. 학교 설립 유형별로는 국립대학이 2개소, 사립대학이 1개소 있으며, 양성기관별로 입학정원은 20~25명 정도(충남대학교의 경우 기술·화공 교육학과군으로 50명이 입학하고 있으며, 이 가운데 60% 정도가 2학년 때부터 전공을 기술교육으로 선택하고 있음)이며, 졸업이수학점은 134학점에서부터 160학점에 이르기까지 양성기관별로 다양하다. 기술과 교사양성 교육과정은 크게 일반교양과목과 전공과목으로 구분되며, 전공과목은 다시 교과 내용, 교직이론, 교과교육, 교육실습으로 구분된다. 충남대학교의 경우 졸업이수학점은 160학점 이상이며, 일반교양과목 24학점 이상, 교과 내용 54학점 이상, 교직이론 14학점 이상, 교과교육 4학점 이상, 교육실습 2학점으로 구성되어 있다(교육인적자원부, 2004c; 대불대학교, 2004; 충남대학교, 2004; 한국교원대학교, 2004).

〈표 Ⅱ-2〉 기술과 교사 양성기관 현황

	충남대학교	한국교원대학교	대불대학교
학교 설립 유형	국립	국립	사립
개설연도	1981년	1992년	2001년
2005학년도입학정원	기술·화공 교육학과군 50명	20명	20명
졸업이수학점	160학점 이상	140학점 이상	134학점 이상

출처: 교육인적자원부(2004c), 각 대학 교육과정편람(2004).

이 밖에도 기술교육과가 개설된 학교의 경우 타 전공을 이수하면서 기술교육을 복수전공이나 부전공으로 이수하여 기술 교원자격을 취득하는 경우도 있다.

한편, 기술과 교사의 자격 유형은 다른 중등교과와 마찬가지로 초·중등교육법 제21조(교원의 자격)에 의해 1급 정교사, 2급 정교사, 준교사, 전문상담교사, 실기교사 등으로 구분된다. 교원자격은 '교원자격검정령'에 의하여 무시험검정과 시험검정을 통하여 교원자격을 취득하게 되는데, 교사충원이 필요할 때 시행하는 준교사 시험에 합격하는 자만이 시험검정의 대상에 해당되므로, 대부분의 기술과 교사의 경우 무시험검정을 통하여 기술 교원자격을 취득하게 된다.

2) 기술과 교사의 임용

신규교사의 임용은 교육조직에서 부족한 교사를 교육조직 외부로부터 일정한 절차를 거쳐서 보충하는 활동이며, 자질과 능력을 갖춘 교사를 어떠한 방법과 절차를 통하여 필요한 수만큼 확보할 것인가라는 문제는 교사를 대상으로 한 인사행정의 가장 중요한 요소 가운데 하나이다(김시준, 2003). 기술과 교사의 신규임용제도는 공개 전형에 의하며, 공개 전형의 실시에 관하여 필요한 사항은 대통령령으로 정하도록 되어 있다. 현재 국·공립학교는 교사임용후보자 선정 경쟁시험인 교사임용고사를 통하여 신규교사를 임용하고 있다. 교사임용고사의 평가항목은 필기시험, 논술시험, 면접시험, 수업실기능력평가, 대학성적, 지역 가산점 및 기타 가산점 등으로 구성되어 있다.

기술과 교사의 지역별 임용현황은 경기도가 2003년부터 2005년 사이에 임용된 전체 기술과 교사의 36.3%를 차지할 정도로 가장 많이 임용하고 있으며, 전라남도와 제주도의 경우 이 기간에 임용된 기술과 교사가 없었다(2002~2005학년도 전국 시도 교육청의 중등교사 임용시험 모집공고를 참고하였음). 이는 지역별 학령인구의 증감이 반영된 것으로 경기도의 경우 신도시 건설 등으로 학령인구가 증가함에 따라 기술과 교사가 지속적으로 임용된 것으로 볼 수 있으며, 전라남도의 경우 이농현상 등으로 학령인구가 감소하고 있기 때문에 기술과 교사의 임용이 없는 것으로 볼 수 있다.

3) 기술과 교사의 재교육

재교육은 직무수행능력의 향상을 위해 교사들에게 주어지는 계획적인 학습 프로그램이다(Castetter, 1986). 기술과 교사에게도 교육의 질을 높이고 사회 변화에 능동적으로 적응하기 위하여, 그리고 교사 개인의 전문성 신장 및 양성교육의 불충분한 내용을 보완하기 위한 계속교육의 의미로 재교육을 실시하고 있다. 재교육의 유형에는 자격연수, 직무연수, 특별연수 등이 있으며, 예전에는 주로 연수기관에서 연수가 이루어졌으나 최근에는 연수기관 외에도 교육인적자원부장관이나 교육감이 지정한 학교, 학원, 산업체 등 다양한 곳에서 이루어지고 있다(김진수, 2002). 기술과 교사의 직무연수나 특별연수는 각 시도 교육청별로 지역 실정에 맞게 연수내용, 연수장소, 연수시간 등을 다양하게 구성하여 시행하고 있다. 기술과 교사를 대상으로 한 자격연수의 경우 2개 연수기관에서 시행하고 있는데, 경기도에 근무하는 교사를 대상으로는 2005년도의 경우 한세대학교에서 실시하고 있으며, 그 외의 지역에 근무하는 교사를 대상으로는 충남대학교에서 실시하고 있다. 2004년 충남대학교에서 시행된 기술과 1·2정 자격연수의 교육과정을 살펴보면, 교양 20시간, 교직 36시간, 특강 6시간, 전공 118시간의 총 180시간으로 구성되어 있으며, 또한 이론과 실습의 비율은 110:70

으로 구성되어 있다(충남대학교 공과대학 부설 중등교육연수원, 2004). 이러한 기술과 교사 재교육의 교육과정은 일정하게 정해진 범위 안에서 매년 그 내용을 조금씩 필요에 맞게 조정해 나가고 있다.

기술과 교사들이 희망하는 재교육 교육과정은 전공교과에 대한 실기, 전공교과에 대한 이론, 교과교육 순으로 높았고, 희망하는 수업방법은 실험실습, 현장답사, 분임 토의, 강의 순으로 높았으며, 희망하는 강사는 각계 전문인사, 현장교사, 교수의 순으로 높았다(박흥준, 1989).

지금까지 기술과 교사의 양성, 신규임용, 재교육에 대하여 살펴보았다. 기술과 교사 양성의 역사는 25년밖에 되지 않았는데, 이는 1960년대부터 기술 강국을 지향했던 국가방침과는 맞지 않는 양성 정책이었음을 알 수 있다. 비록 기술과 교사 양성의 역사는 길지 않으나 기술과의 경우 다른 교과와는 달리 사범대학이나 사범계 학과 또는 교육대학원에서만 양성되고 있으며, 일반대학에서의 교직과정 이수를 통한 양성이 이루어지고 있지 않아 비교적 체계적으로 양성되고 있음을 알 수 있다. 기술과 교사의 신규임용은 국·공립학교의 경우 공개 전형에 의하여 선발하고 있어 우수한 인재가 기술과 교사로 임용되도록 하고 있다. 기술과 교사의 재교육은 자격연수, 직무연수, 특별연수 등을 통하여 이루어지고 있다.

2. 기술과 교사의 직무

교육에서의 직무는 교사의 의무, 또는 법적으로 결정된 교사가 반드시 해야 할 일(심진구, 1987)로서, 교사의 직위에 주어지는 직책을 가지고 수행하여야 할 업무(현안상, 1996)를 의미한다. 그러나 교직은 전문직으로 직무수행에 어느 정도 자율성이 인정되고 있는 것이 사실이다. 즉 교사가 반드시 해야 할 의무를 수행함에 있어, 선택과 결정을 할 수 있다는 것이다(이성훈, 1994). 또한 교사의 경우 학교의 성격과 규모, 주당 수업 시수, 담당 교과목 수, 교직 경력 등 학교와 교사의 상황에 따라 직무의 종류와 비중이 달라질 수 있으며(서울대학교 교육연구소, 1994; 전제상, 1994), 교육시기에 따라 주기적으로 행하는 직무와 비주기적으로 행하는 직무로 분류할 수 있다(백영균, 이성태, 박선영, 1989). 따라서 교사의 직무는 연구자나 연구목적에 따라 다양하게 분석되어 왔다.

여기서는 기술과 교사의 직무를 구체적으로 알아보기 위하여 기술과 교사의 직무 관련 규정과 근무평정 내용, 선행 기술과 교사의 직무 분석 결과, 교사 기준을 고찰하였다.

가. 기술과 교사의 직무 관련 규정

학교 조직의 구성원으로서 기술과 교사가 수행해야 할 직무가 무엇인지에 대해서는 일차적으로 그 근거를 각종 법규에서 찾아볼 수 있다. 현행 교사의 직무 관련 규정은 헌법 제31조 제6항에 의거하여 법률로 정해져 있으며, '교육기본법', '초·중등교육법 및 시행령', '교육공무원법', '국가공무원법', '학교보건법' 등에 제시되어 있다.

현행 법 규정에 제시된 교사의 직무 관련 내용은 <표 Ⅱ-3>과 같이 의무, 임무, 교수학습지도, 학생생활지도, 전문성 신장으로 구분될 수 있다.

의무와 관련된 법 규정에는 이행 의무와 금지 의무가 제시되어 있는데, 기술과 교사는 성실 의무, 복종 의무, 친절 공정 의무, 비밀 엄수 의무, 청렴 의무, 품위 유지 의무 등의 이행 의무를 수행해야 하며, 동시에 직장 이탈 금지, 정치 운동 금지, 영리 업무 및 겸직 금지, 집단

행위 금지 등의 금지 의무도 수행하도록 되어 있다.

임무와 관련된 법 규정에는 기술과 교사는 법령이 정하는 바에 따라 학생을 교육하도록 되어 있다.

〈표 Ⅱ-3〉 기술과 교사의 직무 관련 규정 분석

영 역	직무 관련 내용	관련 조항
의무	(이행 의무) 공무원은 성실의 의무, 복종의 의무, 친절 공정의 의무, 비밀 엄수의 의무, 청렴의 의무, 품위 유지의 의무 등을 수행해야 한다.	국가공무원법 제56~61조, 제63~66조
	(금지 의무) 직장 이탈 금지의 의무, 정치 운동 금지의 의무, 영리 업무 및 겸직 금지의 의무, 집단 행위 금지의 의무 등을 수행해야 한다.	
임무	(교직원의 임무) 교사는 법령이 정하는 바에 따라 학생을 교육한다.	초·중등교육법 제20조 제3항
교수 학습 지도	(수업운영방법) 방송프로그램, 정보통신매체, 교외체험학습 등 다양한 매체와 방법을 활용하여 수업을 할 수 있다.	초·중등교육법 시행령 제48조
	(학생평가) 학교의 장은 학생의 학업성취도 및 인성 등을 종합적으로 관찰·평가하여 학생지도 및 상급학교의 학생선발에 활용할 수 있는 자료를 교육인적자원부 장관이 정하는 기준에 따라 작성·관리하여야 한다.	초·중등교육법 제25조
학생 생활 지도	(학생 징계) 법령 및 학칙이 정하는 바에 의하여 학생을 징계하거나 기타의 방법으로 지도할 수 있다.	초·중등교육법 제18조 및 동법 시행령 제31조
	(건강 증진 지도) 학생의 체위향상·영양관리·질병의 치료와 예방 등을 위해 필요한 지도를 하여야 한다.	학교보건법 제7조, 제9조, 학교신체검사 규칙 제2조

〈표 계속〉

영 역	직무 관련 내용	관련 조항
전문성 신장	(자질 함양) 교원은 교육자로서 갖추어야 할 품성과 자질을 향상시키기 위하여 노력하여야 한다.	교육기본법 제14조 제2항
	(연구 개발) 교육공무원은 그 직책을 수행하기 위하여 연구와 수양에 노력하여야 한다.	교육공무원법 제38조 제1항
	(연수) 교원은 수업에 지장이 없는 한 소속기관장의 승인을 얻어 연수기관, 또는 근무장소 이외의 시설 또는 장소에서 연수할 수 있다.	교육공무원법 제41조

출처: 교육기본법(2002. 12. 5. 법률 제06738호), 초·중등교육법(2003. 7. 25. 법률 제5438호), 교육공무원법(2003. 7. 25. 법률 제06932호), 국가공무원법(2003. 2. 4. 법률 제06855호), 학교보건법(2002. 8. 26. 법률 제6716호), 학교신체검사규칙(2001. 1. 31. 교육인적자원부령 제779호).

교수학습지도와 관련된 법 규정으로는 크게 수업운영방법과 학생평가와 관련된 내용이 제시되어 있다. 이를 구체적으로 알아보면, 교사는 법령이 정하는 바에 따라 학생을 교육하되, 방송 프로그램과 정보통신 매체와 같은 다양한 매체를 활용하며, 교외체험학습 등 다양한 수업방법을 적용하도록 되어 있다. 또한 학생평가는 학업성취도뿐만 아니라 인성 등을 종합적으로 관찰·평가하여 학생을 지도하도록 되어 있다.

학생생활지도와 관련된 법 규정으로는 학생 징계와 건강 증진 지도와 관련된 내용이 제시되어 있다. 따라서 교사는 학생의 인격을 존중하여 교육적 방법으로 지도하도록 되어 있으며, 학생의 건강을 증진하는 지도를 하도록 되어 있다.

전문성 신장과 관련된 법 규정으로는 교사의 자질 함양, 연구 개발, 연수와 관련된 내용이 제시되어 있다. 이를 구체적으로 알아보면, 교사는 교육자로서 갖추어야 할 품성과 자질을 향상시키기 위한 노력을 기울임과 동시에 교육공무원으로서의 직책을 수행하는 데 필요한 연구와 수양에 노력하게 되어 있다. 또한 자신의 전문성 신장을 위하여 수업에 지장이 없는 범위 내에서 소속 기관장의 승인을 얻어 연수를 받을 수 있도록 되어 있다.

그런데 이 중 '임무'와 '의무'의 경우 어느 하나의 직무 영역에 포함되는 직무라기보다는 모든 직무 영역에 포함되는 내용으로 볼 수 있다. 따라서 현행 법 규정에 제시된 내용을 종합하여 기술과 교사의 직무를 분류하면, 교수학습지도, 학생생활지도, 전문성 신장의 세 가지 영역으로 분류할 수 있다.

나. 기술과 교사의 근무평정 내용

기술과 교사의 경우 다른 교과 담당교사와 마찬가지로 교육공무원 승진규정에 나와 있는 근무평정에 따라 매년 평가를 받고 있다. 근무평정에는 평정사항으로 교사의 자질 및 태도뿐 아니라 학습지도, 생활지도, 교육연구 및 담당업무와 같은 근무실적 및 근무수행능력에 관한 평정내용이 제시되어 있어(<표 II-4> 참조), 이를 통하여 기술과 교사의 직무를 짐작할 수 있다. 이를 구체적으로 알아보면, 학습지도의 평정요소는 교사의 수업연구 및 준비, 수업방법, 교육과정 구성, 교재 활용, 평가의 계획 및 평가 결과의 활용 등에 관한 평정내용으로 구성되어 있으며, 생활지도의 평정요소는 학생의 인성교육 및 진로지도, 학교행사 및 학생생활지도, 학생상담, 건강 및 안전지도 등에 관한 평정내용으로 구성되어 있다. 교육연구 및 담당업무의 평정요소는 전문성 신장을 위한 연구 및 연수 활동, 담당업무 수행 등에 관한 평정내용으로 구성되어 있다.

〈표 II-4〉현행 교사 근무평정표

평정 사항	평정 요소 (배점)	평정내용
자질 및 태도 (24점)	교육자로서의 품성 (12점)	·교원의 사명과 직무에 관한 책임과 긍지를 지니고 있는가 ·교원으로서의 청렴한 생활태도와 예의를 갖추었는가 ·학생에 대한 이해와 사랑을 바탕으로 교육에 헌신하는가 ·학부모·학생으로부터 신뢰와 존경을 받고 있는가
	공직자로서의 자세 (12점)	·교육에 대한 올바른 신념을 가지고 있는가 ·근면하고 직무에 충실하며 솔선수범하는가 ·교직원 간에 협조적이며 학생에 대해 포용력이 있는가 ·자발적·적극적으로 직무를 수행하는가
근무 실적 및 근무 수행 능력 (56점)	학습지도 (24점)	·수업연구 및 준비에 최선을 다하는가 ·수업방법의 개선 노력과 학습지도에 열의가 있는가 ·교육과정을 창의적으로 구성하며 교재를 효율적으로 활용하는가 ·평가계획이 적절하고, 평가의 결과를 효율적으로 활용하는가
	생활지도 (16점)	·학생의 인성교육 및 진로지도에 열의가 있는가 ·학교행사 및 교내·외 생활지도에 최선을 다하는가 ·학생의 심리, 고민 등을 이해하기 위하여 노력하고 적절히 지도하는가 ·교육활동에 있어 학생 개개인의 건강·안전지도 등에 충분한 배려를 하는가
	교육 연구 및 담당업무 (16점)	·전문성 신장을 위한 연구·연수활동에 적극적인가 ·담당업무를 정확하고 합리적으로 처리하는가 ·학교교육목표의 달성을 위한 임무수행에 적극적인가 ·담당업무를 창의적으로 개선하고 조정하는가

출처: 교육법전(2005) 교육공무원 승진규정, p. 1552.

그런데 교육연구 및 담당업무의 경우 '교육연구'와 '담당업무'는 그 평정내용을 살펴보아도 동질의 것이 아니며, 교사의 전문성 신장과 관련된 내용과 행정업무수행과 관련된 내용으로 구성되어 있음을 알 수 있다. 따라서 비록 평정요소는 학습지도, 생활지도, 교육연구 및 담당업무의 3가지 영역으로 분류되어 있으나, 학습지도, 생활지도, 전문성 신장, 담당행정업무의 네 가지 영역으로 기술과 교사의 직무를 분류할 수 있다.

다. 선행 기술과 교사의 직무분석 결과

직무분석이란 그 결과를 어디에 사용할 것인가에 따라 여러 가지로 정의할 수 있으나, 일반적으로 인간의 노동력을 과학적이고 합리적으로 관리하기 위한 기초작업으로서 직무의 내용을 조사하는 것을 의미한다(이무근, 2000). 그러므로 직무분석을 통하여 조직관리, 노무관리, 작업조건 개선 등에 유용하게 활용될 수 있는 자료를 획득할 수 있을 뿐만 아니라 교사의 직무내용이 무엇인지를 체계적으로 밝힐 수 있다. 따라서 교사의 직무분석 결과를 분석함으로써 기술과 교사의 직무내용을 고찰할 수 있다.

Kim과 Kim(2001)은 우리나라 기술과 교사를 대상으로, 김판욱(2003)은 기술 · 가정과 교사를 대상으로, 서정화(1994)와 박덕규, 김지순, 방대곤, 손동수(2003)는 기술과 교사를 포함한 전체 교사를 대상으로 직무분석을 실시하였다.

서정화(1994)는 초 · 중등학교에 근무하는 모든 교사의 직무를 교과학습지도, 학급경영, 생활지도, 특활지도, 학교경영, 교육행사 및 기타 자원관리 활동의 6개 영역으로 분류하였으며, 이를 다시 교사가 수행하는 주요 활동과 교육과정의 관련 정도에 따라 필수 직무, 보조 직무, 잡무로 구분하였다(<표 II-5> 참조).

<표 Ⅱ-5> 서정화가 분석한 교사의 직무 영역별 직무내용

구 분	필수 직무	보조 직무
교과 학습 지도	·학습지도 ·교재연구 및 학습 자료 준비 ·학습지도안 작성 ·과제 처리 ·평가, 성적처리	·교과협의회 및 동 학년 협의회 ·학습지진아 지도 ·연구수업 ·보강지도 ·독서지도 ·각종 검사
학급 경영	·학적부, 학교생활기록부, 건강 기록부 정리 ·학급경영록 또는 교무수첩 작성 ·학급관리	·출석부 정리 ·진학지도 ·학생 신체검사
생활 지도	·교내 생활지도 ·안전지도 ·요선도 학생지도 ·교도 상담 ·진로지도	·여가선용 지도 ·급식지도 ·용의지도 ·가정방문 ·인성·적성지도
특활 지도	·학생회 활동지도 ·클럽활동지도	·교내 각종 대회 운영과 지도 ·글짓기, 독서회, 미술대회 등
학교 경영	·학급경영 계획 수립·실천 및 평가 ·법정장부 처리 ·학교시설 및 재정관리 ·교원 연수	·법정장부 이외의 보조장부 정리 ·교원 인사에 관한 업무 ·교직원 회의 ·교내 민방위훈련 ·학생 전·입학 처리
교육행사 및 기타 자원관리	·졸업식, 입학식 거행 ·각종 교내 행사지도	·교육과 직결되는 공문서 처리 ·자연보호 참가 ·교내 체육대회 ·수학여행, 예술제 ·공개 연구학교 참관

출처: 서정화(1994). 교사의 직무 영역별 직무내용(pp. 278-279) 중 필수 직무와
보조 직무만을 제시했으며, 잡무는 제시하지 않음.

필수 직무는 순수한 교육활동을 의미하는데, 이것은 교육과정 운영의 중심이 되는 직무이다. 보조 직무는 필수 직무의 효과적인 성취를 보조하는 직무로서, 교육과정 운영 및 순수한 교육활동을 전개하는 데 필요한 보조적인 직무를 의미한다. 잡무는 순수한 교육활동이나 보조활동이 아닌 불필요한 직무로서, 학생교육과 관련성이 없거나 오히려 순수한 교육활동을 저해, 또는 방해하는 직무를 의미한다.

그러나 이 분류는 시대적 상황의 변화로 인하여 직무내용이 현시점에서 맞지 않는 것들이 많이 있다. 예를 들어 잡무로 분류된 '버스 승차권 구입 배부', '과외 단속' 등은 현재는 교사의 직무에는 포함되지 않는다. 또한 이 분석 결과는 교사의 전문성 신장과 관련된 직무를 포함하지 않았으며, 초·중등 모든 교사를 포괄하는 직무내용으로 구성되어 있어 구체적인 직무내용을 제시하기보다는 일반적인 직무내용만을 제시하였다.

박덕규 등(2003)은 초·중등교사의 직무는 방법론적으로 학생들의 연령과 학습내용의 차이에 따라 약간 다를 수 있겠으나 교육행위라는 범주 내에서는 같다고 보았으며, 직무분석에 관한 다양한 선행연구 자료와 직무실태에 기초하여 교사의 직무를 8개 영역(수업운영, 생활지도, 학생평가, 자기연찬, 학교행사 참여, 학급경영, 학교 행정, 가정·사회협력 및 사회적 활동)에 걸쳐 <표 Ⅱ-6>과 같이 분류하였다.

수업운영 영역은 수업활동과 이의 준비 및 계획, 평가 관련 직무내용으로 구성되어 있으며, 생활지도 영역은 학생들의 생활지도, 안전지도, 보건·건강지도, 행동지도 등으로 구성되어 있고, 학생평가 영역은 교육과정 운영상의 수행평가 및 학생 행동발달 상황 점검 및 지도로 구성되어 있다. 자기연찬 영역은 교사의 전문성 신장을 촉진할 수 있는 자기교육, 직무연수, 현장연구 등으로 구성되어 있으며, 학교 행사 참여 영역은 각종 학교 행사의 기획 및 참여, 교외 학생활동 주관 등으로 구성되어 있고, 학급경영은 환경관리, 각종 학급학생 관련 문서 정리, 학생 조직 및 운영으로 구성되어 있다. 학교행정 영역은 사무분장 업무의 담당과 행정 처리와 같은 직무내용으로 구성되어 있으며, 가정·사회 협력 및 사회적 활동 영역은 학부모와의 협력과 교사의 사회협력 등으로 구성되어 있다.

<표 II-6> 박덕규 등이 분석한 교사의 직무

직무영역	직무내용
수업운영	·교육과정이 정한 교과, 특별활동, 재량활동 등의 수업활동 ·수업활동을 위한 수업준비(교재연구), 수업계획, 수업평가
생활지도	·학생 상담, 학생생활지도, 안전지도 감독 및 지도 ·예방의학적 보건·건강지도, 언어, 자세, 행동 지도
학생평가	·교육과정 운영상의 수행평가 ·학생의 행동발달 상황 점검 및 지도
자기연찬	·교과 전문성 향상을 위한 자기 교육 ·자격 및 직무연수 ·교과 전문성 향상을 위한 집단 연구·연찬 ·현장 연구
학교행사 참여	·각종 학교 행사 기획 및 참여 ·주번 활동 ·교외 학생활동 주관(수련, 견학, 소풍, 각종 경연대회 참여 등)
학급경영	·학습 분위기 형성을 위한 환경 관리 ·각종 문서 정리 ·민주 시민 교육적 차원의 학생 조직·운영
학교행정	·사무 분장 업무 담당 및 협력 ·학생 교육 관련 행정 처리 및 협력
가정·사회 협력 및 사회적 활동	·학부모에게 자녀의 교육상황 정보제공 및 협조 ·교사의 사회협력 및 사회적 활동

출처: 박덕규 외 3인(2003). 교원의 표준 수업 시수 설정 연구, p. 90.

그들은 다른 교사의 직무분석과는 달리 가정·사회 협력 및 교사의 사회적 활동을 하나의 직무 영역으로 설정하였다. 그리고 수업에 관한 평가는 수업운영 영역에 포함하였으나 학생에 관한 평가는 수업운영 영역이 아닌 학생평가 영역의 직무내용으로 분류하였다. 또한 직무내용의 수가 적은 만큼 교사의 직무가 수행 위주로 구체적으로 제시되지 않고, 수업준비와 수업평가가 하나의 직무내용으로 분류되는 등 포괄적으로 제시되어 있다.

기술과 교사는 중등교사가 수행하는 직무 외에도, 교과의 특성상 최신 기술에 대한 이론 지도는 물론 학생들의 기술적 능력 향상을 위한 실습실에서의 실기 지도와 적성에 맞는 분야로의 진로지도 등 복합적인 직무를 수행하게 되는데(김용익, 2001a), Kim과 Kim(2001)은 우리나라 기술과 교사의 직무를 데이컴법을 이용하여 분석하였으며, 기술과 교사의 직무를 8개의 직무 영역(연간수업관리계획, 교과연구, 교수, 학생성취평가, 실습실 관리, 학생관리, 행정업무수행, 자기개발)에 걸쳐 86개의 직무내용으로 분류하였다(<표 Ⅱ-7> 참조).

연간 수업 관리 계획 영역과 교과연구 영역은 수업 준비에 관한 직무내용으로 구성되어 있으므로, 이 영역들과 교수활동 영역, 학생성취평가 영역은 수업 관련 직무로 볼 수 있으며, 전체 86개의 직무내용 가운데 약 2/3 정도의 직무내용이 여기에 포함되어 있다. 따라서 기술과 교사의 주요 직무는 수업활동으로 볼 수 있다. 또한 실습실 관리에 관한 직무를 하나의 직무 영역으로 도출하였는데, 이 영역은 기술과 교사에게만 해당되는 직무내용으로 구성되어 있다. 그리고 그들은 학생생활지도와 학급경영에 관한 직무를 별도의 영역으로 분류하지 않고, '학생관리'라는 하나의 영역으로 분류하였다. 이 밖에 행정업무수행, 자기개발 등을 기술과 교사의 직무로 분류하였다.

<표 Ⅱ-7> Kim과 Kim이 분석한 기술과 교사의 직무

직무영역	직무내용
연간수업 관리계획	기술교과 관리 상황 분석, 기술교과의 요구 조사, 기술교사의 직무 분류, 평가준거 개발, 연간 학습진도 계획 개발, 학습지도안 개발, 연간 학생 행사 계획표 개발, 교과 관련 연간 예산표 개발, 교과서 선택, 기술교과의 연간 계획 평가
교과연구	교과 내용 분석, 교과 내용 관련 자료 수집, 수집된 교과 자료 분류, 교과 내용 재구조화, 교과지도 계획 수립, 컴퓨터를 활용한 교수 자료 개발, 슬라이드 교수자료 개발, 비디오 교수자료 개발, 모형자료 개발, 차트 개발, 학생들을 위한 유인물 개발, 교과 내용 관련 사진 개발, 인터넷 자료 개발, 교재 개발을 위해 동료 기술과 교사와 함께 일하기, 모듈 개발, 교사를 위한 참고물 개발, 실습을 위한 직무표 개발, 실습보고서표 개발
교수활동	학생과 관련된 정보 조사, 학습자의 학습수준 검사, 적절한 교수 자료 선택, 적절한 교수법 결정, 강의법으로 수업, 토의법으로 수업, 프로젝트법으로 수업, 문제해결법으로 수업, 팀티칭으로 수업, 협동법으로 수업, CAI로 수업, WBI로 수업, 현장견학 수업, 초청강연으로 수업, 기술 실습 안내, 수업 평가
학생 성취평가	측정 문항 분석표 개발, 측정 문항 개발, 지필평가, 실습평가, 포트폴리오 평가, 보고서평가, 구두평가, 평가결과를 피드백에 이용
실습실 관리	실습실내의 공간 배치, 실습 설비 준비, 실습 설비 관리, 실습 환경 관리, 실습실 관리 서류 관리, 실습실 사용 상황 평가
학생관리	학생 협의회 조직, 조종례 실시, 청소지도, 학교생활지도, 진로지도, 학생상담, 안전교육, 학생사고 예방하기, 특별활동지도, 학생회지도, 봉사활동지도
행정업무 수행	담당업무 확인, 담당업무 계획, 문서 작성, 학급 관련 문서 작성, 담당업무 수행, 담당업무 평가
자기개발	현직교육 참가, 컴퓨터 활용능력 개발, 외국어 학습, 실습 관련 기자재 활용능력 개발, 최신의 정보기술 활용능력 개발, 행정업무 수행능력 개발, 교수방법 개발, 교사 연구대회 참가, 현장연구 수행

출처: Kim·Kim(2001). The job analysis on a technology teacher and verification, pp. 242-247.

김판욱(2003)은 문헌검토와 8명의 현직 기술과 교사와 가정과 교사를 대상으로 DACUM법을 이용하여 중등학교 기술·가정교과 담당교사의 직무를 분석하였으며, 그 결과 10개의 직무 영역(교과수업준비, 교수활동, 기술실습과제지도, 가정실습과제지도, 실습실 운영, 학업성취도 평가, 교무행정업무수행, 학생 생활지도, 담임업무수행, 자기계발)에 걸쳐 163개의 직무내용을 도출하였다(<표 Ⅱ-8> 참조).

이 가운데 교과수업준비 영역과 교수활동 영역, 기술실습과제지도 영역, 학업성취도 평가 영역은 기술과 교사의 수업활동과 관련된 직무내용으로 구성된 영역으로, 전체 기술과 교사의 직무가 특히 교수활동과 실습과제지도에 집중되어 있음을 알 수 있는 분석결과이다. 한편, 10개의 직무 영역 가운데 기술실습과제 지도 영역과 실습실 운영 영역은 일반 교과를 담당하는 교사와는 다르게 기술과 교사에게만 요구되는 직무 영역임을 알 수 있다. 또한 기술실습과제 지도 영역의 경우 직무내용을 '화훼재배 지도하기', '기초 제도 지도하기'와 같이 실습과제별로 29가지 직무내용을 분석하였으며, 교수학습활동 영역의 직무내용을 '토의법으로 수업하기', '마인드맵을 활용하여 수업하기'와 같이 수업방법별로 23가지 직무내용을 분석하였다. 따라서 이 직무 영역들의 직무내용들은 모든 기술과 교사가 수행하는 필수 직무내용이라기보다는 기술과 교사가 수행할 수 있는 모든 직무내용의 종류를 제시한 것으로 볼 수 있다.

〈표 Ⅱ-8〉 김판욱이 분석한 중등학교 기술·가정교과 담당교사의 직무

직무영역	직무내용
교과수업 준비	교육과정 분석하기, 학교교육과정 편성하기, 학습자 요구 분석하기, 연간 교과지도계획 수립하기, 학습자 사전 평가하기, 교수-학습 자료 정보 검색하기, 교수-학습과정안 작성하기, 실습과제 모형 만들기, 학습활동지 제작하기, 저작도구로 교수-학습 자료 제작하기, TP 자료 제작하기, 수업자료 홈페이지에 올리기, 연구수업 준비하기
교수활동	강의법으로 수업하기, 토의법으로 수업하기, 토론법으로 수업하기, 문제해결법으로 수업하기, 프로젝트법으로 수업하기, 발표법으로 수업하기, JIG-SAW법으로 수업하기, 질문법으로 수업하기, 관찰법으로 수업하기, 시범법으로 수업하기, 견학법으로 수업하기, 초청강의법으로 수업하기, 학습지를 활용하여 수업하기, 인터넷을 활용하여 수업하기, CAI를 활용하여 수업하기, 신문활용 학습법으로 수업하기, 마인드맵을 활용하여 수업하기, 역할극을 활용하여 수업하기, 괘도를 활용하여 수업하기, 프로젝션 TV를 활용하여 수업하기, OHP를 활용하여 수업하기, 실물 화상기를 활용하여 수업하기, VTR을 활용하여 수업하기
기술실습 과제지도	화훼재배 지도하기, 수경재배 지도하기, 기초제도 지도하기, SOMA CUBE 조립 지도하기, 입체물 제작 지도하기, 측정 공구사용 지도하기, 목공용 수공구 사용 지도하기, 금속가공용 수공구 사용 지도하기, 플라스틱 가공 지도하기, 전동공구 사용 지도하기, 목제품 제작 지도하기, 금속제품 제작 지도하기, 플라스틱제품 제작 지도하기, 자전거 수리 지도하기, 운동물체 만들기 지도하기, 자동차 일상점검 지도하기, 회로시험기 사용 지도하기, 전자제품 조립 지도하기, 형광등 회로구성 지도하기, 주택평면도 제도 지도하기, 모형주택 지도하기, 모형교량 지도하기, 컴퓨터로 문서작성 지도하기, 컴퓨터 하드웨어 사용 지도하기, 인터넷 활용 지도하기, 스프레드시트 활용 지도하기, 프레젠테이션용 소프트웨어 활용 지도하기, 멀티미디어 활용 지도하기, 진로 포트폴리오 작성 지도하기

〈표 계속〉

직무영역	직무내용
가정실습 과제지도	기초 바느질 지도하기, 옷본 제도 지도하기, 재봉틀 사용 지도하기, 간단한 옷 만들기 지도하기, 한복 입기 지도하기, 양복입기 지도하기, 뜨개질 지도하기, 세탁법 지도하기, 기초자수 지도하기, 직물 직조 지도하기, 식단작성 지도하기, 조리기구 사용 지도하기, 식품재료 썰기 지도하기, 음식 만들기 지도하기, 식이요법 지도하기, 상차림 지도하기, 식사예절 지도하기, 설거지 지도하기, 쓰레기 분리 지도하기, 폐식용유 활용 지도하기, 주택 평면 제도 지도하기, 가구배치 지도하기, 효율적으로 수납공간 활용 지도하기, 실내장식 지도하기, 화단 꾸미기 지도하기, 가전기기 사용 지도하기, 조명기구 다루기 지도하기, 가정설비 사용 지도하기, 가정안전 지도하기, 전통예절 지도하기, 성교육 하기
실습실 운영	실습실 연간 운영계획 수립하기, 실습예산 편성하기, 실습설비 관리하기, 실습실 환경 관리하기, 실습공구 관리하기, 실습재료 관리하기, 실습실 정리·정돈하기, 실습실 사용 지도하기, 실습안전 지도하기, 실습결과물 전시하기, 실습관련 동아리 지도하기, 특기적성 지도하기
학업 성취도 평가	평가기준 개발하기, 시험문제 출제하기, 형성평가하기, 수행평가하기, 시험감독하기, 시험답안지 채점하기, 답안지 채점결과 확인하기, 평가결과 분석하기, 평가결과 피드백하기
교무행정 업무수행	담당 부서 업무 수행하기, 학생생활기록부 작성하기, 공문서 처리하기, 학생 성적 처리하기, 대외 출장업무 수행하기, 진학원서 작성하기, 지역사회에 학교 홍보하기, 각종 증명서 발급하기, 장학생/표창대상학생 추천하기
학생생활 지도	기본생활습관 지도하기, 교내 안전 지도하기, 학생 교외생활 지도하기, 교통안전 지도하기, 학생위생 지도하기, 점심식사 지도하기, 학교 청소 지도하기, 원만한 대인관계 지도하기, 부적응 학생 지도하기, 학습부진아 상담하기, 청소년 단체활동 지도하기, 봉사활동 지도하기, 현장체험학습 지도하기, 각종 경진대회 참가 지도하기, 학예발표회 지도하기, 작품전시회 지도하기
담임업무 수행	학생 가정환경 기초 조사하기, 조·종례하기, 결석학생 지도하기, 학생 용의 지도하기, 자율학습 지도하기, 학생 개인 상담하기, 학부모 상담하기, 진로지도하기, 특별활동 지도하기, 교실 교구 관리하기, 교실 내 시청각 기자재 관리하기, 교실 환경미화하기, 각종 연수 참여하기
자기계발	각종 연구대회 참가하기, 교과연구회 활동하기, 학회 활동하기, 세미나 참가하기, 학위 취득하기, 각종 자격증 취득하기, 전시회 관람하기, 해외 견문 넓히기

출처: 김판욱(2003). 중등학교 기술·가정과 담당교사의 직무.

이상과 같은 선행연구들(김판욱, 2003; 박덕규 등, 2003: 서정화, 1994; Kim & Kim, 2001)을 살펴봄으로써, 기술과 교사의 직무가 무엇인지를 알 수 있다. 첫째, 모든 선행연구에서 교수학습지도 관련 직무를 하나의 직무 영역으로 분류하고 있었으며, 대부분의 선행연구들이 교수학습지도 관련 직무내용들을 가장 많이 포함하고 있었다. 이를 통하여 기술과 교사에게 가장 핵심이 되는 직무가 교수학습지도임을 알 수 있으며, 직무내용이 많은 것으로 보아, 그 범위가 교수학습 준비에서부터, 실행, 평가에 이르기까지 매우 광범위하다는 것을 알 수 있다. 둘째, 모든 선행연구에서 학생생활지도, 행정업무수행, 전문성 신장 관련 직무내용이 도출되었는데, 이를 통하여 기술과 교사의 직무에 학생생활지도, 행정업무수행, 전문성 신장이 포함됨을 알 수 있다. 셋째, 대부분의 연구에서는 학급경영에 관한 직무를 학생생활지도와 따로 분리하여 별도의 직무 영역으로 구분하고 있었는데, 직무 가운데 담임교사만이 수행하는 학급경영 관련 직무와 모든 교사가 수행하는 생활지도 관련 직무를 구분하고 있음을 알 수 있다. 넷째, 초·중등 전체 교사를 대상으로 직무분석한 자료(박덕규 등(2003), 서정화(1994)의 분석 결과)와 기술과 교사를 대상으로 한 직무분석 자료(Kim과 Kim(2001), 김판욱(2003)의 분석 결과)를 비교해 본 결과, 일반 교과 담당교사가 수행하는 직무 중 기술과 교사라고 하여 수행하지 않는 직무는 없으나, 기술과 교사의 경우 일반 교과 담당교사는 수행하지 않는 '실습지도', '실습실 관리'와 같은 직무를 더 수행하고 있음을 알 수 있다.

라. 기술과 교사 기준

미국의 경우 특히 1980년대부터 교사의 전문성 신장을 목적으로 한 교사평가가 활발하게 이루어짐으로써(NBPTS, 1996), 이를 위한 교사 기준들이 국가 단위, 주 단위, 지역 교육청 단위별로 다양하게 개발되었다. 우리나라도 한국교육개발원이나 한국직업능력개발원과 같은 연구 기관에서 교사의 직무수행 기준이 개발되었는데, 이를 통하여 기술과 교사의 직무 영역과 직무내용을 고찰할 수 있다.

　박영숙, 신철지, 정광희(1999)는 국가 및 사회 발전의 요구, 학교 및 지역의 특성, 교과 특성, 교사 개인의 특성에서 비롯되는 다양한 측면을 고려하여 종합적인 관점에서 교사의 직무수행 기준이 개발되어야 한다고 보았으며, 이를 위하여 교사의 역할 및 능력, 직무수행 관련 법규, 근무활동 실태, 학교교육계획서, 직무 영역 및 직무내용에 관련된 다양한 종류의 국내·외 문헌을 분석하여 141개의 업무 내용을 도출하였다. 또한 이에 대하여 총 1,260명의 교사, 학교행정가, 교육전문직 등을 대상으로 설문조사를 실시하여 교사의 담당 업무 내용 및 할애 시간, 담당 업무에 대한 이해수준, 담당 업무에 대한 부담 등을 조사하여, 기술과 교사를 포함한 초·중등 전체 교사의 직무수행 기준을 제시하였다. 그 내용은 <표 Ⅱ-9>와 같이 8개의 직무 영역(수업지도, 학생지도, 학급경영, 연수활동, 학교교육과정운영, 지역사회 및 대외협력, 행정사무, 전문적 책임과 업무수행)에 걸쳐, 총 70개의 직무내용으로 구성되어 있다. 이들은 학교교육과정 운영의 중요성을 반영하여, 학교일정편성, 교육과정 편성·운영과 같은 직무를 일반교사들의 직무로 선정하였으며, 자기 개발을 위한 연수활동을 하나의 직무 영역으로 도출하였다. 또한 제7차 교육과정은 교육과정 운영차원에서 지역 사회의 인적·물적 자원의 활용을 권장하고 있으며(교육인적자원부, 1997a), 이를 반영하여 지역사회와의 관계도 교사의 하나의 직무 영역으로 포함하였다.

<표 II-9> 박영숙 등이 개발한 교사의 직무수행 기준

직무 영역		직무내용
수업 지도	수업 계획	일일 및 주(월)간 학습계획서 작성, 교재 연구 및 자료 제작·준비, 시청각 및 멀티미디어 자료 활용 준비, 예·체능 수업 및 평가 준비, 수행평가 계획 및 준비
	수업 실시	강의, 질문에 대한 응답, 발표지도, 소집단 그룹 활동 실시, 실험·관찰을 통한 수업, 수행평가 활용
	수업 평가	수업 중의 진단·형성평가 실시, 수업 태도 및 정의적 행동 평가, 학습 과제검사 및 평가, 수행평가 결과 정리, 평가자료 정리, 성적 사정 및 기록
학생 지도	학습 지도	아침 자율학습 지도, 학생지도 계획 수립, 방과 후 학습지도, 독서지도
	생활 지도	안전사고 예방교육, 급식지도, 예절지도, 건강 및 보건 지도, 교우관계 지도, 실내 질서 유지 지도, 재활용품 활용/관리 지도
	특별 활동	단체 수련 활동, 특활·특기 교육 실시, 특별반 지도
학급 경영	계획	학급 행사 및 주(월)간 활동 계획, 학급환경 정리 계획, 학급 설비물 관리 계획
	환경 조성	청소지도, 쾌적한 학습분위기 유지/관리, 사물함 등 시설·설비 관리
	자치 활동	학급 회의 및 자체 협의, 학생중심 활동 참여·지도
연수 활동	교내 연수	직원 연수 참석 및 연수 실시, 학급 경영 방안 협의, 교내 및 학교 장학 지도 협의 및 평가, 직원 체육 연수 참가
	교외 연수	학회, 협의회 등 연수 참가, 사설 기관 연수 참가, 지역 교육청 연수 참가
	행정관련 연수	연수 자료/교재 작성 및 보고, 연수학점제 카드 작성, 성적 전산 프로그램 활용 연수

<표 계속>

직무 영역		직무내용
학교교육 과정운영	학교일정 편성	연간 학교교육계획서 작성, 월·주간 계획 작성, 직원 회의 참석
	교육과정 편성·운영	학교 교육과정 계획서 작성, 학습방법 개선 계획, 특기·적성교육 계획, 학습 자료 구입 계획 및 이행
	학생자치 활동지도	학생회 지도 및 관리
	방과후 교육활동	특기·적성교육지도
지역사회 및 대외협력	지역사회 관계	봉사활동지도, 시범학교 운영 보고회 및 공개 수업 참관, 지역교육청 방문 및 협조
	학부모 관계	학부모 공개 수업, 학부모와의 자녀에 대한 상담·협조, 학교운영위원회 참여
행정 사무	교무분장 업무 및 행정처리	각종 공문서 기안·작성 및 결재, 장부 및 서류 정리/보관, 각 교무분장 행정 처리, 교내 시설물 및 설비 관리, 학습 자료 구입, 교육정보 자료 제작
전문적 책임과 업무수행	중앙부서 및 학교행정운영에 필요한 규정 준수	중앙부서 및 학교 단위에서 이루어지는 교육정책에 대한 이해, 학사 일정·규칙·규정 준수
	업무 수행평가	업무수행에 대한 자기 평가, 학교조직의 발달에의 기여도 파악

출처: 박영숙 외 2인(1999). 학교급별, 직급별, 취득자격별 교원 직무수행 기준에 관한 연구, pp. 249-255.

기술과 교사의 경우 다른 교과 담당 교사와는 달리 실습지도와 관련된 직무를 수행하는데, 실업계 고등학교 전문교과 교사의 경우에도 학생들의 기능 숙달을 위한 실습지도를 비중 있게 수행하는 등 기술과 교사와 실업계 고등학교 전문교과 교사 간에 유사성이 존재함으로, 전문교과 교사의 직무수행 기준을 분석함으로써 기술과 교사의 직무를 고찰할 수 있다. 장명희와 변숙영(2001)은 실업계 고등학교 전문교과 교사의 직무수행 기준을 개발하기 위하여 실업계 고등학교 전문교과 담당교사의 직무 관련 규정과 수행 내용에 관한 문헌 분석을 통하여 171개의 업무 내용을 도출하였으며, 이의 현장 수행 확인을 위하여 366명의 실업계 고등학교 전문교과 담당교사를 대상으로 탐색적 설문조사를 실시하였다. 또한 전문교과 교사들의 실제 근무시간 및 수행 직무 내용의 상황을 파악하고자 현장 교사들을 대상으로 구조화된 집단 면접과 근무일지 작성 및 분석을 실시하였다. 이러한 연구의 결과와 385명의 교사, 학교행정가, 교육전문가 등을 대상으로 실업계 고등학교 전문교과 교사의 직무수행 기준에 대한 인식 및 요구조사를 실시하여, 전문교과 교사의 직무수행 기준을 개발하였다. 그 내용은 <표 II-10>과 같이 6개 직무 영역(수업활동, 학생지도 및 학급경영, 교육과정 개발 및 운영, 학교운영, 산학협동 및 지역사회와의 연계, 전문성 향상)에 걸쳐, 총 89개의 직무내용으로 구성되어 있다. 실험·실습 중심의 수업은 수업환경의 조성부터 과정, 평가에 이르기까지 보통 교과의 수업활동과는 달리 개별화지도, 과정의 관찰과 평가, 교사의 조력활동 등이 강조되는데(장명희, 변숙영, 2001), 이들은 수업활동 영역의 경우 실험·실습지도를 구분하여 제시하였다. 또한 학교 운영 업무 영역은 학교 조직 및 인적·물적 자원의 관리 업무, 이들 활동을 전개하기 위한 행정 지원 업무 등을 통합하여 구성하였다.

〈표 Ⅱ-10〉 장명희·변숙영이 개발한 실업계 고등학교 전문교과 교사의 직무수행 기준

직무 영역		직무내용
수업 활동	수업계획 및 준비	학습자와 교육환경의 특성을 분석하기, 지식·기능·태도 측면에서 학습자의 능력을 고려하여 학습목표를 설정하기, 연간·월간·주간 수업계획을 수립하기, 학습목표 달성에 적합한 학습내용을 선정하여 계획하기, 수업방법과 절차를 선택하기, 수업내용에 적절한 실험·실습 제재와 과제를 계획하기, 수업목표를 달성하도록 수업 매체를 계획하여 준비하기, 수업공간을 구조화하고 조직하기, 수업평가 계획을 수립하기
	수업 전개	학습동기를 유발하기, 적절한 수업방법을 활용하기, 수업내용에 적절한 다양한 매체를 활용하기, 학습자의 수준을 고려한 언어적·비언어적 의사소통 방법을 적용하기, 과제의 이해 및 자료의 선택을 돕는다, 기초 학력 부진이나 우수학생에 대한 보충·심화지도를 하기
	실험·실습 지도	실험·실습에 적절한 학습환경을 제공하기, 실험·실습에 필요한 재료와 자료의 준비를 돕는다, 학생들이 실험·실습 활동을 할 수 있도록 지도하기, 학생의 실험·실습 과정을 관찰하여 발생하는 문제점을 지적하고 시범·설명하기, 실험·실습 과정에 필요한 안전지도를 하기, 실험·실습 재료의 재활용 계획을 수립하기
	수업 평가	학생들의 성취기준을 결정하기, 다양한 평가방법을 선택하고 적용하기, 학습 및 과제 결과를 평가하고 관리하기, 자신의 수업효과를 평가하기
학생지도 및 학급경영	교과 외 학습지도	개인의 특기 적성을 고려한 영역을 설정하기, 특별활동 연간계획을 수립하기, 지역사회와 연계한 활동을 탐색·조사하기, 특별활동의 평가 자료를 수집하여 정리하기, 봉사활동·행사활동을 위한 계획을 수립하여 지도하기
	전공 동아리 활동지도	해당 분야에 흥미와 적성이 있는 학생 선발 계획을 수립하기, 3년간의 지도 계획을 수립하기, 실습실의 기구 및 재료 활용 계획을 수립하기, 단계별 평가 계획을 수립하기

〈표 계속〉

직무 영역		직무내용
학생지도 및 학급경영	생활 지도	가정·지역과 연계하여 학생들의 가정환경, 적성, 흥미 등 여러 가지 정보를 수집하기, 교내외 기본생활지도를 하기, 학생들의 개인 및 단체활동을 지도하기, 생활지도 결과를 정리하여 지속적인 자료로 활용하기
	진로 지도	취업 및 진학 자료를 수집·활용하기, 개인·집단 상담을 전개하기, 관계 전문가의 진로지도 관련 각종 검사 및 정보 분석을 돕고 활용하기, 학생의 진로와 관련하여 학부모와 의견을 교환하기, 학생들의 취업 및 진학 준비 과정을 지원하기, 학생의 취업 및 진학 상황을 관리하기
	학급 경영	학급경영 계획을 수립하기, 학급환경을 조성·관리하기, 학급 자치 제도를 규정하여 자치활동을 지도하기, 학생의 성취와 행동에 대해 높은 기대를 보이고 친밀한 관계를 유지하기, 행동발달상황을 평가하고 관리하기, 학부모·관련 교과 교사와 연계하여 지도하기
교육과정 개발 및 운영	직업교육 프로그램의 개발	관련 산업체의 직업 분포 및 노동력 시장의 변화 동향을 분석하기, 노동시장의 요구와 직업교육에서의 인력공급의 차이를 분석하여 직업교육의 방향을 결정하기, 결정된 직업교육 방향에 따라 관련 직종을 선정하고 직무분석을 실시하기, 직무분석에 근거하여 직업교육 프로그램의 과정을 개발하기, 새롭게 요구되는 교과목의 교재를 개발하기, 새로운 직업교육 프로그램 및 교재를 평가하여 피드백하기
	교육과정 편성·운영	학교 교육과정 편성에 참여하기, 교과별 교육과정과 교육계획서를 작성하기, 교과의 진도를 조절·운영하기, 교과 외 직업교육 관련 행사를 기획하고 운영하기
학교 운영	학교조직 운영관리	학교발전 계획 및 각종 학교운영 위원회의 운영 계획을 수립하기, 각종 학교 운영 규칙을 제정·운영하기, 학생의 학사관리에 참여하기, 학생의 건강과 일상관리를 하기
	수업 및 실험·실습 자원 관리	수업에 필요한 설비·자료 등 자원을 관리하기, 실험실과 생산실습 시설·설비를 계획하고 유지·신설 등을 결정하기, 학교 내 각종 시설을 관리하기

〈표 계속〉

직무 영역		직무내용
학교 운영	교원 인사관리	교내인사관리 제도의 제정 및 선정 계획을 수립하기, 교사 자원 활용 및 평가 작업에 참여하기
	행정 업무지원	각종 공문서를 작성·관리하기, 각종 장부와 서류를 작성·관리하기
산학협동 및 지역사회 와의 연계	현장실습 및 산학협동 교류	현장실습 및 산학협동 프로그램을 계획하기, 현장실습 및 산학협동이 가능한 업체를 선정하여 발굴하기, 현장실습 업체를 방문하여 학생을 지도하기, 산학협동 업체의 요구를 파악하여 교류활동을 지원하기, 현장실습 및 산학협동을 위한 각종 자원을 수집·관리하기, 현장실습 및 산학협동 결과를 평가하고 프로그램 개선에 반영하기
	지역 사회와의 연계	지역사회와 연계활동을 전개할 수 있는 목적과 대상을 분석하기, 지역사회의 연계 대상과 접촉하여 구체적인 협력 활동을 계획하기, 지역사회의 각종 행사 및 교육활동을 지원하기, 학부모를 위한 각종 행사 및 교육활동을 지원하기, 지역사회의 다양한 인적 자원을 활용하기, 지역사회에 학교의 교육성과를 알릴 수 있는 행사를 계획·운영하기
전문성 향상	연구 개발	전공 분야와 관련된 교육 및 산업사회의 최신 동향을 탐색하기, 현장의 교수학습경험을 공유할 수 있는 연구자료를 작성하기, 수업에 필요한 새로운 학습 자료를 개발하기
	연수 활동	수업연구와 관련된 각종 업무에 참여하기, 동료교사 간에 수업경험을 교류하기, 새로운 교육공학 매체나 컴퓨터 활용능력을 향상시킨다. 관련 분야와 각종 세미나, 학회, 산업체 연수에 자주 참여하기, 새로운 직업교육 기기 조작과 관련한 각종 연수에 참여하기

출처: 장명희, 변숙영(2001). 실업계 고등학교 전문교과 교사의 직무수행 기준, pp. 131-134.

미국의 경우 교사 기준에 관한 연구가 활발하게 이루어지고 있으며, 초·중등 모든 교사에게 포괄적으로 적용되는 기준을 제시한 주나 지역 교육청도 많지만, 일부 주나 지역 교육청에서는 교사 기준을 교과별로 제시하고 있다. 1987년에 설립된 국가전문교수기준위원회(National Board for Professional Teaching Standards: NBPTS)는 교과별로 교사 자격을 위한 기준을 제시하고 있으나 아직 기술과 교사 자격을 위한 기준은 별도로 제시하지 않고 있다. 그러나 산업교육(Career & Technical Education: CTE) 교사 자격을 위한 기준은 제시되어 있는데, CTE 교사 자격을 취득하고자 하는 자는 '농업과 환경 교육', '제조와 공학 기술'과 같은 8개의 전문 자격 영역 가운데 하나를 선택하도록 하고 있으며, 8개의 전문 자격 영역 중에는 '기술교육(technology education)'도 포함되어 있다(NBPTS, 2001).

　NBPTS는 교사의 5가지 핵심 원리(① 교사는 학생과 그들의 학습을 인도해야 한다. ② 학생들에게 가르칠 과목을 알고, 어떻게 가르쳐야 하는지를 알아야 한다. ③ 학생의 학습을 관리하고 모니터할 책임이 있다. ④ 경험으로부터 얻는 학습에 관해 체계적으로 생각한다. ⑤ 교사는 학습사회의 구성원이다.)와 함께 교사 기준을 자세히 설명하였는데(Danielson & McGreal, 2000), CTE 교사의 기준을 <표 Ⅱ-11>과 같이 능률적인 학습환경 조성, 학생의 학습을 진전시키기, 직업과 성인의 역할로의 전이, 전문성 신장을 통한 교육개선이라는 4가지 영역에 걸쳐 13개 항목으로 분류하여 제시하였다(NBPTS, 2001).

　NBPTS가 개발한 CTE 교사 기준은 교수학습 관련 기준을 '능률적인 학습환경 조성'과 '학생의 학습을 진전시키기'의 두 영역으로 분류하여 자세히 제시하고 있으며, CTE 교사의 전문성 신장에 관한 기준을 하나의 영역으로 분류하여 따로 제시하고 있다. 또한 CTE 교사는 직업교육을 담당하는 공업교사나 상업교사와 같은 산업교사들이기 때문에 직업교육과 관련된 직무가 일부 포함되어 있는데, '직업과 성인의 역할로의 전이' 영역에서 직업교육에 관한 기준을 제시하고 있다.

〈표 Ⅱ-11〉 NBPTS가 개발한 CTE 교사 기준

영 역	항 목	지 표
능률적인 학습환경 조성	학생들에 대한 지식	· 모든 학생에게 헌신하기 · 학생들의 요구를 이해하기 위한 체계적 평가과정을 이용하기 · 노동시장과 직장 본질의 변화와 학생들의 특별한 요구에 귀 기울이기
	교과목에 대한 지식	· CTE 교과의 핵심 지식을 일반화하기 · 직업기초능력을 이해하기 · 일반 산업지식을 터득하기 · CTE 교과와 다른 교과를 통합하기 · 특정 산업지식을 터득하기
	학습 환경	· 학습환경을 맥락화하기 · 효과적으로 학급 관리하기 · 안전 유지하기 · 민주적 환경 만들기 · 학습, 발명, 모험에 대한 열정을 강화하기
	다양성	· 실행된 공평, 공정, 다양성이 존재하는 환경 만들기 · 학생에게 직장의 다양성을 준비시키기
학생의 학습을 진전 시키기	전공 교과목에 대한 지식의 진보	· 학생의 지식 습득을 증진시키기 위한 학습 활동을 만들기 · 지식 획득 속에서 학생을 안내하기 · 다양한 재료와 자원을 이용하기
	평가	· 다양한 목적을 평가하기 · 다양한 평가방법을 이용하기 · 학생들의 진전을 학생들이 스스로 이해하도록 돕기 · 평가결과를 피드백하기
직업과 성인의 역할로의 전이	직업에 대한 준비	· 학생들의 직업결정을 돕기 · 취업능력 개발하기 · 직장문화와 기대를 이해하기

〈표 계속〉

영 역	항 목	지 표
직업과 성인의 역할로의 전이	복합적 삶의 역할에 대한 관리와 균형	·삶의 역할의 균형 잡기 ·개인의 경제 사정 이해하기와 일상생활 관리하기 ·지역사회 참여를 준비하기
	사회적 발달	·학생들의 자아인식, 신념, 특성의 발달을 촉진하기 ·학생의 독창성과 팀워크 기술을 개발하기 ·바람직한 사회, 개인, 시민 윤리의 발달을 강화하기
전문성 신장을 통한 교육 개선	반성적 실행	·다양한 자원으로부터 체계적으로 결과를 평가하기 ·자신의 관점에서 반성하기 ·지속적으로 연구와 자기평가를 통하여 실행을 재발견하기
	협동심	·상업, 산업, 노동과 지역사회와 파트너십을 만들기 ·다른 교과 담당 교사와 협력하기 ·고등교육기관의 동료와 협력하기
	교육에의 기여	·학교에 기여하기 ·동료에 기여하기 ·자신의 영역에서 지식을 증진하기
	가족과 지역사회와의 협동	·가족과의 파트너십을 통하여 학생의 정보를 얻기 ·학생들의 교육을 지원하는 가족의 관심을 양성하기

출처: Career and technical education teacher standards
(http://www.nbpts.org/pdf/eayacte.pdf)

미국 인디애나 주에서는 90년대 후반에 새로 만들어진 교원자격 제도의 운영을 위하여 수행에 기초한 교사 기준의 개발이 요구되었다. 이를 위하여 인디애나 교육국(1998)은 초임교사 평가 및 지원 협회(Interstate New Teacher Assessment and Support Consortium: INTASC)가 초임교사를 지원하기 위해 개발한 교사 평가 기준을 기초로 하여 교사 기준을 마련하였다. 인디애나 주의 CTE 교사 기준은 <표 II-12>와 같이 12개의 기준과 각 기준에 대한 직무수행 지표들로 구성되어 있다. 이 교사 기준은 대부분 학생의 학습지도와 교사의 전문성 개발에 관한 기준으로 이루어져 있으며,

CTE 교사로서 수행해야 할 지표를 자세히 제시하고 있다. 특히, 교사의 전문성 개발과 관련하여 반성적 수행, 협력 수행, 가족과 지역사회와의 파트너십, 직업에 공헌하기 등의 여러 개의 기준을 제시함으로써 전문성 개발의 중요성을 강조하고 있다. 또한 학생의 학습지도와 관련해서는 크게 생산적인 학습환경 만들기와 학생학습 향상으로 분류하여 직무수행 지표를 제시하였다.

〈표 Ⅱ-12〉 인디애나 교육국이 개발한 CTE 교사 기준

기 준		직무수행 지표
생산적인 학습환경 만들기	학생 지식	· 학생들과 학습과정을 연결시킬 수 있는 다양한 자료를 확인하고 이용하기 · 학생들의 학습 스타일을 확인하기 · 학생들의 문화와 다양성을 확인하기 · 학습자의 관심, 학습스타일, 적성검사 자료 등을 이용하여 학습과정을 설계하기
	교육 내용과 수업 자료 지식	· 가르치는 영역에서 취업에 필요한 특정 직업능력을 보이기 · 최신의 기술을 보유하고 유지하기 위하여 다양한 직업 경험을 이용하기 · 직업을 위해 필요한 도구, 설비, 재료의 이용을 시범 보이기 위해 최신의 용어와 기술을 이용하기 · 리더십을 발휘하고, 학습자의 리더십 기술을 증진시키기 · 학습목표와 능력을 작성하고 평가하기 · 수업 자료의 이용에서 요구되는 능력을 보이기
	학습자 환경	· 시간관리능력, 조직능력, 개별수업, 스트레스 관리, 학습환경을 관리하기 위한 능력을 보이기 · 긍정적 강화를 포함하는 성공적인 학습환경 만들기 · 신뢰, 시간엄수, 생산적인 작업 습관과 태도를 포함하는 작업 관계를 위한 특성을 보이기

〈표 계속〉

기　준		직무수행 지표
학생 학습 향상	교과 내용 지식	·교육목표 성취를 위한 다양한 전략을 평가하기 ·다양한 학습스타일에 맞는 교수전략과 자료를 적절하 　게 선택하기 ·교과 내용 영역에 적절한 학문적 능력을 통합하기 위 　해 다른 사람들과 협력하기 ·말하기, 쓰기, 듣기와 같은 학생과의 교류기술을 보이기 ·학습자의 사고와 문제해결능력을 개발하기 위해 수업 　과정활동에 몰입하기 ·교육과정 영역에서 능력을 보이기 ·교육과정 내용의 시뮬레이션화된 취업 신청을 확인하 　고 이용하기 ·교육과정 내용을 적절하게 하기 위해 기업체, 정부와 　같은 협력자들을 활용하기
	평가	·학습자 진전의 평가와 수업과정의 개선을 위해 다양한 　평가방법을 이용하기 ·학습자 성취의 실체적인 증거를 제공하기 위해 학습자 　수행과 진전을 기록하기 ·학습자가 그들의 장단점을 알고, 평생학습을 위한 목표 　를 세우도록 하기 위해 자기평가 활동에 열중시키기
전문성 개발	반성적 수행	·훈련과 새로운 직업경험을 통하여 능력을 향상시키기 ·개인적 전문 직업의식을 평가하기 ·다른 사람으로부터의 건설적 비평을 이용하기 ·프로그램 효과성과 질을 평가하기 위한 수단으로서 측 　정된 학습자의 진전을 이용하기
	협력 수행	·효과적인 파트너십을 만들기 위해 기업체, 정부, 지역 　사회와 교류할 수 있는 능력을 보이기 ·적절한 전문 조직에 역동적으로 몰입하기 ·적절한 정책, 규칙, 전문적 윤리를 고수하기
	가족과 지역사회 파트너십	·모든 학습자의 학습 기회를 개선하기 위해 가족과 지 　역사회와 함께 일하기 ·지역사회 안에서 학교를 증진시키기 ·지역사회 인사들을 학습활동에 참여시키기 ·다양한 지역사회 활동에 참가하기 ·역동적인 직업학생조직을 구성하기

〈표 계속〉

기 준		직무수행 지표
전문성 개발	직업에 공헌 하기	· 프로그램 개발과 개선을 위한 자문 위원회를 설립하고 활용하기 · 적절한 자격을 추구하기 · 교육과 지역사회의 지식기반에 공헌하고 전문성을 증진시키기 · 적절한 수업전략을 개발하고 학습을 통합하기 위해 다른 교과 담당교사와 협력하기 · 방과 후 적절한 지속 교육과 직업경험에 참여하기 · 동료들과 아이디어, 전략, 학습 자료를 공유하기
생활 기술 준비	직업 준비	· 학습자들이 직장에서 성공할 수 있도록 돕기 위해 개인의 직업경험을 이용하기 · 적절한 직업윤리를 보이기 · 협동적 활동을 이용하기 · 학습자의 과정, 지식, 안전의 이해를 증진시키기 위해 교육 전문가, 직업 전문가와 상담하기 · 학습자에게 직장 경향의 이해를 돕는 법률화된 지침을 따르기
	다양한 책무성	· 다양한 이슈를 통합한 수업전략을 설계하기 · 고등사고를 요구하는 상황을 만들기 · 학습자가 일과 개인의 삶 간의 상반된 요구를 현명하게 대처할 수 있도록 준비시키기 · 모든 단계에서 경력 인식을 돕기 위한 준비성을 보이기 · 상호 협력과 존중을 증진시키기
	생활 기술	· 지역사회의 특별한 문화적 요구를 확인하기 · 문화적 다양성을 다루는 다양한 수업전략을 이용하기 · 학습자의 자아존중과 자아인식을 개선하는 전략을 이용하기

출처: http://www.doe.state.in.us/dps/standards/careertech.html

Texas주의 Round Rock 지역 교육청(2005)은 CTE 교사의 기준을 10개 영역(수업준비, 수업촉진, 수업환경 관리, 교육과정 개발 및 적용, 학생 수행평가, 도구, 설비, 장비, 재료 관리, 프로그램 증진, 학생활동

조직과 지지, 교수 관련 활동 수행, 전문성 개발)으로 분류하였다. 그 내용들은 주로 교수학습지도와 전문성 개발, 학생생활 지원에 관한 내용들로 구성되어 있다. 또한 이 교사 기준은 교사의 경력 발달을 반영한 것으로, 경력 단계별로 교사가 수행하는 내용이 다르다고 보고 각 영역마다 경력단계별(초임교사, 경력교사, 수석교사)로 CTE 교사의 직무내용을 자세히 제시하였는데, 초임교사의 수행 내용은 주로 일반적인 수행 내용으로 구성되어 있으며, 단계가 높아질수록 수행 내용은 더 고차원적인 것으로 구성되어 있다(<표 II-13> 참조).

〈표 II-13〉 Texas 주의 Round Rock 교육청이 개발한 CTE 교사 기준

영역	교사수행 단계		
	초임교사(novice)	경력교사(practitioner)	수석교사(master)
수업 준비	・적절한 수업자료 준비하기 ・다양한 자료를 이용하여 학습내용을 강화하기 ・학습자 수준에 맞는 다양한 교수학습 전략을 탐구하고 실험하기	・학생들에게 적용되는 지식, 기능, 사고과정과 효과적인 교육과정을 위한 학습지도안 개발하기 ・다양한 교수학습전략 개발 및 이용하기 ・학습들을 개인적 및 협동적 학습경험과 연계하기 ・학생들의 현재 성취 수준 평가하기 ・긍정적인 학습환경 제공하기 ・학생들의 선행 지식, 경험, 배경과 학습을 연결하기	・혁신적인 교수학습방법을 개발하고 이용하기 ・컴퓨터/기술에 기초한 자료들을 효과적으로 탐구하고, 평가하고, 통합하기 ・학생들의 학습스타일을 확인하고 적절하게 수업을 개별화하기 ・다른 교사와 함께 수업을 설계하기 ・기술 현장의 협력자들과 수업을 설계하기

〈표 계속〉

영역	교사수행 단계		
	초임교사(novice)	경력교사(practitioner)	수석교사(master)
수업 촉진	·각 목표에 맞는 도입을 제공하기 ·효과적인 질의기법을 이용하기	·학생들의 능력수준과 학습 스타일에 교수를 맞추기 ·특별한 목표와 학습을 위한 높은 기대를 맞추기 ·다양한 교수전략을 탐구하고 이용하기	·팀티칭 기회에 자주 참여하기 ·유연하고 창조적인 수업이 되도록 개선하기 ·다양한 교수방법과 학습전략을 적용하기
수업 환경 관리	·지역과 학교의 교육 정책과 절차를 따르기 ·정의적, 기능적 학습환경을 만들고 관리하기 ·모든 학생을 위한 행위 목표를 명확하고 객관적으로 세우기 ·학급에서 받아들이기 어려운 학생 행위를 해결하기 위해 교류하기 ·학생들의 수행과 성취를 인정하고 강화하기 ·학생들의 긍정적인 교류와 상호작용을 강화하기	·개인적인 관심을 지속적으로 보여주고 학생들을 객관적으로 대하기 ·학급 과정과 수업 절차의 개발에서 유연성을 보이기 ·학생들의 책임과 자기 훈련을 증가시킬 수 있는 전략을 설계하고 실행하기 ·다양한 매개물을 이용하여 학부모와 효과적으로 교류하기	·교사의 법적 권리와 책임뿐 아니라 학생과 부모의 법적 권리를 이해하기 ·필요에 따라 개인적 학습과 건설적 행위를 개발하기
교육 과정 개발 및 적용	·적절하고 정확한 수행기준, 학습목표, 학습결과를 개발하고 이용하기 ·프로그램 목표에 맞는 개요와 계획서를 개발하고 이용하기 ·주와 지역의 교육과정 승인을 얻기	·교육과정 결과에 맞는 교육과정 목표를 강화하는 데 참여하기 ·적절하고, 기술에 기초한 자료와 자원을 선택하기 ·효과적인 교육과정 평가 전략과 과정을 개발하기	·새로운 기술과 요구를 포함하는 학생 개인, 기업의 요구에 따라 교육과정을 수정하기 ·교육과정 내용에 맞는 기업의 대표자로부터 나온 정보를 평가하기

〈표 계속〉

영역	교사수행 단계		
	초임교사(novice)	경력교사(practitioner)	수석교사(master)
교육 과정 개발 및 적용	• 모든 교육과정을 통하여 취업능력, 직업적응, 산업전망을 고취하기 • 잘 정의된 학년별 정책을 개발하고 학생들과 공유하기 • 장애인을 위한 유용성을 충족시킬 수 있는 시설 마련에 참여하기 • 남녀 불평등이 없는 교육과정, 교육자료를 이용하기	• 학문적 기능을 교육과정 내용에 통합시키기 • 직업세계에서 학생들이 자기의 역할을 할 수 있도록 안내하기	
학생 수행 평가	• 개별 수업에 맞는 다양한 평가 도구 이해하기 • 학생들의 학습 스타일의 차이를 이해하기 • 학생들의 학습과 수행을 평가하기 위한 다양한 평가방법을 이용하기 • 학생들의 수행을 개선하고 지식을 증가시키는 올바른 피드백을 제공하기 위한 평가 목적을 이해하기	• 학습이 일어난 것을 평가하기 위한 우수한 학생평가 전략을 이해하기 • 학생들의 정의적, 운동심리적, 지적 수행을 평가하기 • 학생들의 포트폴리오를 지원하기 • 수업목표에 맞게 평가하기 • 적절한 평가를 위해 학생들의 수행과 지식을 정의하기 • 기능을 통합하고 전이할 수 있는 학생들의 능력을 평가하기	• 학생들이 그들이 학습한 것을 보이기 위한 평가 기회를 이용하기 • 무엇을 어떻게 가르쳤는지를 모니터링하기 위해 평가 결과를 이용하기 • 개인의 지식과 기능을 평가하기 위한 최상의 평가방법을 선택하기 • 수행의 질을 정의하기 위한 준거 결정 시 학생을 참여시키기
도구, 설비, 장비, 재료 관리	• 적절한 프로그램 요구 목록을 개발하기 • 조직화된 방법으로 도구, 설비, 장비, 재료를 저장하고 유지하기 • 도구, 설비, 장비, 재료의 재고를 적절하게 유지하기	• 도구, 설비, 장비, 재료의 손실을 최소화하도록 관리하기	• 도구, 설비, 장비, 수업 재료를 보충하고 갱신하기 위한 계획을 세우기 • 최신의 기술과 방법에 관한 정보를 보유하기

〈표 계속〉

영역	교사수행 단계		
	초임교사(novice)	경력교사(practitioner)	수석교사(master)
프로그램 증진	·프로그램 탐방, 현장 견학 등에 참여함으로써 효과적으로, 그리고 열정적으로 프로그램을 증진시키기 ·프로그램에 관한 모든 가능한 기회(선발된 임원, 행정가, 동료, 부모)와 네트워크 형성하기 ·학생 성취를 전시하기	·질이 우수한 프로그램 개발하기 ·모집 전략 확장하기 ·학생 서비스를 일반인에게 제공하기 ·학교 – 경력 활동에 참여하기	·부모, 학생, 학교, 사회와 효과적이고 혁신적인 공적 관계 전략을 개발하기 ·효과적인 지역사회 참여/유도하기
학생 활동 조직 과 지지	·모든 학생이 활동과 팀에 참여하도록 강화하고 조언하기 ·예산 조달자 관리하기 ·협력적인 방법으로 학생 조직에게 조언하기 ·학생활동을 적절하게 지원하기 ·학생들의 성취를 인정하기	·학생 조직 활동에 '학교에서 직장'으로의 개념을 도입하기 ·지역사회 서비스 활동을 시작하기 ·적절한 곳에 사회 활동을 시작하기 ·지역사회, 주의 리더십 활동에 학생들을 참여시키기	·다른 분회와 아이디어와 정보를 교환하기 위해 이메일과 같은 원격통신의 이용을 강화하기 ·적절한 학생들의 조직 활동을 수업시간에 도입하기
교수 관련 활동 수행	·학생들의 행위와 안전 능력을 기록하기 ·모든 학생들을 위한 출석 기록을 유지하기 ·학생들의 수업료 걷기 ·정규적으로 할당된 영역을 모니터하기 ·교내와 지역 교사 회의에 적극적으로 참여하기	·학생과 동료에게 충고하기·교내 회의에 적극적으로 참여하기 ·많은 학생 이용을 위해 장비와 설비를 관리하기 ·예산의 적절한 이용을 위해 연간 예산 계획을 세우기	·긍정적인 방법으로 동료들을 모니터하기

〈표 계속〉

기술과 교사의 직무수행

영역	교사수행 단계		
	초임교사(novice)	경력교사(practitioner)	수석교사(master)
전문성 개발	·성공적으로 소프트웨어를 이용하기 위해 개인적, 전문적 생산성을 증가시키고, 컴퓨터 시스템을 동작시키기 위한 능력을 보이기	·형식교육이나 다른 전문성 개발을 계속하기 ·전문적 조직, 협의, 회의 등에 적극적으로 참여하기 ·변화를 위해 효과적으로 자기평가하기 ·전문적 문헌, 기술적 자원 등을 이용하여 교육적 경향과 상업적, 산업적 경향을 유지하기 ·산업경험에 정규적으로 참여하기	·자신의 영역의 지식과 실습의 진보를 위한 전문적 조직에서 리더십 발휘하기 ·산업과 기술 협회에 참여하기 ·교육에서의 컴퓨터와 기술의 적용에 관한 최신 자원을 확인하기 ·자신들의 최상의 수업수행을 제시할 수 있는 전문적 포트폴리오를 설계하고 유지하기

출처: http://209.184.141.5/academics/CTE/bestpracticecontinuum.doc

이와 같은 교사 기준을 살펴봄으로써 기술과 교사의 직무를 고찰할 수 있다. 첫째, 우리나라의 경우 아직까지 교과별로 제시된 교사 기준은 없으나 초·중등 전체 교사와 실업계 전문교과 담당교사를 대상으로 한 기준을 보았을 때 교수학습지도나 학생지도와 관련된 기준뿐 아니라 행정업무, 전문성 신장 등에 관한 기준도 제시되어 있으며, 교사의 직무가 매우 광범위하다는 것을 알 수 있다. 둘째, 미국의 경우 교과에 상관없이 모든 교사에게 적용되는 기준도 있으나 CTE 교사만을 위한 기준도 국가, 주, 지역교육청 차원에서 다양하게 개발되어 있는데, 국가 단위의 교사 기준보다 교육청 단위로 갈수록, 즉 하위 수준으로 내려갈수록 보다 세분화되어 자세히 제시되어 있었다. 그 내용을 살펴보면 행정업무에 관한 기준은 포함하고 있지 않으며, 주로 교수학습지도와 교사의 전문성 개발에 관한 내용으로 한정되어 있다. 또한 우리나라의 교사 기준은 간략하게 직무내용만을 제시하고 있는 데 반해, 미국의 교사 기준은 구체적으로 수행지표나 수행기준을 제시하고 있다. 셋째, 일부 교사 기준에는 실습실 운영이나 실습지도와 같은 기술과 교사에게 해당되는 직무에 대한 기준도 제시되어 있었는데, 이를 통하여 기술과 교사의 직무가 일반교사에 비해 다양하다는 것을 알 수 있다.

마. 기술과 교사의 직무 영역

지금까지 살펴본 기술과 교사의 직무 관련 자료들을 직무 영역별로 분류하여 제시하면 <표 Ⅱ-14>와 같다. 교수학습지도 영역의 경우 모든 직무 관련 자료에서 하나의 직무 영역으로 포함하고 있었으며, 전문성 신장 영역의 경우에도 거의 모든 자료에서 하나의 직무 영역으로 분류하고 있었다. 또한 학생생활지도 영역과 학급경영 영역, 그리고 행정업무수행 영역의 경우에도 미국의 교사 기준을 제외한 거의 모든 자료에서 직무 영역으로 분류하고 있었다. 그러나 미국의 CTE 교사 기준에는 이러한 직무가 포함되어 있지 않았는데, 이는 우리나라와 달리 미국의 경우 교사의 직무가 주로 교수학습지도와 전문성 신장에 치중되어 있기 때문으로 볼 수 있다. 한편, 기술과 교사의 경우 이러한 일반 중등교사의 직무 외에 실습지도와 실습실 운영에 관한 직무도 수행하고 있었다. 실습은 학생들로 하여금 일에 대한 올바른 태도와 습관을 갖도록 하기 위하여 계속적이고 반복적으로 실행하는 정신적 · 육체적 학습활동(이무근, 1990)으로 기술과 교육에서 차지하는 비중이 매우 크다. 특히 제7차 교육과정에서는 기술과 수업에서의 실험 · 실습을 강조하고 있으며(이춘식, 이수정, 2003), 정종완, 조승호, 김기수(1999)에 의하면 기술과 교사의 96.1%가 기술과 수업에 있어서 실습의 중요성을 인식하고 있었으며, 실습지도를 기술과 교사의 가장 중요한 역할로 인식하고 있었다(박흥준, 1989). 따라서 비록 실습지도나 실습실 운영 직무를 하나의 직무 영역으로 분류한 선행연구가 많지는 않으나 기술과 교사의 직무 영역에는 '실습지도 및 실습실 운영' 영역을 별도로 제시할 필요가 있다.

〈표 Ⅱ-14〉 기술과 교사의 직무 영역

직무영역 \ 관련자료	직무관련규정	근무평정내용	선행 기술과 교사의 직무분석 결과				교사 기준				
			1	2	3	4	5	6	7	8	9
교수학습지도	○	○	○	○	○	○	○	○	○	○	○
학생생활지도	○	○	○	○		○	○	○			
학급경영			○	○	○		○	○			
전문성 신장	○	○	○	○	○	○	○	○			
행정업무수행		○	○	○	○	○					
실습지도						○		○			
실습실 운영					○						○
학교교육과정 개발							○	○			
학교운영			○					○			
지역사회 협력				○			○	○			
학습환경 조성									○	○	○
산학협동 및 직업지도							○	○	○	○	

주) 1. 서정화(1994)의 직무분석 자료, 2. 박덕규 등(2003)의 직무분석 자료, 3. Kim과 Kim(2001)의 직무분석 자료, 4. 김판욱(2003)의 직무분석 자료, 5. 박영숙 등(1999)이 개발한 교사 직무수행 기준, 6. 장명희와 변숙영(2001)이 개발한 실업계 고등학교 전문교과 교사의 직무수행 기준, 7. NBPTS(2001)의 CTE 교사 기준, 8. 인디애나 주(1998)의 CTE 교사 기준, 9. Round Rock 교육청(2005)의 CTE 교사 기준.

그러나 일부 관련 자료에서 제시된 학교교육과정 개발 영역, 학교운영 영역, 지역사회 협력 영역의 경우 모든 교사가 수행하기보다는 일부 교사에 의해 수행되는 직무이기 때문에 기술과 교사의 하나의 직무 영역으로 보기 어렵다. 또한 학습환경 조성 영역의 경우 그 내용들이 교수학습지도 영역이나 학급경영 영역 등에 포함되어 있기 때문에,

산학협동 및 직업지도 영역의 경우 기술과 교사가 아닌 실업계 고등학교 전문교과 담당교사에 해당되는 내용이기 때문에 기술과 교사의 직무 영역으로 보기 어렵다.

따라서 기술과 교사의 직무 영역은 교수학습지도, 학생생활지도, 학급경영, 행정업무수행, 전문성 신장, 실습지도 및 실습실 운영의 6개 영역으로 분류할 수 있다.

3. 기술과 교사의 직무수행 관련 변인

인간의 행동을 이해하기 위해서는 개인적 변인과 환경적 변인을 동시에 이해해야 하고, 어느 한쪽의 변인만으로는 그의 행동을 설명하거나 예측하기에 부족함이 있다(임거빈, 2001). 그러므로 기술과 교사의 직무수행과 관련된 변인으로 인구통계학적 특성, 직무 중요성, 개인적 교수효능감과 같은 개인적 변인뿐 아니라, 환경적 변인으로서 근무학교 특성과 학교풍토를 고찰할 필요가 있다.

가. 인구통계학적 특성

선행연구를 토대로 기술과 교사의 직무수행과 관련이 있을 것으로 보이는 인구통계학적 특성으로는 성별, 학력, 교직 경력, 현직연수 이수, 담당 교과목 수, 자격 취득경로 등으로 나타났다.

1) 성 별

교직에서 여교사의 비율은 계속 증가해 왔으며, 앞으로도 증가할 것으로 예상된다. 이러한 현상에 대하여 사회 일각에서는 학교운영 면에서의 문제점, 여교사의 가정생활과 학교생활의 병행에 따른 정신적 육체적 부담 과중 등으로 인한 직무 수행상의 취약점 등을 들어 교직의 여성화를 우려하고 있으며, 학교현장에서는 학습지도, 학급경영, 생활지도 등 여러 면에서 일반적으로 여교사에 비해 남교사가 우수하다고 단정 지어지고, 학부모 및 학교 관리자의 여교사 기피 현상이 나타나고 있다(우미라, 2003). 여교사 비율의 증가에 따른 학교현장의 실태를 분석한 연구(교육인적자원부, 2001)에 의하면 여교사들은 승진에 대한 열의나 동기가 낮으며, 직무에 대한 몰입도와 자신감이 낮고, 이러한 의식이 내면화됨으로써 남교사에 비해 승진에 대한 기대가 낮을뿐더러, 직무에 대한 헌신도가 떨어지는 것으로 나타났다. 실제로 일부 연구(김지종, 2004; 박동열, 1996; 장옥희, 2001; 장은정, 1991)에서는 남교사의 직무수행이 여교사보다 높게 나타났다.

그러나 이와는 반대로 여교사의 직무수행이 남교사보다 높다는 연구 결과(김재은, 2004; 박종단, 2003; 안승동, 1984; 우미라, 2003; 윤명현, 2003; 홍영숙, 1998 등)도 적지 않다. 이들의 연구 결과를 종합하면, 여교사는 남교사보다 학습지도에 있어 교재연구 및 학습 자료 준비가 철저하며, 학습부진아 지도 면에서 우수하고, 수업을 보다 다양한 요소들로 구성하는 등 학습지도, 생활지도, 학급경영, 행정사무처리, 교육연구 활동 등의 직무수행에 있어 남교사보다 우수한 것으로 나타났다.

따라서 교직사회에서는 남교사가 여교사보다 직무수행이 우수하다는 성편견이 존재하고 있으나, 이를 뒷받침하는 연구 결과와 부정하는 연구 결과가 상존하고 있다는 것을 알 수 있다. 한편, 일부 연구(모일상, 2002; 손순희, 2001; 임현진, 2003 등)에서는 교사의 직무수행은 성별에 따라 차이가 나지 않는 것으로 나타났다.

기술과의 경우 중·고등학교에서 남녀가 공히 배우게 된 지 불과 10년밖에 되지 않았기 때문에 기술과를 담당하는 여교사의 대부분은 교육과정 구성상 중·고등학교 시절 기술교과를 배우지 못했다. 교사가 중·고등학교 시절에 학습경험이 없는 교과를 지도하는 것은 기술과 여교사만이 갖는 특성으로 볼 수 있는데, 이러한 배경을 지닌 기술과 여교사의 경우 실습지도와 실습실 운영과 같은 기술과 교사의 직무를 수행하는 데 어려움이 있을 것으로 예상할 수 있다. 따라서 기술과 남교사와 여교사 간에는 직무수행에 차이가 있을 것으로 예상된다.

2) 학 력

교육인적자원부는 교원의 능력 계발을 지원하기 위하여 교사의 대학원 진학을 장려하고 있으며, 교사가 개인 부담으로 직무수행 향상을 위한 대학원 수강을 희망할 경우 수업의 지장이 없는 범위 내에서 최대한 행정 편의를 제공하도록 하고 있다(교육인적자원부, 2004a). 2005년 현재 대학원 석사학위 취득 이상의 학력을 소지한 교원의 비율은 31%에 이르고 있으며(교육인적자원부, 2005a), 앞으로도 교직의 고학력화는 계속될 것으로 예상된다.

교사들은 자기 연수 및 교내 장학 다음으로 대학원 진학을 전문성 심화를 위한 방법으로 선택하는 것으로 나타났다. 교사가 상위 학위를 취득하는 목적으로 학력 신장을 통하여 교직의 전문성이 심화된다고 인식하는 교사가 가장 많았고, 그 다음으로 승진에 관심이 있어서, 석사학위 취득이 추세이기 때문에 순으로 나타났다(박우진, 1997; 조윤신, 1994; 지현이, 2001).

학력에 따른 교사의 직무수행에 관한 선행연구들(김정란, 2003; 임곡지, 2004; 장명희, 변숙영, 2001; 조은아, 2003; 지현이, 2001)을 종합하면, 학력이 높은 교사가 낮은 교사보다 생활지도, 학급경영, 학교경영과 같은 직무의 여러 영역에서 수행이 높게 나타났다. 학력이 높을수록 직무수행이 높은 것에 대하여 장명희(2001)는 교사들이 대학원 과정을 통하여 교수활동에서 요구되는 능력을 습득하거나 동기유발의 기회를 가지는 것에서 비롯된다고 분석하였다.

따라서 기술과 교사의 경우 여러 가지 목적으로 대학원 진학이 늘고 있으며, 학력에 따라 직무수행에 차이가 있을 것으로 예상된다.

3) 교직 경력

교사는 교직 경력이 쌓여감에 따라 교직과 관련된 지식, 기능, 태도 등이 변화하는 교직발달을 경험하게 되며(김정규, 권낙원, 1994; Fuller, 1969; Katz, 1972), 교직생활에서 축적된 경험은 교사의 직무수행에 긍정적인 영향을 미치게 된다(김정란, 2003). 선행연구 결과(구광서, 2002; 김정란, 2003; 김지종, 2004; 모일상, 2002; 신현정, 1993; 윤명현, 2003; 이동훈, 2003; 이태일, 1993; 임곡지, 2004; 임현진, 2003; 장명희, 변숙영, 2001; 장은정, 1991; 정숙자, 1999; 최인영, 2000; 홍영숙, 1998)에 의하면 교사의 직무수행은 교직 경력이 높을수록 높게 나타났다.

그러나 교사의 경력 증가와 함께 전문적 능력이 함께 발달되어 가는지에 대해서는 교사 스스로도, 외부에서 보는 시각에서도 회의적인 경향도 있다. 교직에서 요구하는 전문성의 본질로 학생에 대한 통제력보다도 학생에 대한 교육적 관심과 열정을 더 중시하는 경우 경력이 높다는 것이 아무런 이점이 되지 못한다고 반박하는 입장도 있다. 즉 노련함과 열정을 상충되는 것으로 간주하고 경력이 쌓이면 노련함은 늘어나지만 열정은 반대로 줄어드는 경향이 있다고 보는데 여기에는 체력 저하, 승진욕구 상실 등이 크게 작용한다는 것이다(박지영, 2003). 이렇게 보면 교직의 전문성은 열정과 노련함이 조화를 이루면서 발달된다고 볼 수 있으며, 반드시 경력이 높다고 하여 직무수행도 높다고 보기는 어렵다. 실제로 기술과와 가정과 교사를 대상으로 경력 간 수행 정도를 조사한 손순희(2001)의 연구에 의하면 경력에 따른 수행에는 유의미한 차이가 없었으며, 장옥희(2001)와 홍영숙(1998)의 연구에 의하면 오히려 교직 경력이 높을수록 교사의 직무수행이 낮게 나타났다.

따라서 기술과 교사의 경우 반드시 경력이 높을수록 직무수행이 높을 것으로 예상할 수는 없으나 경력이 쌓여감에 따라 교직에 대한 지식, 기능, 태도 등이 변한다고 보았을 때, 경력에 따라 기술과 교사의 직무수행에 차이가 있을 것으로 예상된다.

4) 현직연수 이수

변동하는 사회에서 교사는 스스로 변화에 적응하도록 끊임없이 배우고 새로운 자질을 함양하여 교육현장의 주체적·능동적 위치에서 주도적인 역할을 수행할 것을 요구받고 있으며, 이에 따라 현직연수의 중요성이 대두되고 있다(최종녀, 2003). 현직연수의 목적은 교사가 맡은 바 직무를 효율적으로 수행하는 데 필요한 요건들, 즉 지식, 기술, 동기유발, 태도나 가치관의 변화, 인간관계의 개선 등을 갖추게 하고 직전 교육의 결손을 보충하는 데 있다(서정화, 1994). 그러나 연수의 내용이 지나치게 이론 중심적이고 실제적인 기능을 제공해 주지 못한다는 점과 참여자들의 개인적인 욕구에 별로 관심을 기울이지 않는다는 점, 연령이나 경력을 고려하지 않은 채 모든 교사에게 단일한 내용과 방법으로 연수를 반복적으로 실시해 오고 있다는 점 등의 문제점으로 인해 그 실효성에 의문이 제기되는 경우도 있다(이병진, 1996).

현직연수에 관한 연구(강혁희, 1999; 최윤이, 2002)에 의하면, 현직연수는 교사의 학습지도 기술 향상에 효과적이며, 학생에 대한 이해와 지도에도 도움이 되는 것으로 나타났다. 또한 교사의 직무수행에도 긍정적인 영향을 미치는 것으로 나타났는데, Fritz, Miller-Heyl, Kreutzer와 MacPhee(1995)는 사전사후연구를 통하여 연수 프로그램이 교사의 수행에 미치는 영향을 조사하였으며, 그 결과 연수 프로그램이 교사의 수행에 영향을 미친다는 결과를 얻었다. 또한 Forte(1999)의 초등교사를 대상으로 한 연구에서도 전문성 개발 프로그램이 교사의 수행에 영향을 미친다는 결과가 나타났다.

기술·가정교과를 담당하고 있는 교사의 경우 현직연수 이수의 필요성에 대하여 83.9%가 필요하다고 인식하고 있었으며, 현직연수의 참여에 대해서도 적극적인 태도를 보였다(강창원, 2004). 이와 같이 기술과 교사가 현직연수의 필요성을 인식하고 있는 것으로 보아, 현직연수가 기술과 교사의 직무수행에 긍정적인 효과가 있다는 것을 예측할 수 있으며, 따라서 현직연수에 따라 기술과 교사의 직무수행에 차이가 있을 것으로 예상된다.

5) 담당 교과목 수

교사가 수행하는 직무 가운데 가장 많은 시간을 할애하는 직무는 교수학습지도이며(박영숙 외, 1999), 자신이 담당하는 수업을 원활하게 진행하기 위해서는 철저한 수업준비가 이루어져야 한다. 따라서 교사가 담당하는 교과목 수가 늘어나는 경우 이를 준비하기 위한 직무수행 시간과 부담은 증가하게 된다(김순주, 1999).

학교의 규모나 기술과 교사의 인원수 등과 같은 학교 상황에 따라 다소 차이가 있으나 기술·가정 교과의 경우 제6차 교육과정부터 이수 단위가 대폭 감소됨에 따라 기술과 교사의 담당 교과목 수가 증가하고 있다(장명희, 2001). 기술·가정 교과의 교과지도 형태는 중규모나 대규모 학교의 경우 기술 영역은 기술과 교사, 가정 영역은 가정과 교사가 가르치는 팀티칭으로 수업이 진행되어 한 명의 교사가 기술 영역만을 지도하는 경우가 가장 많았으며, 그 다음으로 한 명의 교사가 기술 영역과 가정 영역 모두를 담당하여 지도하는 경우가 많았다. 그러나 소규모 학교의 경우 주로 한 명의 교사가 기술 영역과 가정 영역을 모두 담당하거나 다른 교과까지 함께 지도함으로써(강창원, 2004; 김영종, 2003), 담당 교과목 수가 많은 것으로 나타났다.

기술과와 가정과를 함께 담당하는 교사와 가정과만을 담당하는 교사의 직무분석 결과, 기술과와 가정과를 함께 담당하는 교사의 교수학습지도 영역에 대한 수행시간은 가정과만을 담당하는 교사보다 3시간 23분 더 많게 나타났다. 그러나 세부 내용을 살펴보면 교재 연구 및 학습 자료의 준비 시간보다는 과제 준비 및 처리, 실기평가 및 성적처리, 실습준비 시간 등이 많게 나타나 기술과와 가정과를 함께 담당하는 교사의 경우 성격이 전혀 다른 두 과목을 담당하고 있음에도 불구하고 교재 연구 및 학습 자료 준비 시간이 충분하지 못한 것으로 나타났다(김순주, 1999).

이와 같이 교사가 담당하는 교과목 수는 직무의 수행에 영향을 미치게 되는데, 이로 인해 기술과 교사가 담당하는 교과목 수에 따라 직무수행에 차이가 있을 것으로 예상된다.

6) 자격 취득경로

기술 교원자격을 취득하는 경로는 크게 대학이나 대학원 등 정규 양성과정에서 기술교육을 전공하는 경우, 입직 후 부전공 연수를 통하여 취득하는 경우, 자격을 취득하지 않은 경우로 분류할 수 있다. 특히, 제7차 교육과정에서 기술과와 가정과가 기술·가정교과로 통합되어 가정과 교사도 기술 부전공, 또는 기술·가정 부전공 연수를 이수한 뒤 기술 영역을 가르치도록 함으로써, 입직 후 부전공 연수를 통하여 기술 교원자격을 취득하고 기술 영역을 지도하는 교사의 수가 적지 않다. 그러나 제7차 교육과정의 운영을 위해 단기간의 부전공 연수를 통하여 기술 교원자격을 취득하고 기술 영역을 지도하는 교사의 경우 많은 어려움을 겪고 있는 것으로 나타났는데, 특히 부전공한 영역에 대한 지식 부족과 기능 부족으로 인하여 교수학습지도에 어려움을 겪고 있는 것으로 나타났다(강창원, 2004; 김영종, 2003).

또한 학교의 교육과정 운영상 해당 교과 자격을 소지하지 않은 교사가 교과를 지도하는 경우가 발생하게 되는데, 특히 기술과의 경우 공업교육을 전공한 상치교사의 수가 적지 않다. 해당 교과의 자격을 소지하지 않은 상치교사의 경우 수업준비에 대한 부담감이 매우 높은 것으로 인식하고 있었으며, 실제 수업지도에 있어서도 어려움을 겪는데, 특히 학생들의 학습동기 유발에 어려움이 있으며, 다양한 수업방법을 활용하지 못하고 교과서 중심의 주입식 수업으로 되기 쉽고, 상치교과의 내용과 관련한 폭넓은 사례나 예를 들어주지 못한다는 문제점이 있었다(이신구, 1995).

이와 같이 일반 기술과 교사와 비교했을 때 단기간의 연수를 통하여 기술 교원자격을 취득한 교사나 기술과 교육에 대해 전혀 교육을 받지 않은 상치교사의 경우 기술과 교사로서 직무를 수행하는 데 차이가 있을 것으로 예상된다.

나. 근무학교 특성

선행연구를 토대로 기술과 교사의 직무수행과 관련이 있을 것으로 보이는 근무학교 특성으로는 학교급, 학교 설립 유형, 학교 규모, 학교 소재지 등으로 나타났다.

1) 학교급

기술·가정 교과는 중학교 1학년부터 고등학교 1학년까지 연계성을 가지고 남녀학생 모두에게 이수시키는 국민공통기본교과로서, 기술·가정 교과의 기술 영역도 중학교 전 학년과 고등학교 1학년에서 가르치도록 되어 있다. 중학교의 교육목표는 "학생의 학습과 일상생활에 필요한 기본 능력과 민주 시민으로서의 자질을 함양하는 것"이며, 고등학교의 교육목표는 "중학교 교육의 성과를 바탕으로, 학생의 적성과 소질에 맞는 진로 개척 능력과 세계 시민으로서의 자질을 함양하는 것"으로(교육인적자원부, 1997a), 학교급 간에 계속성과 계열성을 가지고 있다. 또한 중학교 교사와 고등학교 교사의 양성이나 자격에 차이가 없으며, 임용과정에서도 중학교 교사와 고등학교 교사를 별도로 선발하는 것이 아니라 같은 평가기준을 적용하여 함께 선발하고 있으며, 교사 본인이 희망하는 경우 인사이동 시 학교급 간의 이동이 이루어지고 있다. 따라서 기술과 교사가 소유한 직무수행능력은 학교급 간에 차이가 없을 수 있으나, 학교급 간의 직무환경이 다르기 때문에 직무수행은 차이가 나타날 수 있다. 중등교사를 대상으로 한 연구에 의하면, 전체 직무수행에 있어서는 고등학교에 근무하는 교사보다 중학교에 근무하는 교사가 더 높게 나타났으며(김정란, 2003), 직무 영역별로도 교과지도와 행정업무 영역에서 고등학교에 근무하는 교사보다 중학교에 근무하는 교사가 더 높게 나타났다(모일상, 2002).

중학교의 경우 모든 학교에서 기술 실습실을 갖추고 있으나 고등학교의 경우 기술 실습실을 보유하고 있지 않은 학교들도 있는데, 이런 경우 기술실습 관련 직무수행은 수행능력과는 상관없이 낮아질 수밖에 없을 것이다. 또한 중학교의 경우 학생들의 연령이 고등학교에 비해 낮은데 이러한 상황 차이가 학생생활지도 등 교사들의 직무수행에 영향을 미칠 수 있을 것이다. 따라서 기술과 교사의 경우 학교급에 따라 직무수행에 차이가 있을 것으로 예상된다.

2) 학교 설립 유형

우리나라의 중등학교는 그 설립자에 따라 국·공립과 사립으로 크게 나눌 수 있는데, 사립학교의 경우 구한말의 개화 운동과 더불어 시작되어 국가 발전에 크게 기여하였다. 그러나 오늘날의 사립학교는 학교 법인의 재정 규모가 영세하고 정부로부터의 재정 지원이 빈약하여 대부분의 사립학교는 교육을 정상적으로 운영하는 데 많은 어려움을 겪고 있다. 이러한 사립학교 재정의 취약성은 결과적으로 공립과 사립 간의 학생 1인당 교육비와 교육시설 등의 교육 여건에서 심한 격차를 가져왔다(이신구, 1995). 또한 설립 유형별로 교사들의 근무형태를 살펴보면, 공립학교에 근무하는 교사의 경우 일정한 기간이 지나면 타학교로 이동하거나 또는 시·도 간 전출 및 교육전문직으로의 이직, 상위 직급으로의 승진 등 인사상의 기회가 많이 있는 관계로 인사에 관한 관심과 의욕이 많다. 그러므로 공립학교에 근무하는 교사는 항상 자기 발전에 대한 기대와 의욕을 가지고 있다. 그러나 사립학교에 근무하는 교사의 경우 타 학교로의 전보나 승진에 대한 기회가 적은 편이므로 심리적인 안정감은 있겠으나 자기 발전에 대한 의욕은 공립학교에 근무하는 교사에 비해 부족한 것으로 나타났으며(이신구, 1995; 이인화, 2000), 근무의욕과 사기에도 차이가 있는 것으로 나타났다(이신구, 1995). 또한 신분보장에 있어서도 공립학교는 국가에서 채용하는 관계로 안정적이나, 사립학교는 이사장이 고용하는 관계로 상대적으로 그렇지 않은 편이다. 직무를 효율적으로 수행하는 데 요구되는 자질과 자격은 공립학교와 사립학교 간에 차이가 없으나 임용의 경우 국·공립학교의 경우 교사임용고사라는 국가시험에 의해 선발되고 있는 반면, 사립학교의 경우 사학의 자율성을 보장한다는 측면에서 그 임용의 권한을 학교 경영자에게 부여하고 있다. 또한 시설 면에 있어서도 공립학교의 경우 신설교가 지속적으로 늘어나고 있으나 사립학교의 경우 학령인구의 감소 등으로 점차 축소되거나 중·고등학교가 병설로 되어 있어 공립학교에 비해 교육시설 등에 열세를 보이고 있으며, 재정 면에서도 영세한 것으로 나타났다(이신구, 1995).

이러한 공립학교와 사립학교의 차이는 교사의 직무수행에도 영향을 미치게 되는데, 가정과 교사를 대상으로 한 장명희(2001)의 연구에 의하면 사립학교에 근무하는 가정과 교사보다 국·공립학교에 근무하는 가정과 교사의 직무수행이 높게 나타났다. 이에 대하여 그녀는 학교 설립 유형 자체가 가지고 있는 문제점이라기보다는 소속 교사들의 특성 때문으로 보았는데, 사립학교에 근무하는 교사는 교원의 교류가 정체되어 있으면서 국·공립학교에 근무하는 교사보다 경력이 적고, 승진에 대한 동기 부여가 영향을 미쳐서 교사들의 최종 학력이 국·공립학교에 근무하는 교사보다 낮고, 교사 연수 기회에 대한 불균형 때문으로 해석하였다.

따라서 기술과 교사의 경우에도 학교급에 따라 직무수행에 차이가 있을 것으로 예상된다.

3) 학교 규모

2005년 현재 중·고등학교의 경우 18학급 이하의 소규모 학교는

2,125개교, 19학급에서 30학급에 이르는 중규모 학교는 1,168개교, 31학급 이상의 대규모 학교는 1,737개교이며(교육인적자원부, 2005b), 10년 전에 비하여 소규모 학교의 비율이 5.4% 감소하였음을 알 수 있다 (<표 II-15> 참조). 외국의 경우와 마찬가지로 우리나라도 규모의 경제(economics of scale) 논리에 입각한 교육재정 효율화 차원에서 소규모 학교의 통폐합이 상당 수준 이루어지고 있으며, 앞으로도 계속될 것으로 보인다(백성준, 황인성, 1997).

<표 II-15> 학교 규모별 학교 수

학교 규모 연 도	소규모 학교 (18학급 이하)	중규모 학교 (19~30학급)	대규모 학교 (31학급 이상)	계
1995학년도	2,153 (47.7%)	909 (20.1%)	1,451 (32.2%)	4,513 (100%)
2005학년도	2,125 (42.3%)	1,168 (23.2%)	1,737 (34.5%)	5,030 (100%)

일반적으로 학급담임, 전문직 교사(상담교사, 도서관 사서 등), 행정가, 사무원, 기능직의 선발·보직 등에 관한 인사관리는 학생 수가 많은 대규모 학교에서 보다 더 경제적으로 이루어질 수 있다. 또한 대규모 학교의 경우 다양한 교수학습용 기자재를 구입할 수 있고, 시설물 및 기자재의 유지비가 소규모 학교에 비하여 상대적으로 적게 들고 학교 교구나 수업자료 구입 시 많은 물량을 구입하게 되므로 그만큼 구입비용을 줄일 수 있다.

소규모 학교의 경우 단위 교육비가 대규모 학교에 비하여 높기는 하지만 소규모 학교 학생들의 학업성취도나 학교생활에 대한 만족도는 규모가 큰 학교 학생들에 비하여 높게 나타나고 있다. 이러한 소규모 학교의 긍정적인 효과는 소규모 학급운영, 학생들의 학교에 대한 애착 및 학교활동에의 적극적 참여 등을 통하여 이루어지는 것으로 분석되고 있다. 그러나 소규모 학교의 경우 교사 수가 적으며, 한정된 인원으로 학교업무를 수행해야 하므로, 중규모나 대규모 학교에 근무하는 교사에 비해 행정업무가 많으며, 담당 교과목 수도 많을 수밖에 없다(백성준 등, 1997).

학교 규모에 따른 이와 같은 차이는 교사의 직무수행에도 영향을 미치는 것으로 선행연구 결과 나타났는데, 실업계 전공교과 담당교사를 대상으로 한 연구(장명희, 변숙영, 2001)에 의하면 중규모 학교에 근무하는 교사가 소규모나 대규모 학교에 근무하는 교사에 비해 연수 활동업무의 직무수행이 높았으나, 구광서(2002)와 김재은(2004)의 연구에서는 대규모 학교에 근무하는 교사가 중규모 학교에 근무하는 교사에 비해 생활지도, 학급경영, 사무처리에서 직무수행이 높게 나타났다. 그러나 초등교사를 대상으로 한 장옥희(2001)의 연구에서는 학교 규모가 커질수록 직무수행이 낮게 나타났다. 따라서 기술과 교사의 직무수행도 학교 규모에 따라 차이가 있을 것으로 예상된다.

4) 학교 소재지

지역 간 격차는 경제, 문화, 생활 등 많은 곳에서 나타나고 있는데, 특히 교육의 기회 균등과 학교교육의 질 관리 측면에서 지역 간 교육 격차는 아직도 심각한 문제로 남아 있다. 이러한 지역 간 교육환경의 불균형으로 인하여 농촌지역의 교육환경은 더 열악해지고 심화되고 있는 실정이다(김병성, 1996; 김현오, 2002). 김현오(2002)의 연구에 의하면, 도시와 농촌 간에는 학생들의 가정의 경제적인 수준, 학부모들의 학력 수준 등에서 차이가 나타났으며, 학부모들의 학교 교육활동 참여

정도도 읍·면지역의 학교보다 시 지역의 학교가 높은 것으로 나타났다. 또한 도시지역의 면학 분위기가 읍·면지역에 비해 더 좋으며, 학생들의 공부에 대한 관심이 더 높게 나타났고, 도시에 근무하는 교사가 면 이하 지역에 근무하는 교사에 비해 수업 중 개별학습 지도가 부족한 것으로 나타났다.

따라서 이러한 지역 간 차이로 인하여 학교 소재지에 따라 교사의 직무수행에 차이가 나타났는데, 최인영(2000)의 연구에서는 읍지역에 근무하는 교사보다 시지역에 근무하는 교사가 직무수행이 높게 나타났다. 그러나 강용옥(1983), 김지종(2004)의 연구에서는 대도시보다 중소도시의 학교에 근무하는 교사가 직무수행이 높게 나타났으며, 장옥희(2001)의 연구에서는 시지역에 근무하는 교사보다 군, 읍, 면지역에 근무하는 교사가 직무수행이 높게 나타났다. 이에 대하여 김지종(2004)은 농어촌진흥법에 의한 학교 소재지에 따른 승진 가산점 부여 제도로 인하여 직무수행능력이 우수한 교사들이 읍·면지역의 학교에 근무하기 때문에 나타난 결과로 보았다.

이와 같이 교사를 대상으로 한 선행연구 결과 학교 소재지에 따라 교사의 직무수행에 차이가 나타남을 알 수 있었는데, 기술과 교사의 직무수행도 교육환경이 다른 학교 소재지에 따라 차이가 있을 것으로 예상된다.

다. 직무 중요성

1) 직무 중요성의 개념

직무 중요성이란 교사가 스스로 행하는 직무의 수행 정도와는 무관하게 직무를 얼마나 중요하게 인식하고 있는가의 정도를 의미한다.

교사의 직무 중요성을 분석한 연구(모일상, 2002; 박영숙 외, 1999;

장명희, 변숙영, 2001)에서 중요성이 높게 나타난 직무 영역은 대부분 교사 본연의 활동인 교수학습지도와 학생지도 영역이었다. 그러나 기술·가정과 교사를 대상으로 한 김판욱(2003)의 연구에서는 이보다도 실습과제지도를 더 중요한 영역으로 인식하고 있었다. 기술과 교육은 다른 교과와는 달리 실천적이고 생산적인 학습경험을 통하여 기술적 소양을 갖추도록 하는 교육이므로, 기술과 교사들이 수행하는 직무 중 실습과제지도에 대하여 가장 중요하게 인식하는 것은 자연스러운 것이며, 기술과 교육만이 갖는 특성으로 볼 수 있을 것이다.

2) 직무 중요성의 측정

직무 중요성을 측정하는 여러 도구들(김경미, 1997; 김현수, 1999; 모일상, 2002 등)은 직무 영역별로 분류된 각각의 직무내용에 대하여 응답자가 인식하는 중요성의 정도를 5점 척도(1점: 전혀 중요하지 않음~5점: 매우 중요함)로 반응하도록 구성되어 있었다. 그러나 Johns Hopkins 대학(1992)에서 개발한 '학교행정가 직무 목록 조사도구'의 경우 척도의 범위를 0~4점(0점: 나의 직무의 일부분이 아니다, 1점: 전혀 중요하지 않음, 2점: 거의 중요하지 않음, 3점: 어느 정도 중요함, 4점: 아주 중요함)으로 하여, 수행경험이 없는 직무를 배제하도록 한 측정도구도 있었다. 이 밖에도 각각의 직무내용이 아니라 직무 영역별로 10점 척도로 직무 중요성을 측정한 도구(박영숙 외, 1999; 장명희, 변숙영, 2001)도 있었다.

3) 직무 중요성과 직무수행과의 관계

장명희(2001)와 Attarian(1996)의 연구에 의하면 교사가 인식하는 직무 중요성이 높을수록 수행 정도가 높게 나타났다. 전문대학 프로그램 개발 담당자를 대상으로 한 박윤희(2003)의 연구에 의하면 프로그램 개발 담당자의 직무 중요성은 직무수행에 영향을 미치는 것으로 나타 났으며, 김경미(1997)의 연구에서도 농촌지도요원의 직무 중요성이 높을수록 직무수행이 높게 나타났다. 또한 인적자원개발 담당자를 대상으로 한 김현수(1999)의 연구에서도 역할 중요성이 높을수록 역할수행이 높게 나타났다.

이러한 선행연구들의 결과를 볼 때 기술과 교사의 직무 중요성과 직무수행 간에는 정적인 상관관계가 있을 것으로 예상할 수 있다.

라. 학교풍토

1) 학교풍토의 개념

학교풍토는 간단하게 학교의 '개성', 또는 '분위기'로 언급되기도 한다(Hoy, Hoffman, Sabo, & Bliss, 1996). 이는 학교풍토가 교장, 교사, 학생, 지역사회 간의 관계에서 형성되는 내적 속성을 묘사해 주며, 이들 간의 관계를 나타내 주기 때문이다. 그러나 조직풍토에 대한 정의는 연구자의 관점에 따라 다양하게 정의되고 있는데, Halpin(1967)은 개인에게 개성이 있듯이 조직에는 풍토라는 특유한 개성이 있다고 하였으며(현양수, 1993), Litwin과 Stringer(1968)는 조직풍토에 대하여 공식적인 체제, 관리자의 유형, 기타 주요한 환경적 요소들이 조직 구성원의 태도, 신념, 가치 및 동기부여 등에 미치는 인지적, 주관적 영향이라 정의하였다(강영순, 1988에서 재인용). 물론 학교조직에도 풍토가 존재하는데, Halpin과 Croft(1963)는 이러한 학교풍토에 대하여 교사가 학교에 대하여 갖는 느낌이라고 정의하였으며(강영순, 1988에서 재인용), Hoy와 Tarter(1997)는 한 학교를 다른 학교와 구분하고 그 안에 있는 사람의 행동에 영향을 주는 일련의 내적 특성의 집합이라고 정의하였다.

학교풍토는 개방적, 또는 폐쇄적일 수 있는데, 개방적 풍토에서는 교사와 교장 간의 관계가 개방적이며 지지적인 데 반해, 폐쇄적 풍토에서는 그들 간에 불신과 통제, 제한, 불협이 존재한다(Hoy et al, 1996). 국내의 경우 학교풍토에 대하여 박남혁(1981)은 학교 내의 교장과 교사 간 및 교사 상호간의 인간관계와 그 분위기라고 정의하였고, 김창걸(1985)은 학교의 구성원들 간의 공식적, 비공식적 인간관계에 의하여 조성되는 심리적 유대현상으로 정의하였으며, 이헌청(1994)은 구성원들이 공유하는 신념, 기대, 가치, 그리고 규범으로 정의하였다.

이와 같은 개념들을 종합해 보면, 학교풍토란 학교 구성원의 행동에 영향을 주는 구성원들 간의 공식적, 비공식적 인간관계에 의하여 조성되는 사회 심리적 환경이라고 말할 수 있다. 또한 이러한 학교풍토는 오랜 기간에 걸쳐 형성되고, 일단 형성된 풍토는 쉽게 변화되지 않고 유지되는 경향이 있다고 볼 수 있다.

2) 학교풍토의 측정

Halpin과 Croft(1963)는 Hemphill과 Webster가 제작한 집단기술척도(group description scale)를 근거로 조직풍토 측정도구(Organizational Climate Description Questionaire: OCDQ)를 제작하였다. 이 도구는 교사집단의 특성과 교장의 행동에 대한 교사들의 지각을 측정하는 것으로 교장의 행동양식을 냉담성(aloofness), 생산강조(production emphasis), 추진성(thrust), 배려성(consideration)의 4가지 측면으로 분류하였으며, 교사들의 행동양식을 비관여성(disengagement), 장애성(hindrance), 사기(esprit), 친밀성(intimacy)의 4가지 측면으로 분류하였다. 이러한 8개의 요인을 측정하기 위하여 Likert 방식을 이용하였으며, 이를 점수화하여 학교풍토를 개방화 풍토(open climate), 자율적 풍토(autonomous climate), 통제적 풍토(controllen climate), 친교적 풍토(familiar climate), 간섭적 풍토(paternal climate), 폐쇄적 풍토(closed climate)의 6가지 유형으로 분류하였다. OCDQ는 학교풍토 척도로 널리 사용되어 왔으나 규모가 크거나 도시지역이거나 중등학교를 연구하는 데에는 적합하지 않은 경우가 있다는 연구 결과(Carver & Sergiovanni, 1969; 김민정, 2002에서 재인용)가 제시되는 등 한계를 지니고 있다. 이를 개선하기 위하여 Hoy와 Clover(1986)는 OCDQ를 수정하여 초등학교를 위한 OCDQ-RE를, Hoy, Tarter와 Kottkamp(1991)는 중등학교를 위한 OCDQ-RS와 중학교를 위한 OCDQ-M을 개발하였다(Hoy & Miskel, 1996).

Stern과 Steinhoff(1965)는 조직 구성원의 행동이 환경과의 상호작용에 의해 결정된다는 Lewin의 이론과 Murray의 욕구-압력 이론을 바탕으로 조직풍토지수(Organizational Climate Index: OCI)를 개발하였다(이선경, 1991). Stern과 Steinhoff(1965)의 OCI는 300개의 문항으로 구성되어 있으며 환경적 억압과 조직 속에 존재하는 풍토를 측정하려는 목적을 지닌다. 따라서 학교조직이 어떠한 압력의 형태를 띠느냐에 따라 학교의 특성이 밝혀질 수 있다고 보고 있다.

Likert(1967)는 학교풍토를 지도성, 동기유발의 성질, 의사소통의 성격, 상호작용과 영향력 관계, 의사결정과정의 특성, 목표 설정의 성격, 통제 활동의 성격, 성취목표와 훈련이라는 8개로 구분한 뒤, 조직변수의 점수가 높고 낮음에 따라 이기적·권위주의적 풍토(exploitive-authoritative climate), 자선적·권위주의적 풍토(benevolent-authoritative climate), 협의적 풍토(consultative climate), 참여적 풍토(participative climate)의 4가지 체제를 제시하였다. Likert(1967)는 효과적인 학교일수록 참여적이며 개방체제인 '참여적 풍토'에 가까워진다고 하였다.

노종희(1990)는 우리나라 실정을 고려하여 30개 문항으로 구성된 학교풍토 척도를 개발하였다. 이 척도는 6개 하위요인으로 구성되어 있으며, 이 중 3개의 요인은 교사의 행동을, 그리고 나머지 3개의 요인은 교장의 행동을 기술하고 있다. 교사의 행동은 친교적 행동, 헌신적 행동, 방관적 행동으로 구분되는 반면, 교장의 행동은 인간지향적 행동, 목표지향적 행동, 그리고 관료지향적 행동으로 구분된다. 노종희는 교사와 교장행동의 두 차원인 6개의 하위요인에 따라 조직풍토를 유형화하는 대신에 개방성 지수를 채택하여 학교풍토의 상대적 개방성, 또는 폐쇄성 정도를 나타내었다. 6개 하위요인의 신뢰도 계수는 친교적 행동이 0.84, 헌신적 행동이 0.82, 방관적 행동이 0.85, 인간지향적 행동이 0.96, 목표지향적 행동이 0.88, 관료지향적 행동이 0.93으로 높게 나타났으며, 각 하위 척도의 요인부하량이 다른 척도의 것보다 두드러지게 높게 나타났다.

Hoy(2001)는 30개 문항으로 구성된 조직풍토지수를 개발하였다. 이것은 학교의 조직풍토를 설명하기 위한 척도로서 조직풍토기술질문지(Organizational Climate Description Questionnaire: OCDQ)와 조직건강검사도구(Organizational Health Inventory: OHI)를 결합시킨 것으로 협의적 리더십(collegial leadership), 교사 전문행위(professional teacher behavior), 학업 강조(achievement press), 기관 취약성(institutional vulnerability)의 4개의 하위 요인으로 구성되어 있다. 협의적 리더십이란 학교 구성원들의 사회적 요구와 학교목표를 충족시키고자 하는 학교장의 지도성을 나타내며, 교사 전문행위는 교사들의 동료에 대한 존중, 상호 협동과 지지, 자율적인 판단 등을 의미한다. 학업 강조는 학교의 성취 가능한 학업 기준과 목표를 의미하는 것으로 학생들의 성취를 위한 노력, 학업 성공에 대한 학생들 간의 인식, 부모, 교사, 교장의 성취기준 달성과 학교 개선을 위한 노력을 의미한다. 기관 취약성은 학부모나 지역 유지와 같은 외부 압력으로부터 학교가 영향을 받는 것을 의미한다.

3) 학교풍토와 직무수행과의 관계

학교풍토는 구성원들의 수행에 영향을 미치며(Hoy & Tarter, 1992), 구성원의 심리적 과정에 영향을 미쳐 조직의 운영 결과에 영향을 준다(Schneider, 1990).

이택수(1990)는 초등학교 교사를 대상으로 한 연구에서 학교풍토는 교사의 직무수행에 영향을 미치며, 학교가 개방형 풍토에 접근할수록 직무수행은 높고, 폐쇄형 풍토에 접근할수록 직무수행은 낮다고 하였다. 이동훈(2003)은 초등교사를 대상으로 한 연구에서 교사의 직무수행에 크게 영향을 미치는 학교풍토 요인은 교사의 친교적 행동과 교장의 목표지향적 행동이며, 학교풍토와 교사의 직무수행과의 관계는 높은 정적인 상관관계가 있다고 하였다. 그는 학교의 조직풍토가 개방적일수록 교사의 직무수행이 높아지고, 조직풍토가 폐쇄적, 감독적일수록 교사의 직무수행이 낮아진다는 연구 결과를 얻었다. 또한 교사의 학급경영 영역에서는 교사의 헌신적 행동만이 유의미한 영향을 미치고 있으며, 학습자 중심지도와 교수전문성, 학생생활지도 영역에서는 교사의 헌신적 행동과 교장의 목표지향적 행동만이 실제적 영향을 미치는 것으로 나타났다.

또한 김상규(1997), 김조부(1994), 봉성근(1984), 이태일(1993), 조경해(1995), 최승식(1995) 등의 연구에 의하면 교장과 교사, 교사 상호간, 교사와 학생 간의 인간관계는 교사의 직무수행과 깊은 관계가 있는 것으로 분석되었으며, 김평숙(2000), 이승옥(2004), 차옥(2004), 최성길(1991), 하월성(1996) 등의 연구에 의하면, 학교장의 경영방침이나 지도성이 교사의 직무수행에 영향을 미치는 것으로 나타났다.

이와 같은 학교풍토와 직무수행과의 선행 연구를 종합해 볼 때, 학교풍토는 조직 구성원의 행동에 영향을 미치며, 따라서 학교풍토는 학교 구성원인 기술과 교사의 직무수행에 영향을 미칠 것으로 예상할 수 있다.

마. 개인적 교수효능감

1) 개인적 교수효능감의 개념

Bandura(1977)는 자아효능감(self-efficacy)의 개념을 어떤 성과를 성공적으로 이루기 위해 요구되는 행동을 자신이 잘 해낼 수 있을 것인가에 대한 믿음이나 판단이라고 정의하였다. 자아효능감은 어떤 결과를 이루기 위하여 필요한 행동을 조직하고 수행할 수 있는 개인 능력에 대한 판단으로(Bandura, 1986), [그림 II-1]과 같이 두 가지 기대로 구분된다(Bandura, 1977). 결과기대(outcome expectation)란 "어떠한 행동이 특정 결과를 초래하리라는 개인의 예상 또는 판단"을 의미하며, 효능기대(efficacy expectation)는 "그러한 결과를 초래할 행동을 자신이 얼마나 성공적으로 수행할 수 있겠는가에 대한 개인의 기대나 신념"을 의미한다(Bandura, 1977). Bandura(1982)는 인간이 어떤 행동을 수행할 때, 그 행동으로 인한 결과를 예상한다 할지라도 그것을 수행할 수 있는 능력에 회의가 든다면 행동을 적극적으로 수행하기 어렵기 때문에 효능기대가 결과기대보다 강력한 인간행동의 설명 개념이라고 보았다.

이러한 자아효능감의 개념은 다양한 분야, 예를 들어 직업 선택 (Betz & Hackett, 1981), 운동 경기 수행(Feltz et al, 1979), 부모 역할 개선(Donovan & Leavitt, 1989) 등에 적용되어 왔는데, 교육에 적용한 것이 교사효능감(teacher's sense of efficacy)이다(김순남, 2000에서 재인용). 교사효능감은 "교사가 학생의 수행에 영향을 미칠 수 있는 능력을 갖고 있다고 스스로 믿는 정도"(Ashton, Webb & Dota, 1983), 또는 "학습자의 학습에 긍정적인 영향을 미칠 수 있는 자신의 능력에 대한 신념"이라고 정의되며, 교사의 직무수행에 많은 영향을 미친다고 알려져 왔다(Gibson & Dembo, 1984).

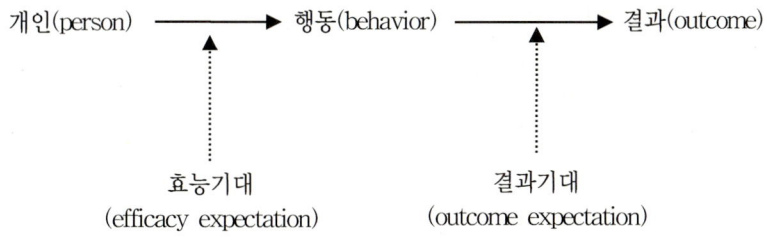

[그림 Ⅱ-1] 효능기대와 결과기대의 차이

교사효능감도 자아효능감과 마찬가지로 두 개의 차원으로 구분될 수 있는데, 자아효능감에서의 '결과기대'와 '효능기대'가 각각 '일반적 교수효능감(general teaching efficacy)'과 '개인적 교수효능감(personal teaching efficacy)'으로 적용될 수 있다(Gibson & Dembo, 1984; Woolfolk & Hoy, 1990). 즉 교사효능감은 교사의 지도가 환경과 같은 다른 요인에 비해 학생에게 상대적으로 많은 영향을 미친다고 믿는 일반적 교수효능감과 개인으로서의 교사 자신이 학생들에게 영향을 미칠 수 있는 능력을 가지고 있다고 믿는 개인적 교수효능감으로 구분될 수 있다. 일반적 교수효능감과 개인적 교수효능감 모두 교수학습 간의 관련성에 대한 교사 개인의 판단을 의미하지만, 그 판단의 대상이 되는 교수행동의 범위가 일반적 교수효능감에서는 일반적인 교사의 행동에 있는 반면, 개인적 교수효능감에서는 교사의 개인적 행동에 있다는 데 그 차이점이 있다(조은정, 1997). 그리고 많은 연구자들(김미숙, 1999; 노재현, 1997; 임용규, 2000; 조은정, 1997; 황선이, 1994; Gibson & Dembo, 1985; Tracz & Gibson, 1986)은 개인적 교수효능감이 일반적 교수효능감보다 교사의 행동에 더 큰 영향을 미친다는 연구 결과를 얻었다.

2) 개인적 교수효능감의 측정

개인적 교수효능감만을 측정하는 척도는 아직 개발되지 않았으며, 교사효능감을 측정하는 척도 중 많은 척도들이 '일반적 교수효능감'과 '개인적 교수효능감'의 두 영역으로 구성되어 있어, 이러한 척도를 통하여 교사의 개인적 교수효능감을 측정할 수 있다. <표 II-16>은 개인적 교수효능감 영역을 포함하고 있는 교사효능감 척도의 구조와 문항 예를 나타낸 것이다.

교사효능감을 최초로 측정한 척도는 1976년에 Rand corporation이 개발한 것으로, Rand 연구원들은 Rotter(1966)가 발표한 'generalized expectancies for internal versus external control of reinforcement' 논문으로부터 영감을 얻어 일반적 교수효능감과 개인적 교수효능감에 대해 각각 한 문항씩으로 이루어진 Rand 측정도구(Rand measure)를 개발하였다(Tschannen-Moran, Woolfolk, & Hoy, 1998).

〈표 Ⅱ-16〉 개인적 교수효능감 영역을 포함하고 있는 교사효능감 척도의 구조와 문항 예

척 도 (개발자)	구 조	문항 예
Rand Measure (Armor et al, 1976)	2개 문항, 5점 척도로 동의 정도를 물음 점수: 2개 문항의 총점	만약 내가 노력한다면 가장 다루기 힘들거나 동기가 없는 학생들도 잘 지도할 수 있다.
Teacher Locus of Control (Rose & Medway, 1981)	28개 문항, 2개의 보기 중 양자택일 학생의 성공상황을 설명한 문항(I+), 학생의 실패상황을 설명한 문항(I−)	학생들에게 특정 개념을 가르칠 때, 학생들이 학습에 어려움을 겪는다면, 그것은 a. 학생들이 그것을 이해할 수 없기 때문이다 b. 내가 그것을 잘 가르치지 못하기 때문이다.
Responsibility for Student Achievement (Guskey, 1981)	각 문항에 대한 2개의 보기에 대하여 각각 동의 정도를 퍼센트(%)로 기록한다. 단, 두 퍼센트의 합은 100이 되어야 한다. 점수: 학생 성공에 대한 확신(R+)과 학생 실패에 대한 확신(R−)의 합계	학생이 잘하고 있다면 아마도 a. 학생의 능력이 우수하기 때문이다 b. 내가 적절한 자극을 주기 때문이다.
Teacher Efficacy Scale (Gibson & Dembo, 1984)	30문항, 6점 척도 점수: 개인적 교수효능감과 일반적 교수효능감에 대한 점수 합계	학생이 평소보다 더 좋은 성적을 받은 것은 내가 더 좋은 교수법을 적용했기 때문이다.
Science Teaching Efficacy Belief Instrument(Riggs & Enochs, 1990)	25문항, 5점 척도 점수: 개인적 교수효능감과 일반적 교수효능감에 대한 점수 합계	나는 과학교과를 효과적으로 가르치기 위한 과학 개념을 잘 이해하고 있다.

출처: Tschannen-Moran, Woolfolk & Hoy. (1998). Teacher efficacy: Its meaning and measure. Review of Educational Research, 68, pp.244-245를 재구성.

Rose와 Medway(1981)는 28문항으로 된 교사 통제 귀인(Teacher Locus of Control: TLC)을 개발하여 교사효능감을 측정하였다. 학생의 성공이나 실패의 책임에 대한 2개의 상반되는 설명 중 하나를 선택하도록 되어 있으며, TLC의 점수는 Rand 항목(일반적 교수효능감과 개인적 교수효능감)과 상관을 가지며, 상관계수의 범위는 0.11에서 0.41이었다.

Guskey(1981)는 학생성취에 대한 교사의 확신(responsibility for student Achievement)을 측정할 수 있는 30개 문항의 도구를 개발하였다. 이 도구는 교사가 얼마나 학생들의 학습 결과에 대한 확신을 가지고 있느냐를 측정하도록 되어 있다. 문항별로 2개의 보기가 주어지며, 각 보기에 대하여 자신의 동의 정도를 %로 응답하도록 되어 있으며, 2개의 보기에 대한 동의 정도의 합은 100%가 되도록 하였다. 또한 Guskey(1982, 1988)는 이 도구의 하위 영역인 학생의 성공(R+)과 실패(R−) 모두 Rand 척도의 문항과 정적인 상관관계가 있음을 증명하였다. 확신에 대한 전체 총점과 학생 성공에 대한 확신 총점, 확신에 대한 전체 총점과 학생 실패에 대한 확신 총점 간에는 0.72에서 0.81 정도의 강한 상관관계를 보였으나 학생의 성공에 대한 확신 총점과 실패에 대한 확신 총점 간에는 거의 상관관계가 나타나지 않았다.

Gibson과 Dembo(1984)는 교사효능감을 측정하기 위하여 30개의 문항을 개발하였으며, 요인분석을 통하여 일반적 교수효능감(α =0.79)과 개인적 교수효능감(α =0.75)으로 구분하였다. 이 도구는 결과기대 측정의 모호함, 일반적 교수효능감을 측정하는 문항 중 부정문항으로 작성된 문항의 응답 성향 등의 문제점들이 나타났다(Ross, 1994).

Riggs와 Enochs(1990)는 Gibson과 Dembo의 연구에 기초하여 과학 교수효능감을 측정하기 위한 도구(Science Teaching Efficacy Belief Instrument: STEBI)를 개발하였다. 이 도구는 25문항으로 구성(일반적

교수효능감 12문항, 개인적 교수효능감 13문항)되어 있으며, 예비교사에게도 사용할 수 있도록 개발되었다.

3) 개인적 교수효능감과 직무수행과의 관계

Allinder(1994)에 의하면 개인적 교수효능감은 교사의 수행과 관계가 있으며, 개인적 교수효능감이 높은 교사일수록 다양한 교구를 사용하며, 다양한 교수방법을 시도하며, 보다 좋은 교수법을 알고자 하며, 혁신적인 방법을 도입한다고 하였다. 또한 개인적 교수효능감은 수업조직, 계획, 공정성, 열정과 상관이 있다고 하였다.

Gibson과 Dembo(1985)는 선행연구들을 토대로 개인적 교수효능감이 높은 교사들의 경우 학구적인 면에 더 초점을 두고, 혁신적인 교수 기술을 많이 사용하며, 학습자 스스로 해답에 이를 수 있도록 도와주며, 질문형식을 더 다양하게 취한다고 하였다. 반면에 개인적 교수효능감이 낮은 교사들의 경우 학습자의 이야기를 듣고 기다리기보다는 직접 교사가 생각하는 정답을 제시한다고 하였다. 또한 소집단 지도를 하되 방해가 되는 상황에서는 쉽게 좌절하며, 학습자가 실패할 때 쉽게 포기한다고 하였다.

이 밖에도 Meijer와 Foster(1988), Podell과 Soodak(1993), Soodak과 Podell(1993) 등은 개인적 교수효능감이 교사의 수행에 영향을 미치는 중요한 변인임을 발견하였다(Tschannen-Moran, Woolfolk & Hoy, 1998에서 재인용).

조은정(1997)은 초등교사를 대상으로 한 연구에서 개인적 교수효능감이 교사의 교수행동과 학생의 학습참여에 긍정적으로 영향을 미치게 되는데, 개인적 교수효능감이 높은 교사일수록 낮은 교사보다 수업에서 다양한 교수행동을 고루 사용하며, 학생들과의 상호작용이 활발하고, 접촉이 친밀하며 지속적으로 이루어지는 경향이 있다고 하였다. 또한 수업에 많은 학습 자료를 투입하려는 준비와 실행에 보다 많은 노력을 기울이고, 학습분위기의 전환을 위한 활동을 전개하는 경향이 있다고 하였다.

황선이(1994)는 개인적 교수효능감이 높은 교사일수록 학문적인 내용에 초점을 두며, 다양한 피드백의 제공으로 학습에 긍정적인 영향을 미친다고 보고하였으며, 특수교사를 대상으로 실시한 조은아(2002)의 연구에서도 개인적 교수효능감과 교수수행 간에는 상관관계가 높게 나타났다. 이 밖에 많은 연구(김영상, 1999; 노재현, 1997; 임용규, 2000; 홍승규, 1997 등)에서 개인적 교수효능감은 교사의 직무수행과 상관관계가 있는 것으로 나타났다.

이와 같은 개인적 교수효능감과 직무수행과의 선행연구를 종합해 볼 때, 개인적 교수효능감이 높은 교사는 낮은 교사보다 직무수행이 우수하다는 것을 알 수 있다. 따라서 기술과 교사의 경우에도 개인적 교수효능감과 직무수행 간에는 정적인 상관관계가 있을 것으로 예상할 수 있다.

지금까지 살펴본 기술과 교사의 직무수행 관련 변인을 요약하여 제시하면 <표 Ⅱ-17>과 같다.

<표 Ⅱ-17> 직무수행 관련 변인 요약

관련 변인		내 용
인구통계학적특성	성별	성별에 따라 직무수행에 차이가 나타났는데, 김지종(2004), 박동열(1996), 장옥희(2001), 장은정(1991)의 연구에서는 남교사의 직무수행이 여교사보다 높게 나타남. 반면에 여교사의 직무수행이 남교사보다 높다는 연구 결과(김재은, 2004; 박종단, 2003; 안승동, 1984; 우미라, 2003; 윤명현, 2003; 홍영숙, 1998 등)도 있음. 모일상(2002), 손순희(2001) 등의 연구에서는 성별에 따라 차이가 나타나지 않음

〈표 계속〉

관련 변인		내 용
인구통계학적특성	학력	학력이 높은 교사가 낮은 교사보다 생활지도, 학급경영, 학교경영과 같은 직무의 여러 영역에서 수행이 높게 나타남(김정란, 2003; 임곡지, 2004; 장명희, 변숙영, 2001; 조은아, 2003; 지현이, 2001).
	교직경력	교직생활에서 축적된 경험은 교사의 직무수행에 긍정적인 영향을 미치며(김정란, 2003), 선행연구 결과(구광서, 2002; 김정란, 2003; 김지종, 2004; 모일상, 2002; 신현정, 1993; 윤명현, 2003; 이동훈, 2003; 이태일, 1993; 임곡지, 2004; 임현진, 2003; 장명희, 변숙영, 2001; 장은정, 1991; 정숙자, 1999; 최인영, 2000; 홍영숙, 1998) 교사의 직무수행은 교직 경력이 높을수록 높게 나타남. 그러나 교직 경력이 높을수록 직무수행이 낮게 나타난 연구 결과(장옥희, 2001: 홍영숙, 1998)도 있으며, 경력에 따른 수행에는 유의미한 차이가 나타나지 않은 연구 결과(손순희, 2001)도 있음
	현직연수이수	현직연수는 교사의 학습지도 기술 향상에 효과적이며, 학생에 대한 이해와 지도에도 도움이 되는 것으로 나타남(강혁희, 1999; 최윤이, 2002). 또한 교사의 직무수행에도 긍정적인 영향을 미치는 것으로 나타남(Fritz, Miller-Heyl, Kreutzer & MacPhee, 1995; Forte, 1999).
	담당교과목수	교사가 담당하는 교과목 수가 늘어나는 경우 이를 준비하기 위한 직무수행 시간과 부담이 증가하게 됨(김순주, 1999). 이에 따라 교과목 수가 기술과 교사의 직무수행과 관련이 있을 것으로 예상됨.
	자격취득경로	부전공 연수를 통하여 기술 교원자격을 취득하고 기술 영역을 지도하는 교사의 경우 많은 어려움을 겪고 있는 것으로 나타남. 특히 부전공한 영역에 대한 지식 부족과 기능 부족으로 인하여 교수학습지도에 어려움을 겪고 있는 것으로 나타남(강창원, 2004; 김영종, 2003). 전공교사가 비전공 교사보다 교수학습방법 설계를 보다 효율적으로 수행하며, 수업 후 평가를 잘 하는 것으로 나타남(손순희, 2001).
근무학교특성	학교급	중학교와 고등학교 간에는 직무환경이 다르기 때문에 직무수행에 차이가 있으며, 고등학교에 근무하는 교사보다 중학교에 근무하는 교사가 직무수행이 더 높게 나타남(김정란, 2003; 모일상, 2002).
	설립유형	국·공립학교와 사립학교 간에는 교사 임용, 승진, 재정 등에서 차이가 있으며(이신구, 1995; 이인화, 2000), 사립학교에 근무하는 교사보다 국·공립학교에 근무하는 교사의 직무수행이 높게 나타남(장명희, 2001).

〈표 계속〉

관련 변인		내 용
근무학교특성	학교 규모	학교 규모는 교사의 직무수행에 영향을 미치는데, 실업계 전공교과 담당교사를 대상으로 한 연구(장명희, 변숙영, 2001)에 의하면 중규모 학교에 근무하는 교사가 소규모나 대규모 학교에 근무하는 교사에 비해 연수활동업무의 직무수행이 높게 나타남. 구광서 (2002)와 김재은(2004)의 연구에서는 대규모 학교에 근무하는 교사가 중규모 학교에 근무하는 교사에 비해 생활지도, 학급경영, 사무처리에서 직무수행이 높게 나타남. 그러나 초등교사를 대상으로 한 장옥희(2001)의 연구에서는 학교 규모가 커질수록 직무수행이 낮게 나타남.
	학교소재지	지역 간 격차로 인하여 학교 소재지에 따라 교사의 직무수행에 차이가 나타났는데, 최인영(2000)의 연구에서는 읍지역에 근무하는 교사보다 시지역에 근무하는 교사가 직무수행이 높게 나타남. 그러나 강용옥(1983), 김지종(2004)의 연구에서는 대도시보다 중소도시의 학교에 근무하는 교사가 직무수행이 높게 나타났으며, 장옥희(2001)의 연구에서는 시지역에 근무하는 교사보다 군, 읍, 면지역에 근무하는 교사가 직무수행이 높게 나타남.
직무 중요성 인식		직무 중요성이란 교사가 스스로 행하는 직무의 수행 정도와는 무관하게 직무를 얼마나 중요하게 인식하고 있는가의 정도를 의미하며, 장명희(2001), Attarian(1996)의 연구에 의하면 교사가 인식하는 직무 중요성이 높을수록 직무수행이 높게 나타남.
학교 풍토		학교풍토는 구성원들의 수행에 영향을 미치며(Hoy & Tarter, 1992), 구성원의 심리적 과정에 영향을 미쳐 조직의 운용 결과에 영향을 줌(Schneider, 1990). 학교풍토는 교사의 직무수행에 영향을 미치며(이동훈, 2003; 이택수, 1990), 김상규(1997), 김조부(1994), 봉성근(1984), 이태일(1993), 조경해(1995), 최승식(1995) 등의 연구에 의하면 교장과 교사, 교사 상호간, 교사와 학생 간의 인간관계는 교사의 직무수행과 깊은 관계가 있는 것으로 분석되었으며, 학교장의 지도성이 교사의 직무수행에 영향을 미치는 것으로 나타남(김평숙, 2000; 이승옥, 2004; 차옥, 2004; 최성길, 1991; 하월성, 1996 등).

〈표 계속〉

관련 변인	내 용
개인적 교수 효능감	개인적 교수효능감은 교사의 수행과 관계가 있으며, 개인적 교수효능감이 높은 교사일수록 다양한 교구를 사용하며, 다양한 교수방법을 시도하며, 보다 좋은 교수법을 알고자 하며, 혁신적인 방법을 도입함(Allinder, 1994). 개인적 교수효능감은 교사의 수행에 영향을 미치는 중요한 변인임(Meijer & Foster, 1988; Podell & Soodak, 1993: Soodak & Podell, 1993). 개인적 교수효능감이 높은 교사일수록 낮은 교사보다 수업에서 다양한 교수행동을 고루 사용하며, 학생들과의 상호작용이 활발하고, 접촉이 친밀하며 지속적으로 이루어지는 경향이 있음(조은정, 1997). 이 밖에 많은 연구(김영상, 1999; 노재현, 1997; 임용규, 2000; 조은아, 2002; 황선이, 1994; 홍승규, 1997 등)에서 개인적 교수효능감은 교사의 수행과 상관관계가 있는 것으로 나타남.

Ⅲ 연구 방법

1. 연구 설계

이 연구의 목적은 기술과 교사의 직무수행 정도를 구명하고, 이와 관련 변인들과의 관계를 구명하는 것이다. 따라서 문헌연구를 통하여 기술과 교사의 직무수행과 잠정적으로 관계가 있을 것으로 보이는 주요 변인으로, [그림 Ⅲ-1]과 같이 인구통계학적 특성의 6개 변인(성별, 학력, 교직 경력, 현직연수 이수, 담당 교과목 수, 자격 취득경로), 근무학교 특성의 4개 변인(학교급, 학교 설립 유형, 학교 규모, 학교 소재지), 학교풍토의 4개 변인(협의적 리더십, 교사 전문행위, 학업 강조, 기관 취약성), 그리고 직무 중요성, 개인적 교수효능감 등 총 16개 변인을 선정하였다.

또한 기술과 교사의 직무수행은 이론적 고찰에 기초하여 교수학습지도, 실습지도 및 실습실 운영, 학생생활지도, 행정업무수행, 전문성 신장, 학급경영의 6개 영역으로 구성하였다.

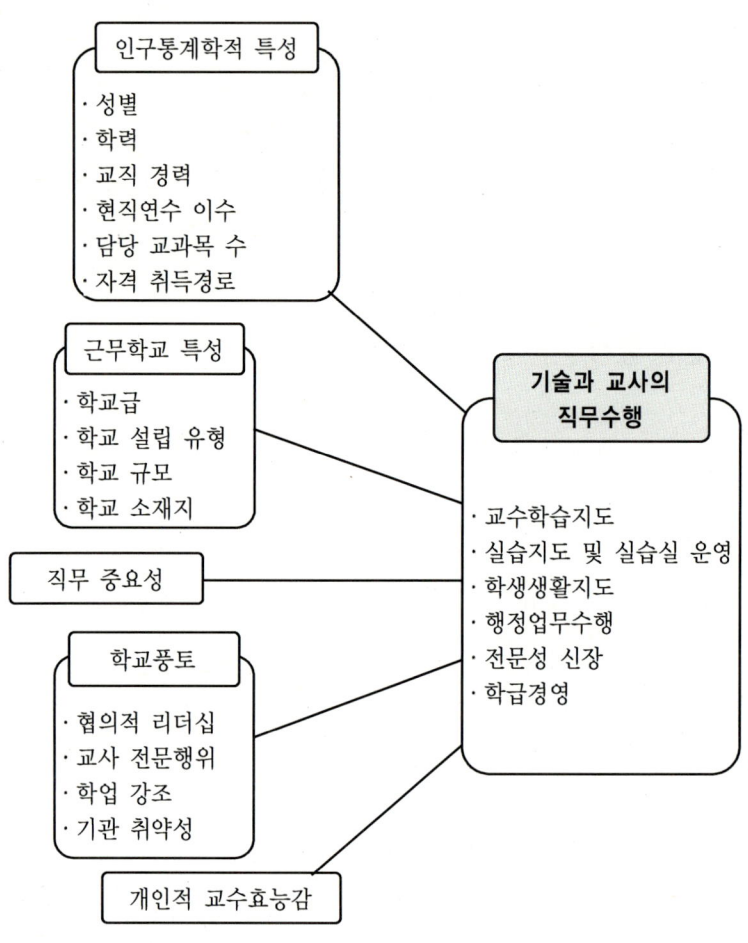

인구통계학적 특성

· 성별
· 학력
· 교직 경력
· 현직연수 이수
· 담당 교과목 수
· 자격 취득경로

근무학교 특성

· 학교급
· 학교 설립 유형
· 학교 규모
· 학교 소재지

직무 중요성

학교풍토

· 협의적 리더십
· 교사 전문행위
· 학업 강조
· 기관 취약성

개인적 교수효능감

기술과 교사의
직무수행

· 교수학습지도
· 실습지도 및 실습실 운영
· 학생생활지도
· 행정업무수행
· 전문성 신장
· 학급경영

[그림 Ⅲ-1] 기술과 교사의 직무수행과 주요 변인들

2. 연구 대상

이 연구의 대상은 중·고등학교에서 '기술·가정'교과 중 기술 영역을 담당하는 교사이다. 전국에는 중학교 2,935개교와, 고등학교 2,095

개교에 13,732명의 기술·가정과 교사가 있다(<표 Ⅲ-1> 참조). 이 가운데 기술 영역을 지도하지 않고, 가정 영역만을 지도하는 교사는 모집단에 포함되지 않는다.

표본을 선정하기 위하여 중·고등학교 일람표(교육인적자원부, 2005b)에 나와 있는 5,030개의 중·고등학교 이름을 나열하고 일련번호를 부여한 뒤, 체계적 무선 표집 방법에 따라 9의 배수 번호에 해당하는 559개교를 선정하였으며, 선정된 학교의 홈페이지를 방문하여 기술과 교사의 명단을 확보하였다.

〈표 Ⅲ-1〉 기술·가정과 담당 교사 수 현황

학교급별＼설립별	국립학교	공립학교	사립학교	계
중학교	37	6,908	1,688	8,633
고등학교	38	2,560	2,501	5,099
계	75	9,468	4,189	13,732

출처: 교육인적자원부(2005a)

또한 선정된 학교가 소규모 학교로 기술 담당교사가 없는 학교의 경우 그 다음 번호의 학교를 선정하였으며, 확보한 기술과 교사의 명단 중 예비조사에 참여한 교사는 제외하였다. 이와 같은 방법에 의하여 1,051명의 기술과 교사가 표본으로 선정되었다. Kriejcie와 Morgan(1970)에 의하면 집단의 크기가 15,000명일 때, 모집단을 대표할 수 있는 표본의 크기는 375명이라고 하였다. 이 연구의 정확한 모집단의 크기를 알 수는 없으나 13,732명을 넘지 않을 것이므로 375명이면 모집단을 대표할 수 있다고 판단되며, 자료의 미회수와 불성실한 응답을 고려할 때 표본의 크기는 충분한 것으로 보인다.

3. 조사 도구

기술과 교사의 직무수행과 관련 변인의 관계를 구명하기 위한 조사 도구로 질문지가 사용되었다. 질문지는 크게 다섯 영역으로 구성되었다. 첫 번째 영역은 기술과 교사의 직무수행 및 직무 중요성을 측정하는 척도로, 두 번째 영역은 학교풍토를 측정하는 척도로, 세 번째 영역은 개인적 교수효능감을 측정하는 척도로, 네 번째 영역은 응답자의 인구통계학적 특성과 근무학교 특성을 조사하는 문항으로, 다섯 번째 영역은 직무영역별 가중치를 조사하는 문항으로 구성되었다(<표 Ⅲ-2> 참조).

〈표 Ⅲ-2〉 질문지의 구성

조사 영역	하위 영역	문항 수	문항번호
직무 중요성 척도, 직무수행 척도	교수학습지도	13	Ⅰ. 1 ~ 13
	실습지도 및 실습실 운영	12	Ⅰ. 14 ~ 25
	학생생활지도	7	Ⅰ. 26 ~ 32
	행정업무수행	4	Ⅰ. 33 ~ 36
	전문성 신장	4	Ⅰ. 37 ~ 40
	학급경영	8	Ⅰ. 41 ~ 48
학교풍토 척도	협의적 리더십	7	Ⅱ. 1, 3, 4, 7, 10, 16, 21
	교사 전문행위	6	Ⅱ. 6, 14, 17, 18, 19, 22
	학업 강조	5	Ⅱ. 8, 11, 12, 13, 15
	기관 취약성	4	Ⅱ. 2, 5, 9, 20
개인적 교수 효능감 척도		10	Ⅲ. 1 ~ 10
인구통계학적 특성과 근무학교 특성		8	Ⅳ. 1 ~ 9
직무 영역별 가중치		1	Ⅴ. 1
총 문항 수		137	

Note: 직무 중요성 척도, 직무수행 척도 문항 수 48 × 2; 학교풍토 척도 문항 수 22

가. 기술과 교사의 직무수행 척도 및 직무 중요성 척도

기술과 교사의 직무수행 척도 및 직무 중요성 척도는 이 연구를 위하여 직접 개발된 척도이다. 척도의 개발을 위하여 우선 기술과 교사가 수행하는 주요 직무내용을 선정하였으며, 6명의 현장 기술과 교사 집단으로부터 이에 대한 타당성을 검토받았다. 그리고 이와 같은 과정을 통하여 선정된 기술과 교사의 주요 직무내용에 기초하여 예비조사용 척도를 개발하였으며, 기술교육 전문가 집단으로부터 내용타당도를 검토받았고, 예비조사를 통하여 척도의 신뢰도와 구인타당도를 확보하였다([그림 Ⅲ-2] 참조).

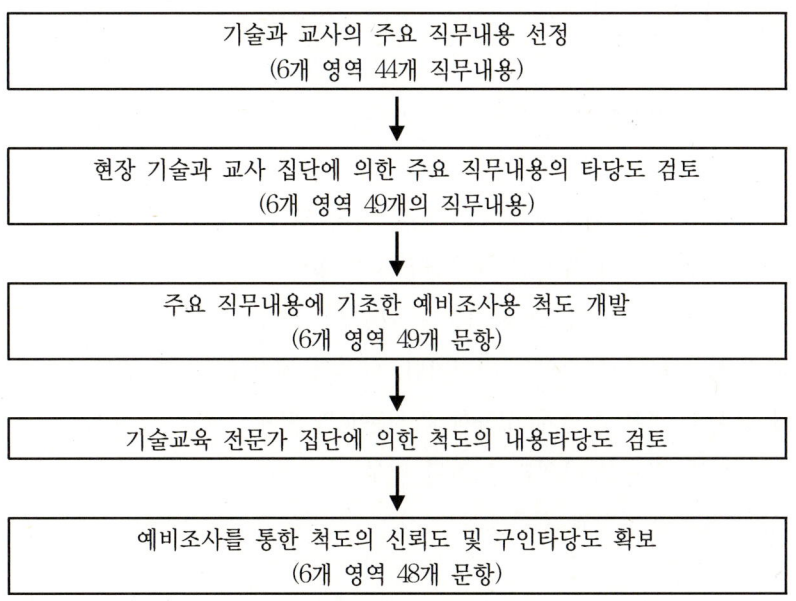

[그림 Ⅲ-2] 기술과 교사의 직무수행 척도 및 직무 중요성 척도의 개발 절차

1) 기술과 교사의 주요 직무내용 선정

기술과 교사의 주요 직무내용을 선정하기 위하여 기술과 교사의 직무 관련 규정, 기술과 교사의 근무평정 내용, 기술과 교사의 직무분석 결과와 교사 기준의 내용을 분석하였다. 선행 기술과 교사의 직무분석 결과로서 1) 서정화(1994)의 직무분석 자료, 2) 박덕규 등(2003)의 직무분석 자료, 3) Kim과 Kim(2001)의 직무분석 자료, 4) 김판욱(2003)의 직무분석 자료를 분석하였으며, 교사 기준으로서 1) 박영숙 등(1999)이 개발한 교사 직무수행 기준, 2) 장명희와 변숙영(2001)이 개발한 실업계 고등학교 전문교과 교사의 직무수행 기준, 3) NBPTS의 CTE 교사 기준, 4) 인디애나 주의 CTE 교사 기준, 5) Round Rock 교육청의 CTE 교사 기준을 분석하였다. 서정화(1994)와 박덕규 등(2003)의 직무분석 자료는 비록 대상을 기술과 교사로 한정하여 분석한 것은 아니지만, 기술과 교사를 포함한 모든 초·중등교사를 대상으로 한 직무분석이기에 이를 통하여 기술과 교사의 직무내용을 추출할 수 있었다. 또한 박영숙 등(1999)의 교사 기준도 기술과 교사만을 위한 교사 기준은 아니지만, 초·중등 전체 교사를 위한 기준이므로 이를 통하여 기술과 교사의 직무내용을 추출할 수 있었다. 그리고 장명희와 변숙영(2001)의 교사 기준도 기술과 교사가 아닌 실업계 고등학교 전문교과 교사를 위한 것이지만, 이론적 배경에서 고찰했듯이 기술과 교사의 경우 실업계 고등학교 전문교과 담당교사와 마찬가지로 실습지도 및 실습실 운영과 관련된 직무를 수행하는 유사성이 존재하므로, 실업계 고등학교 전문교과 교사의 기준을 분석함으로써 기술과 교사의 직무를 추출할 수 있었다.

이러한 기술과 교사의 직무 관련 문헌들을 분석·종합하여 기술과 교사의 직무내용을 다음과 같이 6개 직무 영역에 걸쳐 44개로 선정하였다(<표 Ⅲ-3> 참조).

가) 교수학습지도 영역의 직무내용

기술과 교사가 수행하는 직무 가운데 가장 주된 직무는 교수학습지도이다. 기술과 교사는 교수학습지도에 가장 많은 시간을 보내고 있으며, 원활한 교수학습지도를 위하여 교수학습을 준비, 실행, 평가하는 직무를 수행해야 한다. 이를 좀 더 구체적으로 알아보면, 기술과 교사는 교수학습의 효과를 높이기 위해 교수학습 준비를 철저히 하고, 학습자에 맞게 학습지도안을 작성하고, 학습동기를 높이는 다양한 수업방법을 활용하고, 평가도구를 개발하고 평가하는 직무를 수행하게 된다. 이와 같이 교수학습지도에 관한 직무내용은 그 수가 많고, 직무내용의 성격이 과정별로 분명하게 구별되므로, '교수학습준비', '교수학습실행', '교수학습평가'의 세 가지 중영역으로 세분화하여 <표 Ⅲ-3>과 같은 문헌들로부터 직무내용을 선정하였다. 기술과 교사의 직무 관련 자료들을 종합하여 교수학습준비에 관한 직무내용으로 '연간 진도 계획 수립', '학습자 특성(학생의 흥미, 적성, 학습수준 등) 파악', '학습지도안 작성', '교수학습 자료(ICT 자료, 시청각 교구 등) 준비'를 선정하였으며, 교수학습실행에 관한 직무내용으로 '학습동기 부여', '다양한 수업방법 활용', '적절한 질의·응답 사용', '학습의 개인차 고려'를 선정하였다. 또한 교수학습평가에 관한 직무내용으로 '합리적인 평가도구 개발', '공정하고 합리적인 평가(시험지, 과제 채점 등)', '평가결과 활용(성적 우수학생에 대한 칭찬, 부진학생에 대한 격려 등)'을 선정하였다.

〈표 Ⅲ-3〉 기술과 교사의 주요 직무내용 및 출처

직무영역	주요 직무내용	출처										
		1	2	3	4	5	6	7	8	9	10	11
교수학습지도	연간 진도 계획 수립					○	○	○	○			○
	학습자 특성 파악		○		○	○	○		○	○	○	○
	학습지도안 작성			○		○	○	○			○	○
	교수학습 자료 준비			○		○	○	○	○	○	○	○
	학습동기 부여								○			
	다양한 수업방법 활용	○	○		○	○					○	
	적절한 질의·응답 사용								○	○		
	학습의 개인차 고려			○					○	○		
	합리적인 평가도구 개발	○				○	○			○		
	공정하고 합리적인 평가	○	○	○	○	○	○	○	○	○	○	○
	평가결과 활용					○	○			○	○	○
실습지도 및 실습실 운영	실습 목표 설정								○			
	실습 내용 분석					○						
	실습 계획서 작성					○			○			
	실습 기자재 및 실습 재료 준비					○			○			○
	실습 시범 보이기							○				
	실습 활동 관리					○						
	실습 안전 지도							○				
	실습실 정리정돈						○	○	○			
	실습실 연간 운영 계획 수립						○	○				
	실습예산 편성						○	○				○
	실습실 사용 지도						○	○				
	실습실 환경 관리						○	○				
학생생활지도	기본생활습관 지도			○	○		○	○	○			
	학생상담			○	○	○	○		○			
	원만한 대인관계 지도						○	○		○		
	특별활동지도	○	○									
	각종 학교행사 지도			○	○		○	○	○	○		○
	봉사활동지도						○	○				
	진로지도			○			○	○		○	○	

〈표 계속〉

직무영역	주요 직무내용	출처										
		1	2	3	4	5	6	7	8	9	10	11
학급경영	학생의 생활특성 파악			○	○		○		○	○		
	출결지도			○			○					○
	학생지도를 위한 학부모와 교류				○		○	○	○	○	○	○
	조·종례 실시					○	○					
	학급시설 관리						○	○				
	학습환경 조성					○	○	○	○	○	○	○
	급식지도	○		○			○	○				
	학급행사 지도			○			○		○			
	학급학생 관련 각종 서류 관리			○	○	○			○			
행정업무 수행	담당 교무분장업무 수행			○	○	○	○					
	공문서 작성			○	○	○	○					
	각종 교사행사 참석			○	○			○	○		○	○
전문성 신장	교과 내용과 관련된 최신 내용 습득	○	○	○	○	○	○	○	○	○	○	○
	교과지도와 관련된 최신 내용 습득			○	○	○	○	○	○	○		○

주) 1. 기술과 교사의 직무 관련 규정, 2. 기술과 교사의 근무평정 내용, 3. 서정화(1994)의 직무분석 자료, 4. 박덕규 등(2003)의 직무분석 자료, 5. Kim과 Kim(2001)의 직무분석 자료, 6. 김판욱(2003)의 직무분석 자료, 7. 박영숙 등(1999)이 개발한 교사 직무수행 기준, 8. 장명희와 변숙영(2001)이 개발한 실업계 고등학교 전문교과 교사의 직무수행 기준, 9. NBPTS(2001)의 CTE 교사 기준, 10. 인디애나 주(1998)의 CTE 교사 기준, 11. Round Rock 교육청(2005)의 CTE 교사 기준

나) 실습지도 및 실습실 운영 영역의 직무내용

초·중등 전체 교사를 대상으로 한 직무 관련 문헌이나 외국 문헌의 경우 실습 관련 직무를 별도의 영역으로 다루고 있지 않으므로 실습지도 및 실습실 운영과 관련된 직무내용은 <표 Ⅲ-3>과 같이 주로 Kim과 Kim(2001)과 김판욱(2003)의 기술과 교사의 직무분석 자료와 장명희와 변숙영(2001)이 개발한 실업계 고등학교 전문교과 교사의 직무수행 기준에서 추출하였다. 실습지도 및 실습실 운영 영역은 '실습지도'와 '실습실 운영'의 두 가지 중영역으로 세분화하였다. 실습지도와

관련하여 '실습 목표 설정'과 '실습 내용 분석'을 선정하였다. 또한 학생들에게 배부할 실습순서나 주의사항을 기록하는 '실습 계획서 작성'과 원활한 실습지도를 위해 기자재 및 재료를 갖추는 '실습 기자재 및 실습 재료 준비'를 직무내용으로 선정하였다. 그리고 실습을 안전하고 체계적으로 수행하기 위하여 '실습 시범 보이기', '실습 활동 관리', '실습 안전 지도', '실습실 정리정돈'을 직무내용으로 선정하였다. 실습실 운영과 관련해서는 '실습실 연간 운영 계획 수립', '실습예산 편성', '실습실 사용 지도', '실습실 환경(공구, 재료, 설비 등) 관리'를 직무내용으로 선정하였다.

다) 학생생활지도 영역의 직무내용

학생생활지도는 교수학습지도와 더불어 교사 고유의 활동으로서 중요한 기본적 직무에 해당된다. 학생생활지도는 자라나는 청소년의 성장발달을 바람직한 방향으로 이끌며, 그들이 당면한 문제를 그때그때 해결하게 하고 적응해 나가도록 길 잡아 주는 과정으로, 학생들이 그들 자신의 개성을 발견하고 바람직한 인간으로 사회발전과 복지에 기여할 수 있도록 지도, 조언해 주어야 한다(황응연, 1982). 학생들은 성장과정에서 온갖 문제, 즉 신체적, 정신적 건강은 물론, 교육적, 사회적, 도덕적, 그리고 직업적 영역에 이르기까지 일상에서 만나는 여러 가지 문제들에 직면하게 된다(임곡지, 2004). 따라서 학생생활지도는 학생들이 직면하게 되는 온갖 문제에 올바른 판단과 적응을 돕는 것으로, <표 Ⅲ-3>과 같은 문헌들로부터 '기본생활습관 지도(인성지도, 용의지도 및 올바른 가치관 정립 등)', '학생상담(학생 애로사항 상담, 문제학생 상담 등)', '원만한 대인관계 지도(교사에 대한 존경, 친구들과의 친화유지 등)', '특별활동지도(CA, 동아리 지도 등)', '각종 학교행사(소풍, 백일장 등) 지도', '봉사활동지도', '진로지도(진로탐색, 자아발견 지도 등)'를 학생생활지도 영역의 직무내용으로 선정하였다.

라) 학급경영 영역의 직무내용

학급경영의 직무는 학급 규칙과 절차를 수립하고, 교사와 학생의 작용을 촉진하는 교실 공간을 구성하며, 교실 내 질서유지를 관리하는 것이므로, <표 III-3>과 같은 문헌들로부터 '학생의 생활특성 파악(가정환경조사, 근태상황조사 등)', '출결지도(자퇴 예방, 지각학생 지도 등)', '학생지도를 위한 학부모와 교류', '조·종례 실시', '학급시설(교단선진화 기자재, 비품 등) 관리', '학습환경 조성(청소지도 등)', '급식지도', '학급행사 지도(HR 운영 등)', '학급학생 관련 각종 서류 관리(출석부, 생활기록부 기록 등)'를 학급경영 영역의 직무내용으로 선정하였다.

마) 행정업무수행 영역의 직무내용

기술과 교사는 학생들을 직접 지도하는 직무 외에 사무분장에 의한 행정업무를 직접 주관하며, 공적 장부를 작성·정리하기도 하고, 학교 행정에 참여를 해야 한다. 이에 따라 <표 III-3>과 같은 문헌들로부터 '담당 교무분장업무 수행', '공문서 작성', '각종 교사행사(교직원 회의 등 각종 회의) 참석'을 행정업무수행 영역의 직무내용으로 선정하였다.

바) 전문성 신장 영역의 직무내용

기술과 교사는 끊임없는 학문 연구를 통하여 자아 완성은 물론 전문가로서의 능력을 갖추어야 하므로, 교과 내용과 교육 쟁점에 관한 최근 정보에 익숙해야 한다. 따라서 <표 III-3>과 같은 문헌들로부터 '교과 내용과 관련된 최신 내용 습득'과 '교과지도와 관련된 최신 내용 습득'을 전문성 신장 영역의 직무내용으로 선정하였다.

2) 현장 기술과 교사 집단에 의한 주요 직무내용의 타당도 검토

선정된 기술과 교사의 6개 직무 영역에 대한 44개의 직무내용의 타당성을 확보하기 위하여 현장 기술과 교사 집단에게 검토를 받았다. 현장 기술과 교사 집단은 교직 경력, 근무 학교급(중학교, 고등학교), 근무 학교 소재지, 직위 등을 고려하여 6명으로 구성하였다. 현장 기술과 교사 6명의 평균 교직 경력은 16.6년이며, 근무 학교급은 중학교 근무 4명, 고등학교 근무 2명이며, 근무학교 소재지는 서울특별시, 대전광역시, 경기도, 경상북도이며, 직위는 부장교사 2명, 평교사 4명이었다. 검증 방법은 연구자가 연구과정에서 추출한 기술과 교사의 직무 영역과 직무내용을 현장 기술과 교사 집단에게 전자우편으로 보내고, 직무내용의 적절성을 파악하도록 하였다([부록 1] 참조). 이 과정에서 기술과 교사라면 반드시 수행해야 할 직무내용으로 구성되어 있는지, 수정·삭제되어야 할 직무내용이 있는지, 또는 추가되어야 할 직무내용이 있는지 등을 검토받았으며, 직무내용들이 직무 영역별로 제대로 범주화되었는지도 검토받았다.

그 결과 <표 Ⅲ-4>와 같이 1개의 직무내용이 삭제되었고, 1개의 직무내용이 수정되었으며, 4개의 직무내용이 추가되었다. 이를 구체적으로 알아보면, 행정업무수행 영역의 '공문서 작성'의 경우 업무의 수단이므로 삭제되어야 한다는 의견이 있어 삭제하였다. 그리고 '담당 교무분장업무 수행'을 '담당 교무분장업무의 계획 수립', '담당 교무분장업무의 추진', '담당 교무분장업무의 마무리(보고용 공문서 작성 등)'의 3개의 직무내용으로 분류하였으며, 전문성 신장 영역에 '학생지도에 관한 지식과 노하우 습득'과 '일반교양 습득'을 추가하였다. 또한 교수학습지도 영역에 '수업목표 제시'와 '평가계획 수립'을 직무내용으로 추가하였다.

〈표 Ⅲ-4〉 현장 기술과 교사 집단의 직무내용 검토 결과

	변경된 직무내용
삭제	〈행정업무수행 영역〉 · 공문서 작성
수정	〈행정업무수행 영역〉 · 담당 교무분장 업무 수행 ➡ · 담당 교무분장업무의 계획 수립 · 담당 교무분장업무의 추진 · 담당 교무분장업무의 마무리 (보고용 공문서 작성 등)
추가	〈교수학습지도 영역〉 · 수업목표 제시 · 평가계획 수립 〈전문성 신장 영역〉 · 학생지도에 관한 지식과 노하우 습득 · 일반교양 습득
부분 수정	〈학생생활지도 영역〉 · 특별활동지도(CA, 동아리 지도 등) ➡ 특별활동지도(**계발활동**, 동아리 지도 등) · 각종 학교행사(소풍, 백일장 등) 지도 ➡ 각종 학교행사(**현장체험학습**, 백일장, **사생대회, 수련활동** 등) 지도 · 진로지도(진로탐색, 자아발견 지도 등) ➡ 진로지도(진로탐색, 자아발견 지도, **진학지도** 등) 〈학급경영 영역〉 · 학생의 생활특성 파악(가정환경조사, 근태상황조사 등) ➡ 학생의 생활특성 파악(가정환경조사, 근태상황조사, **교우관계 조사** 등) · 학습환경 조성(청소지도 등) ➡ 학습환경 조성(**학습태도지도, 면학분위기 조성**, 청소지도 등)

이러한 현장 기술과 교사 집단의 검토 과정을 거쳐 확정된 기술과 교사의 주요 직무내용은 총 49개(교수학습지도 영역에 13개, 실습지도

및 실습실 운영 영역에 12개, 학생생활지도 영역에 7개, 학급경영 영역에 9개, 행정업무수행 영역에 4개, 전문성 신장 영역에 4개)이었다(<표 III-5> 참조).

〈표 III-5〉 현장 기술과 교사 집단의 검토를 거쳐 확정된 기술과 교사의 직무 영역별 주요 직무내용

직무 영역		직무내용
교수학습지도	준비	연간 진도 계획 수립, 학습자 특성(학생의 흥미, 적성, 학습수준 등) 파악, 학습지도안 작성, 교수학습 자료(ICT 자료, 시청각 교구 등) 준비
	실행	수업목표 제시, 학습동기 부여, 다양한 수업방법 활용, 적절한 질의·응답 사용, 학습의 개인차 고려
	평가	평가계획 수립, 합리적인 평가도구 개발, 공정하고 합리적인 평가(시험지, 과제 채점 등), 평가결과 활용(성적 우수학생에 대한 칭찬, 부진학생에 대한 격려 등)
실습지도 및 실습실 운영	실습지도	실습 목표 설정, 실습 내용 분석, 실습 계획서 작성, 실습 기자재 및 실습 재료 준비, 실습 시범 보이기, 실습 활동 관리, 실습 안전 지도, 실습실 정리정돈
	실습실 운영	실습실 연간 운영 계획 수립, 실습예산 편성, 실습실 사용 지도, 실습실 환경(공구, 재료, 설비 등) 관리
학생생활지도		기본생활습관 지도(인성지도, 용의지도 및 올바른 가치관 정립 등), 학생상담(학생 애로사항 상담, 문제학생 상담 등), 원만한 대인관계 지도(교사에 대한 존경, 친구들과의 친화유지 등), 특별활동지도(계발활동, 동아리 지도), 각종 학교행사(현장체험 활동, 백일장, 사생대회, 수련활동 등) 지도, 봉사활동지도, 진로지도(진로탐색, 자아발견 지도, 진학지도 등)
학급경영		학생의 생활특성 파악(가정환경조사, 근태상황조사, 교우관계조사 등), 출결지도(자퇴 예방, 지각학생 지도 등), 학생지도를 위한 학부모와 교류, 조·종례 실시, 학급시설(교단선진화 기자재, 비품 등) 관리, 학습환경 조성(학습태도지도, 면학 분위기 조성, 청소지도 등), 급식지도, 학급행사 지도(HR 운영 등), 학급학생 관련 각종 서류 관리(출석부, 생활기록부 기록 등)

〈표 계속〉

직무 영역	직무내용
행정업무 수행	담당 교무분장업무의 계획수립, 담당 교무분장업무의 추진, 담당 교무분장업무의 마무리(보고용 공문서 작성 등), 각종 교사 행사(교직원 회의 등 각종 회의) 참석
전문성 신장	교과 내용과 관련된 최신 내용 습득, 교과지도와 관련된 최신 내용 습득, 학생지도에 관한 지식과 노하우 습득, 일반교양 습득

3) 예비조사용 직무수행 척도 및 직무 중요성 척도 개발

기술과 교사의 직무수행 척도 및 직무 중요성 척도의 신뢰도와 타당도 검증을 위하여 예비조사용 척도를 개발하였다([부록 2] 참조). 이를 위하여 현장 기술과 교사 집단의 검토를 받은 기술과 교사의 직무 영역별 주요 직무내용을 기초로 49개의 측정 문항(교수학습지도 13문항, 실습지도 및 실습실 운영 12문항, 학생생활지도 7문항, 학급경영 9문항, 행정업무수행 4문항, 전문성 신장 4문항)을 개발하였다.

응답방식은 5단계의 Likert 척도로 구성하였으며, 각각의 문항에서 제시하는 직무내용에 대하여 중요성(1점: 전혀 중요하지 않다~5점: 매우 중요하다)은 문항의 좌측에 표시하도록 하였으며, 직무수행(1점: 매우 낮음~5점: 매우 높음)은 문항의 우측에 표시하도록 하였다.

선행연구에서는 직무 중요성과 직무수행을 묻는 척도로 5점 척도 외에 4점 척도(김행자, 1991), 6점 척도(임현진, 2003), 7점 척도(장명희, 2001), 또는 10점 척도(박영숙 외, 1999; 장명희, 변숙영, 2001) 등 다양한 척도가 사용되었으나, 이 중 가장 많이 사용되었고 응답자들에게도 무난한 5점 척도를 선택하였다.

4) 전문가 집단에 의한 척도의 내용타당도 검토

개발된 예비조사용 척도에 대해 기술교육 전문가(5명)와 일대일 면접을 통하여 문항의 내용타당도를 검토받았다. 이 과정에서 응답자가 이해하기 어려울 것으로 예상되는 문장은 가급적 동일한 의미를 전달할 수 있는 범위 내에서 응답자가 쉽게 이해할 수 있도록 수정·보완하였다.

5) 척도의 신뢰도와 타당도 확보를 위한 예비조사

가) 직무수행 척도

개발된 예비조사용 기술과 교사의 직무수행 척도의 신뢰도와 타당도를 확보하기 위하여 2차에 걸쳐 예비조사를 실시하였다.

(1) 1차 예비조사

개발된 예비조사용 기술과 교사의 직무수행 척도를 가지고 기술과 교사 30명을 대상으로 2005년 8월 2일부터 11일까지 1차 예비조사를 실시하였다. 이를 통하여 기술과 교사의 직무수행 척도에 대한 신뢰도와 구인타당도를 검토하였다.

㉠ 신뢰도 검토

신뢰도의 경우 Cronbach의 α 계수 분석을 실시하여 검토하였다. Cronbach의 α 계수 분석 결과 교수학습지도 영역은 0.82, 실습지도 및 실습실운영 영역은 0.86, 학생생활지도 영역은 0.75, 행정업무수행 영역은 0.83, 전문성 신장 영역은 0.87, 학급경영 영역은 0.81이었으며, 47번 문항을 제거 시 학급경영 영역의 α 계수가 상승하였고([부록 4-1] 참조), 49개의 전체 문항에 대한 α 계수는 0.95이었다.

ⓒ 구인타당도 검토

구인타당도의 경우 요인분석을 실시하여 검토하였다. 요인분석은 요인추출방식으로 주성분 분석(principle component analysis), 요인회전방식으로 베리멕스(varimax)를 사용하고, 전문가 집단의 검토에 의하여 내용타당도가 확인된 6개 직무 영역별로 요인분석을 실시하였다([부록 4-2] 참조).

요인분석 결과를 보면 행정업무수행 영역과 전문성 신장 영역의 경우 1개의 요인이 도출되었고, 학생생활지도 영역의 경우 2개의 요인이 도출되었으며, 교수학습지도 영역, 실습지도 및 실습실 운영 영역, 학급경영 영역의 경우 3개의 요인이 도출되었다. 요인분석에서는 요인 수가 적을수록 측정하고자 하는 것이 명확하고, 많을수록 측정하려는 것이 불명확하다는 것을 의미하므로 요인분석 결과 측정하고자 하는 것이 명확하지 못함을 알 수 있었다.

교수학습지도 영역에 대한 요인분석의 경우 3개의 요인에 의한 설명량은 56.79%이었다. 요인부하량 0.4를 기준으로 높은 관련성을 가지는 각 요인별 문항을 보면 첫 번째 요인에는 6개 문항(1번, 4번, 7번, 8번, 10번, 13번)이, 두 번째 요인에는 5개 문항(2번, 5번, 6번, 9번, 10번)이, 세 번째 요인에는 4개 문항(3번, 5번, 11번, 12번)이 있었다. 교수학습지도 영역의 경우 준비, 실행, 평가의 3개의 중영역으로 구성되어 있는데, 요인 1은 교수학습준비 관련 문항 위주로 묶였고 설명량은 21.53%이었다. 요인 2는 교수학습실행 관련 문항 위주로 묶였고 설명량은 19.20%이었다. 요인 3은 교수학습평가 관련 문항 위주로 묶였고 설명량은 16.06%이었다. 이를 통하여 요인 1은 교수학습지도 영역의 준비와, 요인 2는 교수학습지도 영역의 실행과, 요인 3은 교수학습지도 영역의 평가와 관련이 있는 것으로 볼 수 있다. 따라서 교수학습준비 문항이면서 다른 요인에 더 높은 요인부하량을 보인 2번과 3번 문항, 교수학습실행 문항이면서 요인 1에 더 높은 요인부하량을 보인 7번과 8번 문항, 교수학습평가 문항이면서 요인 1에 더 높은 요인부하량을 보인 10번과 13번 문항은 수정이 요구되었다.

실습지도 및 실습실 운영 영역에 대한 요인분석의 경우 3개의 요인에 의한 설명량은 66.76%이었다. 요인부하량 0.4를 기준으로 높은 관련성을 가지는 각 요인별 문항을 보면 첫 번째 요인에는 4개 문항(22번, 23번, 24번, 25번)이, 두 번째 요인에는 5개 문항(14번, 15번, 16번, 18번, 19번)이, 세 번째 요인에는 5개 문항(17번, 18번, 20번, 21번, 24번)이 있었다. 요인 1은 실습실 운영 관련 문항 위주로 묶였고 설명량은 23.81%이었다. 요인 2는 실습준비 관련 문항 위주로 묶였고 설명량은 22.80%이었다. 요인 3은 실습실행 관련 문항 위주로 묶였고 설명량은 20.16%이었다. 따라서 실습준비 관련 문항이면서 다른 요인에 더 높은 요인부하량을 보인 17번 문항과 실습실행 관련 문항이면서 다른 요인에 더 높은 요인부하량을 보인 19번 문항은 수정이 요구되었다.

학생생활지도 영역에 대한 요인분석의 경우 2개의 요인에 의한 설명량은 61.74%이었다. 요인부하량 0.4를 기준으로 높은 관련성을 가지는 각 요인별 문항을 보면 첫 번째 요인에는 3개 문항(30번, 31번, 32번)이, 두 번째 요인에는 4개 문항(26번, 27번, 28번, 29번)이 있었다. 요인 1의 설명량은 31.90%이었으며, 요인 2의 설명량은 29.84%이었다. 따라서 요인 2로 묶인 문항들의 설명량이 낮게 나타났으므로 이들 문항(26번, 27번, 28번, 29번)의 수정이 요구되었다.

행정업무수행 영역에 대한 요인분석의 경우 1개 요인에 의한 설명량은 66.73%이었으며, 전문성 신장 영역에 대한 요인분석의 경우 1개 요인에 의한 설명량은 72.20%이었다.

학급경영 영역의 경우 3개의 요인에 의한 설명량은 70.57%이었다. 요인부하량 0.4를 기준으로 높은 관련성을 가지는 각 요인별 문항을 보면 첫 번째 요인에 4개 문항(41번, 44번, 45번, 47번), 두 번째 요인에 4개 문항(42번, 46번, 48번, 49번), 세 번째 요인에 4개 문항(41번, 43번, 47번, 49번)이 있었다. 요인 1의 설명량은 26.05%이었고, 요인 2의 설명량은 24.73이었으며, 요인 3의 설명량은 19.79%이었다. 따라서 요인 2와 요인 3으로 묶인 문항들의 설명량이 낮게 나타났으므로 이들 문항(42번, 43번, 46번, 47번, 48번, 49번)의 수정이 요구되었다.

ⓒ 문항 수정

1차 예비조사 분석 결과 여러 문항(2번, 3번, 7번, 8번, 10번, 13번, 17번, 19번, 26번, 27번, 28번, 29번, 42번, 43번, 46번, 47번, 48번, 49번)에 문제가 있어 수정이 요구되었으며(<표 Ⅲ-6> 참조), 특히 구인타당도에 문제가 있는 것으로 나타났다. 1차 예비조사 결과를 기술교육 전문가(3명)와 협의한 결과 측정하고자 하는 내용을 좀 더 명확하게 제시하도록 수정이 요구되었다. 이에 따라 기술과 교사(4명)와의 일대일 면접을 통하여 응답자가 문항의 뜻을 충분히 이해할 수 있도록 문항들을 수정·보완하였다. 기술과 교사의 직무수행 측정문항들은 기술과 교사의 직무내용에 기초하여 추출된 것이므로, 예비조사 결과가 좋지 않은 문항을 삭제하기보다는 문항의 본질적인 의미를 훼손하지 않는 범위에서 부분 수정하여 보완하였다(<표 Ⅲ-7> 참조). 그러나 '급식지도'에 관한 47번 문항은 신뢰도와 구인타당도에 문제가 있으며, 적지 않은 학교에서 급식이 교실이 아닌 학교식당에서 이루어지고 있는데, 이런 학교의 경우 교사가 급식지도를 하지 않으므로 삭제하는 것이 바람직하다는 의견에 따라 삭제하였다.

〈표 Ⅲ-6〉 직무수행 척도에 대한 1차 예비조사 결과(신뢰도, 구인타당도)

영 역	문 항	신뢰도	구인 타당도	영 역	문 항	신뢰도	구인 타당도
교수 학습 지도	1	○	○	학생 생활 지도	26	○	×
	2	○	×		27	○	×
	3	○	×		28	○	×
	4	○	○		29	○	×
	5	○	○		30	○	○
	6	○	○		31	○	○
	7	○	×		32	○	○
	8	○	×	행정 업무 수행	33	○	○
	9	○	○		34	○	○
	10	○	×		35	○	○
	11	○	○		36	○	○
	12	○	○	전문성 신장	37	○	○
	13	○	×		38	○	○
실습 지도 및 실습실 운영	14	○	○		39	○	○
	15	○	○		40	○	○
	16	○	○	학급 경영	41	○	○
	17	○	×		42	○	×
	18	○	○		43	○	×
	19	○	×		44	○	○
	20	○	○		45	○	○
	21	○	○		46	○	×
	22	○	○		47	×	×
	23	○	○		48	○	×
	24	○	○		49	○	×
	25	○	○				

○: 양호, ×: 수정 필요

주) 수정이 필요하다는 것은 신뢰도의 경우 해당 문항 제거 시 Cronbach α 계수가 상승하였음을 의미하며, 구인타당도의 경우 요인분석에서 해당 영역에 묶이지 않았음을 의미함.

〈표 Ⅲ-7〉 1차 예비조사 후 수정된 직무수행 척도

수정된 문항 번호 및 내용

2번 학생들의 특성(학습자 수준 등)을 파악한다.
→ 학생들의 능력, 흥미 등을 고려하여 수업을 준비한다.

3번 학습지도안을 작성한다.
→ 수업 전에 효율적인 수업이 이루어질 수 있도록 교재연구를 충실히 한다(학습지도 안 작성 등)

7번 수업 중 다양한 수업방법을 활용한다.
→ 수업목표 달성을 위하여 수업 중 다양한 수업방법을 활용한다.

8번 수업 중 적절한 질의응답을 사용한다.
→ 학습효과를 높이기 위해 수업 중 적절한 질의응답을 사용한다.

10번 학생들의 학업성취수준을 측정하기 위한 평가계획을 수립한다.
→ 학생들의 학업성취수준을 측정하기 위한 평가계획을 수립한다(평가기준 수립 등).

13번 평가결과를 학생들의 학습에 활용한다.
→ 평가결과를 학생들의 학습에 활용한다(성적 우수학생에 대한 칭찬, 부진학생에 대한 격려, 상담 등).

17번 실습 기자재 및 실습 재료를 준비한다.
→ 실습에 필요한 기자재 및 실습재료를 준비한다.

19번 학생들이 스스로 실습을 할 수 있도록 지도한다.
→ 학생들이 스스로 실습을 진행할 수 있도록 지도한다.

26번 학생들의 인성지도, 용의지도 등 기본생활습관지도를 한다.
→ 용의지도 등 학생들의 기본생활습관지도를 한다.

27번 학생들을 돕기 위한 상담을 한다.
→ 학생들의 어려움이나 문제해결을 돕기 위한 상담을 한다.

28번 학생들의 원만한 대인관계(교사에 대한 존경, 친구들과의 친화유지 등)를 지도한다.
→ 학생들의 대인관계(교사에 대한 존경, 친구들과의 친화유지 등)를 지도한다.

29번 특별활동지도(계발활동, 동아리 지도 등)를 한다.
→ 특별활동(계발활동, 동아리 활동 등)을 지도한다.

42번 출결지도(자퇴 예방, 지각학생 지도 등)를 한다.
→ 학급 학생들의 출결지도(자퇴 예방, 지각생 지도 등)를 한다.

43번 학생지도를 위해 학부모와 교류한다.
→ 학생지도를 위해 학부모와 상담한다.

46번 청소지도 등 학습환경을 조성한다.
→ 청소지도 등 학급환경을 교육적으로 구성한다.

48번 학급회의(HR)를 운영한다.
→ 학급회의(HR) 시 학생들의 적극적 참여가 이루어지도록 지도한다.

49번 학급학생 관련 각종 서류(생활기록부 등)를 관리한다.
→ 학급학생 관련 각종 서류(생활기록부 등)를 체계적으로 관리한다.

또한 질문지의 응답 요령을 문장으로 길게 설명하는 경우 응답자에게 복잡하다는 느낌을 줄 수 있어 예시를 통하여 제시하는 것이 바람직하다는 의견에 따라, 문장으로 제시된 '응답 요령'을 예시로 제시된 '응답 예시'로 수정하였다([부록 3] 참조).

(2) 2차 예비조사

1차 예비조사를 거쳐 수정된 2차 예비조사용 기술과 교사의 직무수행 척도를 가지고 2005년 8월 17일에 2차 예비조사를 실시하였다. 하계 연수 중인 경기도 기술과 교사 85명이 2차 예비조사에 참여하였으며, 불성실 응답 3개를 제외하고 총 82개가 분석에 사용되었다. 이를 통하여 기술과 교사의 직무수행 척도에 대한 신뢰도와 구인타당도를 검토하였다.

㉠ 신뢰도 검토

신뢰도의 경우 Cronbach의 α 계수 분석을 실시하여 검토하였다. Cronbach의 α 계수 분석 결과 교수학습지도 영역은 0.77, 실습지도 및 실습실운영 영역은 0.84, 학생생활지도 영역은 0.76, 행정업무수행 영역은 0.71, 전문성 신장 영역은 0.80, 학급경영 영역은 0.81이었으며, 문항 제거 시 α 계수가 상승하는 문항은 없었고([부록 5-1] 참조), 48개의 전체 문항에 대한 α 계수는 0.95이었다.

㉡ 구인타당도 검토

구인타당도의 경우 요인분석을 실시하여 검토하였다. 요인분석은 요인추출방식으로 주성분 분석(principle component analysis), 요인회전 방식으로 베리멕스(varimax)를 사용하고, 전문가의 판단에 의하여 내용타당도가 확인된 6개 직무 영역별로 요인분석을 실시하였다([부록 5-2] 참조).

요인분석 결과를 보면 행정업무수행 영역, 전문성 신장 영역, 학급 경영 영역의 경우 1개의 요인이, 학생생활지도 영역의 경우 2개의 요인이, 교수학습지도 영역과 실습지도 및 실습실 운영 영역의 경우 3개의 요인이 도출되었다.

교수학습지도 영역에 대한 요인분석의 경우 3개의 요인에 의한 설명량은 45.81%이었다. 요인부하량 0.4를 기준으로 높은 관련성을 가지는 각 요인별 문항을 보면 첫 번째 요인에는 6개 문항(5번, 6번, 7번, 8번, 9번, 13번)이, 두 번째 요인에는 5개 문항(1번, 3번, 10번, 11번, 12번)이, 세 번째 요인에는 5개 문항(2번, 3번, 4번, 6번, 7번)이 있었다. 교수학습지도 영역의 경우 3개의 중영역(준비, 실행, 평가)으로 구성되어 있는데, 요인 1은 교수학습실행 관련 문항 위주로 묶였고 설명량은 17.10%이었다. 요인 2는 교수학습평가 관련 문항 위주로 묶였고 설명량은 16.30%이었다. 요인 3은 교수학습준비 관련 문항 위주로 묶였고 설명량은 15.41%이었다. 이를 통하여 요인 1은 교수학습지도 영역의 실행과, 요인 2는 교수학습지도 영역의 평가와 요인 3은 교수학습지도 영역의 준비와 관련이 있는 것으로 볼 수 있다. 따라서 교수학습준비 문항이면서 요인 2에 더 높은 요인부하량을 보인 1번 문항과 교수학습평가 문항이면서 요인 1에 더 높은 요인부하량을 보인 13번 문항은 수정이 요구되었다.

실습지도 및 실습실 운영 영역에 대한 요인분석의 경우 3개의 요인에 의한 설명량은 60.62%이었다. 요인부하량 0.4를 기준으로 높은 관련성을 가지는 각 요인별 문항을 보면 첫 번째 요인에는 5개 문항(20번, 22번, 23번, 24번, 25번)이, 두 번째 요인에는 4개 문항(14번, 15번, 16번, 17번)이, 세 번째 요인에는 5개 문항(17번, 18번, 19번, 20번, 21번)이 있었다.

요인 1은 실습실 운영 관련 문항 위주로 묶였고 설명량은 22.89%이었다. 요인 2는 실습준비 관련 문항 위주로 묶였고 설명량은 19.50%이었다. 요인 3은 실습실행 관련 문항 위주로 묶였고 설명량은 18.23%이었다.

학생생활지도 영역에 대한 요인분석의 경우 2개의 요인에 의한 설명량은 57.69%이었다. 요인부하량 0.4를 기준으로 높은 관련성을 가지는 각 요인별 문항을 보면 첫 번째 요인에는 4개 문항(26번, 27번, 28번, 32번)이, 두 번째 요인에는 3개 문항(29번, 30번, 31번)이 있었다. 요인 1은 학생들에 대한 프로그램화되어 있지 않은 일상생활지도 관련 문항 위주로 묶였고 설명량은 29.93%이었다. 요인 2는 프로그램에 의해 이루어지는 생활지도 관련 문항 위주로 묶였고 설명량은 27.76%이었다.

행정업무수행 영역에 대한 요인분석의 경우 1개 요인에 의한 설명량은 54.36%이었으며, 전문성 신장 영역에 대한 요인분석의 경우 1개 요인에 의한 설명량은 63.31%이었고, 학급경영 영역의 경우 1개 요인에 의한 설명량은 43.68%이었다.

ⓒ 문항 수정

2차 예비조사 분석 결과 총 2개 문항(1번, 13번)에 문제가 있어 수정이 요구되었다(<표 Ⅲ-8> 참조). 2차 예비조사 결과를 토대로 기술교육 전문가(3명)와 기술과 교사(4명)와의 일대일 면접을 통하여 응답자가 문항의 뜻을 충분히 이해할 수 있도록 문항들을 다시 수정·보완하였다. 1번 문항의 경우 준비의 의미가 더 강조될 수 있도록 하기 위하여 문두에 '학년 초에'라는 수식어를 추가하였으며, 13번 문항의 경우 교수학습평가 관련 문항임에도 불구하고 교수학습실행 요인으로 묶였으므로 '평가결과를 학생들의 학습에 활용한다'를 '평가결과를 교과지도 개선에 활용한다'로 수정하였다([부록 10] 참조).

〈표 Ⅲ-8〉 직무수행 척도에 대한 2차 예비조사 결과 (신뢰도, 구인타당도)

영역	문항	신뢰도	구인 타당도	영역	문항	신뢰도	구인 타당도
교수 학습 지도	1	○	×	학생 생활 지도	26	○	○
	2	○	○		27	○	○
	3	○	○		28	○	○
	4	○	○		29	○	○
	5	○	○		30	○	○
	6	○	○		31	○	○
	7	○	○		32	○	○
	8	○	○	행정 업무 수행	33	○	○
	9	○	○		34	○	○
	10	○	○		35	○	○
	11	○	○		36	○	○
	12	○	○	전문성 신장	37	○	○
	13	○	×		38	○	○
실습 지도 및 실습실 운영	14	○	○		39	○	○
	15	○	○		40	○	○
	16	○	○	학급 경영	41	○	○
	17	○	○		42	○	○
	18	○	○		43	○	○
	19	○	○		44	○	○
	20	○	○		45	○	○
	21	○	○		46	○	○
	22	○	○		47	○	○
	23	○	○		48	○	○
	24	○	○				
	25	○	○				

○: 양호, ×: 수정 필요

주) 수정이 필요하다는 것은 신뢰도의 경우 해당 문항 제거 시 Cronbach α 계수가 상승하였음을 의미하며, 구인타당도의 경우 요인분석에서 해당 영역에 묶이지 않았음을 의미함.

(3) 본 조사용 직무수행 척도의 신뢰도와 타당도

본 조사용 직무수행 척도의 Cronbach의 α 계수를 보면 교수학습지도 영역이 0.83, 실습지도 및 실습실 운영 영역이 0.92, 학생생활지도 영역이 0.83, 행정업무수행 영역이 0.83, 전문성 신장 영역이 0.84, 학급경영 영역이 0.84이었으며, 직무수행 전체에 관한 α 계수는 0.95로 매우 양호한 편이었다([부록 11-1] 참조).

직무수행 영역별로 요인분석한 결과 교수학습지도 영역의 경우 중영역(준비, 실행, 평가)별로 3개의 요인으로 묶였으며, 교수학습지도 영역을 제외한 5개 영역의 경우 모두 1개의 요인으로 묶여 구인타당도가 있음을 확인할 수 있었다([부록 11-2] 참조). 또한 전체 문항을 대상으로 요인분석을 실시한 결과, <표 III-9>와 같이 8개의 요인이 추출되었으며, 8개의 요인들이 전체 변량의 56.07%를 설명하는 것으로 나타났다.

요인 1은 '실습지도 및 실습실 운영' 영역의 12개 문항(H14, H15, H16, H17, H18, H19, H20, H21, H22, H23, H24, H25)이 하나의 요인으로 구성되었다.

요인 2는 '학급경영' 영역의 8개 문항(L41, L42, L43, L44, L45, L46, L47, L48)이 하나의 요인으로 구성되었다.

요인 3은 '학생생활지도' 영역의 7개 문항(I26, I27, I28, I29, I30, I31, I32)이 하나의 요인으로 구성되었다.

요인 4는 '교수학습지도' 영역의 '실행' 중영역의 5개 문항(G5, G6, G7, G8, G9)이 하나의 요인으로 구성되었다.

요인 5는 '행정업무수행' 영역의 4개 문항(J33, J34, J35, J36)이 하나의 요인으로 구성되었다.

요인 6은 '전문성 신장' 영역의 4개 문항(K37, K38, K39, K40)이 하나의 요인으로 구성되었다.

〈표 Ⅲ-9〉 직무수행 척도의 본 조사 요인분석 결과

문 항	요인 1	요인 2	요인 3	요인 4	요인 5	요인 6	요인 7	요인 8
G1	.15	.16	.03	.05	.22	.07	.17	**.54**
G2	.07	.16	.12	.38	.03	.10	.18	**.54**
G3	.12	.00	.06	.30	.18	.16	.12	**.54**
G4	.20	.10	.05	.17	.04	.23	.04	**.57**
G5	.23	.13	.04	**.52**	.09	.12	.12	.10
G6	.19	.10	.12	**.65**	.00	.11	.08	.26
G7	.10	.05	.07	**.62**	.11	.19	.02	.18
G8	.25	.11	.19	**.50**	.05	.09	.06	.20
G9	.11	.00	.24	**.60**	−.03	.05	.00	.02
G10	.15	.08	.17	.13	.14	.02	**.71**	.23
G11	.23	.05	.20	.01	.13	.18	**.70**	.21
G12	.22	.27	−.06	.05	.17	.02	**.55**	.08
G13	.17	.17	.06	.46	.05	.17	**.54**	−.07
H14	**.64**	.01	.07	.28	.12	.09	.21	.02
H15	**.69**	.09	.02	.18	.14	.06	.10	.07
H16	**.68**	.04	.01	.27	.10	.05	.11	.05
H17	**.77**	.06	.16	−.08	.08	.02	.08	.26
H18	**.73**	.01	.13	.05	.14	.05	.00	.21
H19	**.68**	−.02	.08	.06	.03	.13	.08	.16
H20	**.75**	.15	.06	−.01	.09	.12	.11	.05
H21	**.72**	.21	.15	.12	.12	.09	.00	.03
H22	**.53**	.13	.03	.37	.12	.17	.13	−.11
H23	**.67**	.19	.17	−.03	.11	.05	.08	.12
H24	**.71**	.16	.20	.15	.09	.08	.10	−.03
H25	**.66**	.20	.11	.27	.08	.15	.04	−.10
I26	.22	.26	**.49**	.08	.13	.07	.15	.02
I27	.08	.17	**.62**	.22	.08	.19	.10	.11
I28	.15	.17	**.66**	.21	.04	.23	.12	.03
I29	.16	.12	**.68**	.04	.04	.07	.13	.23

〈표 계속〉

문 항	요인 1	요인 2	요인 3	요인 4	요인 5	요인 6	요인 7	요인 8
I30	.16	.11	**.70**	.04	.14	.10	.13	.05
I31	.12	.14	**.68**	.22	.18	.08	-.11	-.09
I32	.20	.14	**.48**	.13	.14	.30	.02	.09
J33	.18	.14	.15	.11	**.75**	-.01	.07	.14
J34	.20	.19	.11	.08	**.78**	.11	.05	.12
J35	.20	.19	.12	.04	**.78**	.13	.14	.08
J36	.20	.23	.15	-.01	**.57**	.25	.14	.05
K37	.16	.09	.12	.11	.10	**.74**	.08	.15
K38	.12	.13	.12	.16	.05	**.80**	.07	.22
K39	.14	.17	.21	.22	.10	**.74**	.06	.11
K40	.16	.23	.21	.15	.19	**.63**	.09	-.02
L41	.19	**.59**	.07	.05	.10	.17	.18	.20
L42	.21	**.63**	.11	-.06	.18	.09	.18	.10
L43	.09	**.58**	.24	.19	.01	.20	.08	-.05
L44	.21	**.63**	.12	-.09	.23	.01	.00	.11
L45	.07	**.74**	.11	.09	.22	.06	-.02	.06
L46	.04	**.69**	.19	.12	.12	.11	.09	.06
L47	.05	**.55**	.08	.33	.04	.17	-.02	.02
L48	.12	**.46**	.09	.11	.42	.06	.22	.12
고유치	6.67	3.87	3.41	3.10	2.92	2.91	2.11	1.93
설명변량(%)	13.90	8.07	7.10	6.46	6.08	6.05	4.39	4.02
누적변량(%)	13.90	21.97	29.07	35.53	41.61	47.67	52.05	56.07

요인 7은 '교수학습지도' 영역의 '평가' 중영역의 4개 문항(G10, G11, G12, G13)이 하나의 요인으로 구성되었다.

요인 8은 '교수학습지도' 영역의 '준비' 중영역의 4개 문항(G1, G2, G3, G4)이 하나의 요인으로 구성되었다.

6개의 직무 영역 중 교수학습지도 영역을 제외한 5개 영역은 하나의 요인으로 추출되었으나, 교수학습지도 영역의 문항들은 3개의 요인으로 추출되었다. 그러나 3개의 요인들은 모두 교수학습지도 영역의 중영역인 교수학습 준비(요인 8), 실행(요인 4), 평가(요인 7) 문항들로 구성되어 있으므로, 이 세 요인이 교수학습지도 영역을 나타내는 것으로 볼 수 있다(<표 Ⅲ-10> 참조).

<표 Ⅲ-10> 직무수행 척도의 직무 영역별 추출 요인

직무 영역	추출된 요인
교수학습지도	요인 4 + 요인 7 + 요인 8
실습지도 및 실습실 운영	요인 1
학생생활지도	요인 3
행정업무수행	요인 6
전문성 신장	요인 5
학급경영	요인 2

그러므로 최종 개발된 본 조사용 기술과 교사의 직무수행 척도의 신뢰도 및 타당도 검토 결과 연구문제 해결을 위해 적절한 것으로 나타났다(<표 Ⅲ-11> 참조).

나) 직무 중요성 척도

기술과 교사의 직무 중요성 척도의 신뢰도와 타당도를 확보하기 위하여 2차에 걸쳐 예비조사를 실시하였다.

〈표 III-11〉 직무수행 척도에 대한 본 조사 결과(신뢰도, 구인타당도)

영 역	문 항	신뢰도	구인 타당도	영 역	문 항	신뢰도	구인 타당도
교수 학습 지도	1	○	○	학생 생활 지도	26	○	○
	2	○	○		27	○	○
	3	○	○		28	○	○
	4	○	○		29	○	○
	5	○	○		30	○	○
	6	○	○		31	○	○
	7	○	○		32	○	○
	8	○	○	행정 업무 수행	33	○	○
	9	○	○		34	○	○
	10	○	○		35	○	○
	11	○	○		36	○	○
	12	○	○	전문성 신장	37	○	○
	13	○	○		38	○	○
실습 지도 및 실습실 운영	14	○	○		39	○	○
	15	○	○		40	○	○
	16	○	○	학급 경영	41	○	○
	17	○	○		42	○	○
	18	○	○		43	○	○
	19	○	○		44	○	○
	20	○	○		45	○	○
	21	○	○		46	○	○
	22	○	○		47	○	○
	23	○	○		48	○	○
	24	○	○				
	25	○	○				

○: 양호, ×: 수정 필요

주) 양호하다는 것은 신뢰도의 경우 해당 문항 제거 시 Cronbach α 계수가 상승
하지 않음을 의미하며, 구인타당도의 경우 요인분석에서 해당 영역에 묶임
을 의미함.

(1) 1차 예비조사

개발된 예비조사용 기술과 교사의 직무 중요성 척도를 가지고 기술과 교사 30명을 대상으로 2005년 8월 2일부터 11일까지 1차 예비조사를 실시하였다. 이를 통하여 기술과 교사의 직무 중요성 척도에 대한 신뢰도를 검토하였다.

㉠ 신뢰도 검토

신뢰도의 경우 Cronbach의 α 계수 분석을 실시하여 검토하였다. Cronbach의 α 계수 분석 결과 교수학습지도 영역은 0.74, 실습지도 및 실습실 운영 영역은 0.89, 학생생활지도 영역은 0.86, 행정업무수행 영역은 0.92, 전문성 신장 영역은 0.77, 학급경영 영역은 0.90이었으며, 14번 문항을 제거 시 실습지도 및 실습실 운영의 α 계수가 상승하였으며, 29번 문항을 제거 시 학생생활지도 영역의 α 계수가 상승하였고, 43번 문항을 제거 시 학급경영 영역의 α 계수가 상승하였다([부록 6] 참조). 또한 49개의 전체 문항에 대한 α 계수는 0.96이었다.

㉡ 문항 수정

1차 예비조사 분석 결과 총 3개 문항(14번, 29번, 43번)에 문제가 있어 수정이 요구되었다. 1차 예비조사 결과를 토대로 기술교육 전문가(3명)와 기술과 교사(4명)와의 일대일 면접을 통하여 응답자가 문항의 뜻을 충분히 이해할 수 있도록 3개의 문항들을 수정·보완하였다. 14번 문항의 경우 실습 전에 실습을 준비하는 단계에서 실습 목표를 확인한다는 것을 명확하게 제시하기 위하여 '실습 전에'라는 부사를 추가하였으며, 29번 문항의 경우 봉사활동이나 학교행사에 관한 문항의 경우 '~을 한다'가 아니라 '~을 지도한다'라고 표현하였으므로 '특별활동지도(계발활동, 동아리 지도 등)를 한다'를 '특별활동(계발활동, 동아리 활동 등)을 지도한다'로 수정하였으며, 43번의 경우 응답자에게 측정하고자 하는 내용을 더 명확하게 제시하기 위하여 '학부모와 교류한다'는 표현을 '학부모와 상담한다'는 표현으로 수정하였다.

(2) 2차 예비조사

1차 예비조사를 거쳐 수정된 2차 예비조사용 기술과 교사의 직무 중요성 척도를 가지고 2005년 8월 17일에 2차 예비조사를 실시하였다. 하계 연수 중인 경기도 기술과 교사 85명이 2차 예비조사에 참여하였으며, 불성실 응답 3개를 제외하고 총 82개가 분석에 사용되었다. 이를 통하여 기술과 교사의 직무 중요성 척도에 대한 신뢰도를 검토하였다.

신뢰도의 경우 Cronbach의 α 계수 분석을 실시하여 검토하였다. Cronbach의 α 계수 분석 결과 교수학습지도 영역은 0.77, 실습지도 및 실습실 운영 영역은 0.82, 학생생활지도 영역은 0.86, 행정업무수행 영역은 0.82, 전문성 신장 영역은 0.78, 학급경영 영역은 0.84이었으며, 문항 제거 시 α 계수가 상승하는 문항은 없었고([부록 7] 참조), 48개의 전체 문항에 대한 α 계수는 0.95이었다.

(3) 본 조사용 직무 중요성 척도의 신뢰도와 타당도

본 조사용 직무 중요성 척도의 Cronbach의 α 계수를 보면 교수학습지도 영역이 0.80, 실습지도 및 실습실 운영 영역이 0.92, 학생생활지도 영역이 0.84, 행정업무수행 영역이 0.86, 전문성 신장 영역이 0.82, 학급경영 영역이 0.83이었으며, 직무 중요성 전체에 관한 α 계수는 0.95로 매우 양호한 편이었다([부록 12] 참조).

또한 전체 문항을 대상으로 요인분석을 실시한 결과, <표 Ⅲ-12>와 같이 9개의 요인이 추출되었으며, 9개의 요인들이 전체 변량의 56.97%를 설명하는 것으로 나타났다.

〈표 Ⅲ-12〉 직무 중요도 척도의 본 조사 요인분석 결과

문 항	요인 1	요인 2	요인 3	요인 4	요인 5	요인 6	요인 7	요인 8	요인 9
A1	0.12	0.17	0.09	−0.04	0.12	−0.03	0.02	0.05	0.72
A2	0.12	0.06	−0.03	0.44	0.17	−0.08	0.28	0.15	0.20
A3	0.13	0.01	0.12	0.25	0.22	−0.11	0.28	0.29	0.41
A4	0.18	0.20	0.02	0.32	0.27	−0.02	−0.02	0.15	0.24
A5	0.13	0.09	−0.01	0.39	−0.02	0.13	0.17	0.04	0.54
A6	0.24	0.03	−0.02	0.56	0.06	−0.04	0.21	0.07	0.18
A7	0.10	0.13	0.11	0.62	0.15	0.05	0.01	0.07	−0.05
A8	0.18	0.15	0.14	0.59	0.12	0.08	0.06	0.05	−0.05
A9	0.09	−0.01	0.07	0.57	0.11	0.27	0.10	−0.03	0.09
A10	0.17	0.04	0.11	0.15	0.12	0.31	−0.08	0.47	0.43
A11	0.20	0.09	0.02	0.13	0.26	0.28	−0.03	0.65	0.10
A12	0.13	0.16	0.22	0.08	−0.01	−0.02	0.10	**0.70**	0.01
A13	0.22	0.17	0.00	0.40	0.16	0.24	−0.08	0.39	0.09
B14	**0.54**	0.05	0.11	0.32	0.08	0.04	0.12	0.18	0.04
B15	**0.57**	0.14	0.09	0.33	0.12	0.03	0.09	0.13	−0.08
B16	**0.63**	0.15	0.15	0.27	0.03	0.09	−0.09	0.05	0.13
B17	**0.72**	0.11	0.11	0.20	0.10	−0.02	0.13	0.21	−0.01
B18	**0.69**	0.12	0.13	0.16	0.05	0.05	0.10	0.06	0.01
B19	**0.68**	0.04	0.04	0.08	0.19	0.01	0.13	0.08	0.05
B20	**0.70**	0.01	0.05	0.02	0.08	0.02	0.18	0.15	0.08
B21	**0.72**	0.18	0.05	−0.04	0.18	0.11	0.18	−0.03	0.06
B22	**0.61**	0.09	0.15	0.14	0.01	0.23	−0.14	−0.01	0.29
B23	**0.65**	0.08	0.12	0.10	0.17	0.16	−0.04	0.08	0.05
B24	**0.75**	0.17	0.09	0.04	0.13	0.09	0.07	0.07	0.07
B25	**0.74**	0.21	0.12	0.03	0.14	0.17	0.00	−0.06	0.11

〈표 계속〉

문 항	요인 1	요인 2	요인 3	요인 4	요인 5	요인 6	요인 7	요인 8	요인 9
C26	0.20	0.30	0.11	0.08	0.13	0.36	**0.43**	−0.06	0.05
C27	0.13	0.13	0.11	0.25	0.14	0.25	**0.70**	0.04	0.05
C28	0.13	0.20	0.15	0.16	0.15	0.28	**0.70**	0.03	0.00
C29	0.14	0.21	0.13	0.12	0.12	**0.67**	0.19	0.17	−0.04
C30	0.20	0.15	0.21	0.07	0.09	**0.66**	0.20	0.12	−0.01
C31	0.20	0.22	0.20	0.13	0.15	**0.60**	0.29	−0.02	0.13
C32	0.19	0.13	0.20	0.09	0.36	0.16	**0.45**	0.07	0.22
D33	0.17	0.12	**0.77**	0.13	0.12	0.16	0.08	0.06	0.11
D34	0.19	0.17	**0.80**	0.12	0.13	0.10	0.19	0.08	0.00
D35	0.23	0.28	**0.76**	0.04	0.08	0.09	0.14	0.09	0.08
D36	0.18	0.35	**0.63**	0.04	0.12	0.15	−0.06	0.11	0.03
E37	0.18	0.13	0.10	0.13	**0.64**	0.04	0.23	0.12	0.13
E38	0.19	0.09	0.10	0.14	**0.77**	0.06	0.10	0.12	0.13
E39	0.30	0.14	0.10	0.20	**0.73**	0.12	0.09	0.07	0.04
E40	0.21	0.19	0.16	0.21	**0.62**	0.19	0.07	0.02	−0.05
F41	0.14	**0.44**	0.03	0.03	0.20	−0.17	0.29	0.41	0.12
F42	0.21	**0.61**	0.09	0.04	0.13	−0.02	0.26	0.30	−0.05
F43	0.12	**0.56**	−0.12	0.14	0.28	0.17	0.19	0.13	−0.09
F44	0.15	**0.70**	0.22	0.02	0.07	0.02	0.07	0.06	0.03
F45	0.16	**0.68**	0.27	0.03	0.03	0.25	−0.04	−0.08	0.13
F46	0.12	**0.70**	0.16	0.14	0.10	0.17	0.03	0.01	0.15
F47	0.14	**0.50**	0.13	0.23	0.06	0.11	0.05	0.06	0.18
F48	0.13	**0.48**	0.33	0.07	0.06	0.11	0.14	0.16	0.05
고유치	13.81	2.97	2.38	1.72	1.55	1.39	1.20	1.18	1.14
설명변량(%)	13.48	7.89	6.22	6.00	5.97	4.88	4.85	4.19	3.51
누적변량(%)	13.48	21.37	27.59	33.58	39.55	44.43	49.27	53.46	56.97

요인 1은 '실습지도 및 실습실 운영' 영역의 12개 문항(B14, B15, B16, B17, B18, B19, B20, B21, B22, B23, B24, B25)이 하나의 요인으

로 구성되었다.

요인 2는 '학급경영' 영역의 8개 문항(F41, F42, F43, F44, F45, F46, F47, F48)이 하나의 요인으로 구성되었다.

요인 3은 '행정업무수행' 영역의 4개 문항(D33, D34, D35, D36)이 하나의 요인으로 구성되었다.

요인 4는 '교수학습지도' 영역의 7개 문항(A2, A4, A6, A7, A8, A9, A13)이 하나의 요인으로 구성되었다.

요인 5는 '전문성 신장' 영역의 4개 문항(E37, E38, E39, E40)이 하나의 요인으로 구성되었다.

요인 6은 '학생생활지도' 영역의 3개 문항(C29, C30, C31)이 하나의 요인으로 구성되었다.

요인 7은 '학생생활지도' 영역의 4개 문항(C26, C27, C28, C32)이 하나의 요인으로 구성되었다.

요인 8은 '교수학습지도' 영역의 3개 문항(A10, A11, A12)이 하나의 요인으로 구성되었다.

요인 9는 '교수학습지도' 영역의 3개 문항(A1, A3, A5)이 하나의 요인으로 구성되었다.

6개의 직무 영역 중 교수학습지도 영역과 학생생활지도를 제외한 4개 영역은 하나의 요인으로 추출되었으나, 교수학습지도 영역의 문항들은 3개의 요인으로 추출되었으며, 학생생활지도 영역의 문항들은 2개의 요인으로 추출되었다. 그러나 요인 4, 요인 8, 요인 9는 모두 교수학습지도 영역의 항목만을 포함하고 있으므로 이 세 요인이 교수학습지도 영역을 나타내는 것으로 볼 수 있다. 또한 요인 6과 요인 7도 학생생활지도 영역의 항목만을 포함하고 있으므로 이 두 요인이 학생생활지도 영역을 나타내는 것으로 볼 수 있다(<표 Ⅲ-13> 참조).

그러므로 최종 개발된 본 조사용 기술과 교사의 직무 중요성 척도의 신뢰도 및 타당도 검토 결과 연구문제 해결을 위해 적절한 것으로 나타났다(<표 Ⅲ-14> 참조).

<표 Ⅲ-13> 직무 중요성 척도의 직무 영역별 추출 요인

직무 영역	추출된 요인
교수학습지도	요인 4 + 요인 8 + 요인 9
실습지도 및 실습실 운영	요인 1
학생생활지도	요인 6 + 요인 7
행정업무수행	요인 3
전문성 신장	요인 5
학급경영	요인 2

<표 Ⅲ-14> 직무 중요성 척도에 대한 본 조사 결과(신뢰도, 구인타당도)

영 역	문 항	신뢰도	구인타당도	영 역	문 항	신뢰도	구인타당도
교수학습지도	1	○	○	학생생활지도	26	○	○
	2	○	○		27	○	○
	3	○	○		28	○	○
	4	○	○		29	○	○
	5	○	○		30	○	○
	6	○	○		31	○	○
	7	○	○		32	○	○
	8	○	○	행정업무수행	33	○	○
	9	○	○		34	○	○
	10	○	○		35	○	○
	11	○	○		36	○	○

<표 계속>

영 역	문 항	신뢰도	구인 타당도	영 역	문 항	신뢰도	구인 타당도
	12	○	○	전문성 신장	37	○	○
	13	○	○		38	○	○
실습 지도 및 실습실 운영	14	○	○		39	○	○
	15	○	○		40	○	○
	16	○	○	학급 경영	41	○	○
	17	○	○		42	○	○
	18	○	○		43	○	○
	19	○	○		44	○	○
	20	○	○		45	○	○
	21	○	○		46	○	○
	22	○	○		47	○	○
	23	○	○		48	○	○
	24	○	○				
	25	○	○				

○: 양호, ×: 수정 필요

주) 양호하다는 것은 신뢰도의 경우 해당 문항 제거 시 Cronbach α 계수가 상승하지 않음을 의미하며, 구인타당도의 경우 요인분석에서 해당 영역에 묶임을 의미함.

나. 학교풍토 척도

학교풍토 측정을 위한 척도는 Hoy(2001)가 개발한 조직풍토지수(Organizational Climate Index: OCI)를 번안하여 사용하였다. 조직풍토지수는 학교의 조직풍토를 설명하기 위한 척도로서 협의적 리더십(collegial leadership), 교사 전문행위(professional teacher behavior), 학업 강조(achievement press), 기관 취약성(institutional vulnerability)의 4개의 하위 요인으로 구성되어 있다. 원 척도의 신뢰도는 협의적 리더십 0.94, 교사 전문행위 0.88, 학업 강조 0.92, 기관 취약성 0.87로 높게 나타났다(Hoy, 2001). 또한 개발자들에 의해 수행된 요인분석을 통하여 원 척도의 구인타당도가 확보되었다. 그리고 라쉬 측정 분석(Rasch measurement analysis)을 통하여 OCI가 학교풍토를 평가하기에 신뢰로운 척도임이 입증되었다(Borkan, Capa, Figueiredo & Loadman, 2003).

조직풍토지수(OCI)의 원 척도는 총 30개 문항으로 구성되어 있는데, 협의적 리더십 7문항, 교사 전문행위 7문항, 학업 강조 8문항, 기관 취약성 5문항, 필러(filler)문항 3문항으로 구성되어 있다.

학교풍토 척도의 신뢰도와 타당도를 확보하기 위하여 기술과 교사를 대상으로 예비조사를 실시하였다. 이를 통하여 문항 양호도, 신뢰도, 구인타당도 등을 검토하고, 그 결과를 기술교육 전문가(3명)와 기술과 교사(4명)와의 협의를 통하여 수정·보완하였다.

1) 예비조사

예비조사는 기술과 교사 30명을 대상으로 2005년 8월 2일부터 11일까지 실시하였다. 예비조사에 사용된 학교풍토 척도는 원 척도 중 필러(filler)문항 3문항을 제외한 27문항으로 구성하였다. 또한 반응양식은 Likert 5점 척도(1='전혀 그렇지 않다'~5='매우 그렇다')로 구성하여, 각각의 문항에서 제시하는 내용에 어느 정도 동의하는지를 응답하도록 하였다. 원 척도는 4점 척도였으나, 다른 척도와의 통일성을 위하여 5점 척도로 구성하였다([부록 2] 참조).

그리고 예비조사 결과에 대하여 문항 양호도, 신뢰도, 구인타당도를 검토하였다.

가) 문항 양호도 검토

문항 양호도의 경우 변별도 분석을 실시하여 검토하였다. 변별도 분석은 하위 영역별 총점을 기준으로 상위 27% 득점자 집단과 하위 27% 득점자 집단 간의 개별 문항에 대한 반응의 차이를 5% 유의수준에서의 t 검정을 통하여 이루어졌다. 그 결과 1문항(22번 문항)을 제외한 모든 문항에서 유의미한 차이가 있었다([부록 8-1] 참조).

나) 신뢰도 검토

신뢰도의 경우 Cronbach의 α 계수 분석을 실시하여 검토하였다. Cronbach의 α 계수 분석 결과 협의적 리더십은 0.93, 교사 전문행위는 0.82, 학업 강조는 0.86, 기관 취약성은 0.73이었으며, 22번 문항 제거 시 학업 강조 영역의 α 계수가 상승하였으며, 8번 문항 제거 시 기관 취약성 영역의 α 계수가 상승하였다([부록 8-2] 참조).

다) 구인타당도 검토

구인타당도의 경우 요인분석을 실시하여 검토하였다. 요인분석은 요인추출방식으로 주성분 분석(principle component analysis), 요인회전 방식으로 베리멕스(varimax)를 사용하였으며, 이론적 고찰을 통하여 학교풍토 척도의 하위 요인이 4개라는 것을 이미 인지하고 있었으므로 적정 요인 수를 4로 지정하여 실시하였다([부록 8-3] 참조).

4개 요인에 의한 설명량은 63.52%이었다. 요인 1은 협의적 리더십 문항 7문항(전 문항), 학업 강조 1문항(6번)에서 높은 요인부하량을 나타내었고 설명량은 21.03%이었다. 요인 2는 학업 강조 7문항(22번을 제외한 전 문항), 교사 전문행위 1문항(26번)과 기관 취약성 1문항(8번)에서 높은 요인부하량을 나타내었고 설명량은 16.38%이었다. 요인 3은 교사 전문행위 6문항(26번을 제외한 전 문항)과 학업 강조 1문항(20번)에서 높은 요인부하량을 나타내었고 설명량은 13.73%이었다. 요인 4는 기관 취약성 5문항(전 문항), 학업 강조 1문항(22번)과 교사 전문행위 1문항(27번)에서 높은 요인부하량을 나타내었고 설명량은 12.38%이었다. 이를 통하여 요인 1은 협의적 리더십, 요인 2는 학업 강조, 요인 3은 교사 전문행위, 요인 4는 기관 취약성과 관련이 있는 것으로 볼 수 있다. 따라서 학업 강조 문항이면서 다른 요인에 더 높은 요인부하량을 보인 6번, 20번, 22번 문항, 교사 전문행위 문항이면서 다른 요인에 더 높은 요인부하량을 보인 26번 문항은 적절하지 못한 문항으로 판정되었다.

라) 문항 수정

예비조사 분석결과 총 5개 문항(6번, 8번, 20번, 22번, 26번)에 문제가 있어 수정이 요구되었다(<표 Ⅲ-15> 참조). 이 결과를 토대로 기술교육 전문가(3명)와 기술과 교사(4명)와 협의하였으며, 학업 강조의 6번, 20번, 22번 문항, 교사 전문행위의 26번 문항, 기관 취약성의 8번 문항 등 총 5문항을 제거하였다.

<표 III-15> 학교풍토 척도에 대한 예비조사 결과
(문항 양호도, 신뢰도, 구인타당도)

영역	문항	문항 양호도	신뢰도	구인 타당도	영역	문항	문항 양호도	신뢰도	구인 타당도
협의적 리더십	1	○	○	○	학업 강조	6	○	○	×
	3	○	○	○		10	○	○	○
	4	○	○	○		13	○	○	○
	9	○	○	○		14	○	○	○
	12	○	○	○		15	○	○	○
	18	○	○	○		17	○	○	○
	25	○	○	○		20	○	○	×
교사 전문 행위	7	○	○	○		22	×	×	×
	16	○	○	○	기관 취약성	2	○	○	○
	19	○	○	○		5	○	○	○
	21	○	○	○		8	○	×	○
	23	○	○	○		11	○	○	○
	26	○	○	×		24	○	○	○
	27	○	○	○					

○: 양호, ×: 수정 필요

주) 수정이 필요하다는 것은 문항 양호도의 경우 영역별 총점의 상위 득점자 집단과 하위 득점자 집단 간에 개별 문항에 대한 반응에 유의미한 차이가 없음을 의미하고, 신뢰도의 경우 해당 문항 제거 시 Cronbach α 계수가 상승하였음을 의미하며, 구인타당도의 경우 요인분석에서 해당 영역에 묶이지 않았음을 의미함.

그 결과 총 22문항(협의적 리더십 7문항, 교사 전문행위 6문항, 학업 강조 5문항, 기관 취약성 4문항)으로 학교풍토 척도를 구성하였으며, Cronbach의 α 계수 분석 결과 협의적 리더십은 0.93, 교사 전문행위는 0.85, 학업 강조는 0.85, 기관 취약성은 0.74이었다. 또한 요인분석을 다시 한 결과, 4개 요인에 의한 설명량은 67.41%이었다(<표 III-16> 참조). 요인 1은 협의적 리더십 문항 7문항(전 문항)에서 높은 요인부하량을 나타내었고 설명량은 23.47%이었다. 요인 2는 교사 전문행위 6문항에서 높은 요인부하량을 나타내었고 설명량은 15.90%이었다. 요인 3은 학업 강조 5문항에서 높은 요인부하량을 나타내었고 설명량은 15.60%이었다. 요인 4는 기관 취약성 4문항에서 높은 요인부하량을 나타내었고 설명량은 12.44%이었다.

〈표 Ⅲ-16〉학교풍토 척도의 예비조사 요인분석 결과

문 항		요인 1	요인 2	요인 3	요인 4
협의적 리더십	1	**.85**	.24	.20	−.07
	3	**.85**	.06	.21	−.02
	4	**.83**	.07	.25	−.19
	9	**.68**	.07	.40	.01
	12	**.77**	.35	−.07	−.06
	18	**.82**	.37	.20	−.27
	25	**.76**	.27	.11	.31
교사 전문행위	7	.30	**.73**	.07	−.02
	16	.29	**.66**	.28	−.09
	19	.14	**.81**	.20	−.04
	21	.14	**.70**	−.15	.07
	23	.18	**.44**	−.02	.25
	27	−.08	**.67**	.34	.40
학업 강조	10	.38	.27	**.57**	−.18
	13	.04	−.08	**.89**	.07
	14	.27	.07	**.80**	.02
	15	.30	.18	**.78**	.20
	17	.30	.36	**.51**	−.07
기관 취약성	2	−.16	−.15	.10	**.69**
	5	−.19	.02	.25	**.76**
	11	.14	.15	−.32	**.72**
	24	.01	.22	.00	**.79**
고유치		5.16	3.50	3.43	2.74
설명변량(%)		23.47	15.90	15.60	12.44
누적변량(%)		23.47	39.38	54.97	67.41

주) 문항 양호도와 신뢰도에 문제가 있는 6번, 8번, 20번, 22번, 26번 문항은 제외하고 요인분석을 실시한 결과임.

2) 본 조사용 학교풍토 척도의 신뢰도와 구인타당도

본 조사용 학교풍토 척도의 신뢰도는 Cronbach의 α 계수 분석을 실시하여 검토하였는데, 협의적 리더십이 0.86, 교사 전문행위가 0.87, 학업 강조가 0.79, 기관 취약성이 0.70으로 양호한 편이었다([부록 13] 참조). 구인타당도는 요인분석을 실시하여 검토하였는데, 요인분석 결과 <표 Ⅲ-17>과 같이 4개의 요인이 선정되었으며, 4개의 요인들이 전체 변량의 57.23%를 설명하는 것으로 나타났다.

〈표 Ⅲ-17〉 학교풍토 척도의 본 조사 요인분석 결과

문 항		요인 1	요인 2	요인 3	요인 4
협의적 리더십	1	**.75**	.01	.07	−.10
	3	**.79**	.14	−.04	−.08
	4	**.84**	.07	−.03	−.01
	7	**.65**	.29	.03	.00
	10	**.61**	.21	.10	−.01
	16	**.80**	.19	.06	−.13
	21	**.55**	.18	.06	.02
교사 전문행위	6	.20	**.80**	−.03	.02
	14	.07	**.62**	.33	−.01
	17	.23	**.76**	.07	−.03
	18	.13	**.87**	−.01	−.08
	19	.16	**.76**	.06	−.13
	22	.23	**.67**	.09	.00
학업 강조	8	.08	.10	**.69**	.12
	11	.00	−.06	**.77**	.10
	12	.02	−.01	**.77**	−.04
	13	.07	.09	**.81**	−.07
	15	.03	.20	**.57**	.10
기관 취약성	2	−.14	−.09	.03	**.70**
	5	.00	.07	−.05	**.71**
	9	.03	−.03	.11	**.68**
	20	−.12	−.11	.12	**.78**
고유치		3.89	3.71	2.83	2.16
설명변량(%)		17.66	16.87	12.87	9.83
누적변량(%)		17.66	34.52	47.39	57.23

요인 1은 '협의적 리더십'의 7개 문항(1번, 3번, 4번, 7번, 10번, 16번, 21번)이 하나의 요인으로 구성되었다. 요인 2는 '교사 전문행위' 영역의 6개 문항(6번, 14번, 17번, 18번, 19번, 22번)이 하나의 요인으로 구성되었다. 요인 3은 '학업 강조' 영역의 5개 문항(8번, 11번, 12번, 13번 15번)이 하나의 요인으로 구성되었다. 요인 4는 '기관 취약성' 영역의 4개 문항(2번, 5번, 9번, 20번)이 하나의 요인으로 구성되었다.

전체적으로 보면 문항들이 서로 다른 4개의 요인으로 묶여 학교풍토의 각 요인들을 충실히 측정하고 있음을 알 수 있었다.

그러므로 최종 개발된 본 조사용 학교풍토 척도의 신뢰도 및 구인타당도 검토 결과 연구문제 해결을 위해 적절한 것으로 나타났다(<표 Ⅲ-18> 참조).

〈표 Ⅲ-18〉 학교풍토 척도에 대한 본 조사 결과(신뢰도, 구인타당도)

영 역	문 항	신뢰도	구인 타당도	영 역	문 항	신뢰도	구인 타당도
협의적 리더십	1	○	○	학업 강조	6	○	○
	3	○	○		10	○	○
	4	○	○		13	○	○
	9	○	○		14	○	○
	12	○	○		15	○	○
	18	○	○		17	○	○
	25	○	○		20	○	○
교사 전문 행위	7	○	○		22	○	○
	16	○	○	기관 취약성	2	○	○
	19	○	○		5	○	○
	21	○	○		8	○	○
	23	○	○		11	○	○
	26	○	○		24	○	○
	27	○	○				

○: 양호, ×: 수정 필요
주) 양호하다는 것은 신뢰도의 경우 해당 문항 제거 시 Cronbach α 계수가 상승하지 않음을 의미하며, 구인타당도의 경우 요인분석에서 해당 영역에 묶임을 의미함.

다. 개인적 교수효능감 척도

개인적 교수효능감 측정을 위한 척도는 Enochs와 Riggs(1990)가 개발한 과학 교수효능감 검사 도구(Science Teaching Efficacy Belief Instrument: STEBI)를 기술과 교사에 맞게 수정하여 사용하였다. 이 도구는 국내에서도 여러 연구자(김순남, 2000; 김신덕, 1999; 이분려, 1998; 조부경, 백은주, 서소영, 2001; 주연희, 2004)에 의해 번안되고 타당화 작업이 이루어져 많은 연구에서 널리 사용되고 있다. 총 25문항으로 구성되어 있으며, 이 가운데 일반적 교수효능감 문항(12문항; 내적 일치도 0.65)을 제외하고 개인적 교수효능감 문항(13문항; 내적 일치도 0.85)만을 척도로 사용하였다.

개인적 교수효능감 척도의 신뢰도와 타당도를 확보하기 위하여 기술과 교사를 대상으로 예비조사를 실시하였다. 이를 통하여 문항 양호도, 신뢰도 등을 검토하고, 그 결과를 기술교육 전문가(3명)와 기술과 교사(4명)와의 협의를 통하여 수정·보완하였다.

1) 예비조사

예비조사는 기술과 교사 30명을 대상으로 2005년 8월 2일부터 11일까지 실시하였다. 예비조사에 사용된 개인적 교수효능감 척도의 반응 양식은 Likert 5점 척도(1='전혀 그렇지 않다'~5='매우 그렇다')로 구성하여, 각각의 문항에서 제시하는 내용에 어느 정도 동의하는지를 응답하도록 하였으며, 역방향 척도의 경우(4번, 5번, 7번, 9번, 10번, 11번, 12번, 13번 문항) 역코딩하였다. 그리고 예비조사 결과에 대하여 문항 양호도, 신뢰도, 타당도를 검토하였다.

가) 문항 양호도 검토

문항 양호도의 경우 변별도 분석을 실시하여 검토하였다. 변별도 분석은 개인적 교수효능감 척도의 총점을 기준으로 상위 27% 득점자 집단과 하위 27% 득점자 집단 간의 개별 문항에 대한 반응의 차이를 5% 유의수준에서의 t 검정을 통하여 이루어졌다. 그 결과 3문항(1번, 2번, 3번)을 제외한 모든 문항에서 유의미한 차이가 있었다([부록 9-1] 참조).

나) 신뢰도 검토

신뢰도의 경우 Cronbach의 α 계수 분석을 실시하여 검토하였다. Cronbach의 α 계수 분석 결과 0.81이었으며, 1번과 2번 문항을 제거 시 α 계수가 상승하였다([부록 9-2] 참조).

다) 타당도 검토

타당도의 경우 일개념성(一槪念性)을 탐색하기 위하여 요인분석을 실시하였다. 요인분석 결과 하나의 요인으로 묶이지 않았으나, 문항 양호도와 신뢰도에 문제가 있는 3문항(1번, 2번, 3번)을 제외하고 요인분석을 실시한 결과 하나의 요인으로 묶였다([부록 9-3] 참조).

라) 문항 수정

예비조사 분석 결과 총 3개 문항(1번, 2번, 3번)에 문제가 있어 수정이 요구되었다(<표 Ⅲ-19> 참조). 이 결과를 토대로 기술교육 전문가(3명)와 기술과 교사(4명)와 협의하였으며, 문제가 있는 3개 문항을 제거하였다.

그 결과 총 10문항으로 개인적 교수효능감 척도를 구성하였으며, Cronbach의 α 계수 분석 결과 0.83이었다.

〈표 Ⅲ-19〉 개인적 교수효능감 척도에 대한 예비조사 결과
(문항 양호도, 신뢰도, 타당도)

문 항	문항 양호도	신뢰도	타당도	문 항	문항 양호도	신뢰도	타당도
1	×	×	×	8	○	○	○
2	×	×	×	9	○	○	○
3	×	○	×	10	○	○	○
4	○	○	○	11	○	○	○
5	○	○	○	11	○	○	○
6	○	○	○	12	○	○	○
7	○	○	○	13	○	○	○

○: 양호, ×: 수정 필요

주) 수정이 필요하다는 것은 문항 양호도의 경우 영역별 총점의 상위 득점자 집단과 하위 득점자 집단 간에 개별 문항에 대한 반응에 유의미한 차이가 없음을 의미하고, 신뢰도의 경우 해당 문항 제거 시 Cronbach α 계수가 상승하였음을 의미하며, 타당도의 경우 요인분석에서 하나의 요인으로 묶이지 않음을 의미함.

2) 본 조사용 개인적 교수효능감 척도의 신뢰도와 타당도

본 조사용 개인적 교수효능감 척도의 신뢰도는 Cronbach의 α 계수 분석을 실시하여 검토하였는데, Cronbach의 α 계수는 0.86이었다([부록 14] 참조). 또한 일개념성(一槪念性)을 알아보기 위하여 요인분석을 실시한 결과 <표 Ⅲ-20>처럼 하나의 요인으로 묶였으므로 하나의 개념을 측정하고 있는 것으로 볼 수 있다.

그러므로 최종 개발된 본 조사용 개인적 교수효능감 척도의 신뢰도 및 구인타당도 검토 결과 연구문제 해결을 위해 적절한 것으로 나타났다(<표 Ⅲ-21> 참조).

〈표 III-20〉 개인적 교수효능감 척도의 본 조사 요인분석 결과

문 항	요인 1
1	.62
2	.64
3	.54
4	.62
5	.61
6	.74
7	.62
8	.72
9	.75
10	.75
고유치	4.42
설명변량(%)	44.18
누적변량(%)	44.18

〈표 III-21〉 개인적 교수효능감 척도에 대한 본 조사 결과 (신뢰도, 타당도)

문 항	신뢰도	타당도	문 항	신뢰도	타당도
1	○	○	6	○	○
2	○	○	7	○	○
3	○	○	8	○	○
4	○	○	9	○	○
5	○	○	10	○	○

○: 양호, ×: 수정 필요

주) 양호하다는 것은 신뢰도의 경우 해당 문항 제거 시 Cronbach α 계수가 상승하지 않음을 의미하며, 타당도의 경우 요인분석에서 하나의 요인으로 묶임을 의미함.

라. 개인 특성 조사문항

개인 특성 조사문항은 기술과 교사의 직무수행과 관련이 있을 것으로 예상되는 인구통계학적 특성과 근무학교 특성을 조사하기 위한 문항으로 구성하였다. 인구통계학적 특성에 관한 문항은 성별, 학력, 교직 경력, 현직연수 이수, 학급담임 여부, 담당 교과목 수, 자격 취득경로에 관한 문항으로 구성되어 있으며, 근무학교 특성에 관한 문항은 학교 규모에 관한 문항으로 구성되어 있다. 또한 문항 수를 줄이기 위하여 학교급, 학교 설립 유형, 학교 소재지를 묻는 문항은 질문지에 포함시키지 않고 연구자가 표집과정에서 중ㆍ고등학교 일람표(교육인적자원부, 2005b)를 통하여 파악하도록 하였다.

응답방식은 응답유형을 미리 정하여 해당 사항을 응답자가 선택하게 하거나 직접 기술하도록 하였다.

마. 직무 영역별 가중치 조사문항

직무 영역별 가중치를 조사하기 위하여 교육경력이 10년 이상이며, 석사학위 이상의 학력을 가진 20명의 현장 기술과 교사 집단에게 가중치 조사지를 배포하였다([부록 15] 참조). 또한 현장 기술과 교사 집단이 부여한 직무 영역별 가중치가 적절하고 타당한지를 알아보기 위하여 가중치 조사문항을 질문지에 포함하여 응답자들의 가중치를 조사하였다([부록 10] 참조).

4. 자료 수집

자료 수집은 우편조사를 통하여 이루어졌다. 자료 수집 기간은 2005년 9월 5일부터 16일까지이었다. 질문지는 학교별이 아닌, 개인별로 우편 발송하였으며, 응답률을 높이기 위하여 연구의 목적을 밝히고 연구에 대한 협조를 구하는 안내문과 반송용 봉투 및 약간의 사은품을 동봉하였다.

발송된 1,051부의 질문지 중 전출, 승진, 퇴직 등의 이유로 16부가 반송되었으며, 배포된 1,035부 중 639부가 회수되었다(회수율 61.7%). 그중 응답이 불성실하거나 한 문항 이상에 응답하지 않은 73부를 제외한 566부가 분석에 활용되었다.

자료 수집이 완료된 뒤 무응답 오류(non-response error)가 있는지, 즉 응답자가 모집단을 대표할 수 있는지를 확인하기 위하여 일찍 응답한 집단과 늦게 응답한 집단의 응답결과를 통계적으로 비교하였다. 이는 늦게 응답한 응답자들은 무응답자들과 응답자료가 비슷하므로, 일찍 응답한 집단과 늦게 응답한 집단 간의 응답결과에 차이가 없다면 무응답에 따른 오류가 없는 것으로 볼 수 있기 때문이다(Miller & Smith, 1983). 일찍 응답한 50명의 응답 결과와 늦게 응답한 50명의 응답 결과에 대한 차이를 5% 유의수준에서의 t 검정을 통하여 통계적으로 비교한 결과, 직무수행, 직무 중요성, 학교풍토, 개인적 교수효능감 등 모든 척도에 대하여 통계적으로 유의미한 차이가 없었다(<표 III-22> 참조). 따라서 무응답 오류는 없으며, 응답자가 모집단을 대표한다는 것을 확인할 수 있었다.

<표 Ⅲ-22> 일찍 응답한 집단과 늦게 응답한 집단의 응답 비교

척 도		집단구분	평 균	표준편차	t값
	직무수행	일찍 응답한 집단	3.79	0.37	1.698
		늦게 응답한 집단	3.65	0.45	
	직무 중요성	일찍 응답한 집단	4.17	0.31	0.765
		늦게 응답한 집단	4.12	0.38	
	협의적 리더십	일찍 응답한 집단	3.24	0.73	0.000
		늦게 응답한 집단	3.24	0.69	
학교풍토	학업 강조	일찍 응답한 집단	3.69	0.55	0.881
		늦게 응답한 집단	3.60	0.47	
	교사 전문행위	일찍 응답한 집단	3.61	0.72	−1.434
		늦게 응답한 집단	3.79	0.52	
	기관 취약성	일찍 응답한 집단	2.90	0.72	0.504
		늦게 응답한 집단	2.83	0.66	
개인적 교수효능감		일찍 응답한 집단	3.57	0.48	−0.882
		늦게 응답한 집단	3.66	0.54	

일찍 응답한 집단: 50명, 늦게 응답한 집단: 50명

5. 자료 분석

이 연구의 자료를 분석하기 위하여 SPSS Win 10.0 프로그램을 활용하였으며, 모든 통계처리에 있어 유의수준은 5%로 설정하였다.

이 연구에 사용된 자료 분석 내용별 통계 분석 방법을 정리하면 <표 Ⅲ-23>과 같다. 첫째, 기술과 교사의 직무수행 정도를 분석하기 위하여 평균과 표준편차와 같은 기술통계치를 분석하였다. 둘째, 기술과 교사의 직무수행과 주요 변인 간의 관계를 분석하기 위하여 빈도, 평균, 표준편차와 같은 기술통계치 분석, t검정, 일원분산분석, 피어슨 상관관계 분석

을 실시하였다. 이때, 피어슨 상관계수에 의한 상관 정도의 판단기준은 <표 Ⅲ-24>와 같은 Davis (1971)의 견해를 참조하였다. 그리고 관련 변인 간의 상호작용 효과를 알아보기 위하여 다원분산분석을 실시하였다. 셋째, 기술과 교사의 직무수행에 대한 관련 변인들의 설명 정도를 분석하기 위하여 다중회귀(multiple regression)분석을 실시하였으며, 이때 사용된 변수 선정방식은 단계선택(stepwise)방식이었다. 이를 위하여 먼저 상관관계분석에서 기술과 교사의 직무수행과 통계적으로 유의미한 변인을 확인하고, 이들 변인들에 대하여 다중회귀분석을 실시하였다. 이때 명목척도는 가변수(dummy variable)로 변환하여 사용하였다.

〈표 Ⅲ-23〉 자료 분석 내용에 따른 통계 분석 방법

자료 분석 내용	통계 분석 방법
· 기술과 교사의 직무수행 정도	· 기술통계치(평균, 표준편차) 분석
· 기술과 교사의 직무수행과 주요 변인 간의 관계	· 기술통계치(빈도, 평균, 표준편차) 분석 · t검정, 일원분산분석 · 다원분산분석 · 피어슨 상관관계 분석
· 기술과 교사의 직무수행 관련 변인의 설명력	· 다중회귀분석

〈표 Ⅲ-24〉 피어슨 상관계수(r)에 대한 상관정도 판단 기준

상관계수	해 석
0.70 이상	매우 높은(very strong) 상관
0.50 ~ 0.69	높은(substantial) 상관
0.30 ~ 0.49	중간(moderate) 상관
0.10 ~ 0.29	낮은(low) 상관
0.01 ~ 0.09	매우 낮은(negligible) 상관

Ⅳ 연구 결과 및 논의

1. 응답자의 일반 특성

가. 인구통계학적 특성

이 연구의 조사 대상자로 선정되어 응답한 기술과 교사의 인구통계학적 특성은 <표 Ⅳ-1>과 같다. 성별 분포는 총 566명의 응답자 중 남교사가 76.5%(433명), 여교사가 23.5%(133명)이었다. 학력은 대학 졸업이 63.3%(358명), 대학원 석사 졸업 이상이 36.7%(208명)이었다. 교직 경력이 가장 적은 교사는 6개월이었고, 가장 많은 교사는 36년 8개월이었으며, 교직 경력의 평균은 19.3년이었다. 교직 경력은 5년 간격으로 6개의 집단으로 구분하였으며, 교직 경력이 5년 미만이 10.4%(59명), 5년 이상 10년 미만이 6.7%(38명), 10년 이상 15년 미만이 9.0%(51명), 15년 이상 20년 미만이 21.2%(120명), 20년 이상 25년 미만이 22.3%(126명), 25년 이상이 30.4%(172명)이었다. 교직 경력이 25년 이상인 집단이 가장 높은 비율을 차지하고 있었으며, 5년 미만의 교사에 비해 약 3배 정도 많았다. 2003년 1월부터 2005년 8월까지 받은 현직연수 이수시간은 60시간 미만이 20.0%(113명), 60~179시간이 37.3%(211명), 180~299시간이 21.0%(119명), 300시간 이상이 21.7%(123명)이었고, 그 범위는 0시간부터 1003시간까지 매우 광범위했으며, 평균은 199.2시간이었다. 또한 응답자 중 49.6%(281명)가 담임을 맡고 있었고, 50.4%(285명)는 담임을 맡고 있지 않았으며, 그 비율이 거의 비슷하였다.

〈표 Ⅳ-1〉 응답자의 인구통계학적 특성

구 분		빈 도	백분율	비 고
성 별	남	433	76.5	
	여	133	23.5	
학 력	대졸	358	63.3	
	대학원 졸	208	36.7	
교직 경력	5년 미만	59	10.4	평균: 19.3년
	5년 이상 10년 미만	38	6.7	표준편차: 9.00
	10년 이상 15년 미만	51	9.0	범위: 6개월
	15년 이상 20년 미만	120	21.2	−36년 8개월
	20년 이상 25년 미만	126	22.3	
	25년 이상	172	30.4	
현직연수 이수시간	60시간 미만	113	20.0	평균: 199.2시간
	60시간−179시간	211	37.3	표준편차: 217.30
	180시간−299시간	119	21.0	범위: 0−1003시간
	300시간 이상	123	21.7	
담임 여부	담임교사	281	49.6	
	비담임교사	285	50.4	
담당과목 및 영역	기술 영역만	236	41.7	
	기술+가정 영역	253	44.7	
	기술+기타 과목	34	6.0	
	기술+가정+기타 과목	43	7.6	
자격 취득 경로	대학에서 취득	195	34.5	
	입직 후 부전공연수로 취득	196	34.6	
	대학원에서 취득	5	0.8	
	자격 없음	170	30.1	
전체		566명	100%	

응답자의 담당과목은 기술 영역만 담당하는 교사가 41.7%(236명), 기술 영역과 가정 영역 모두를 담당하는 교사가 44.7%(253명), 기술 영역과 다른 과목을 담당하는 교사가 6.0%(34명), 기술 영역, 가정 영역과 기타 과목을 담당하는 교사가 7.6%(43명)이었다.

기술 교원자격을 취득한 경로는 대학에서 취득한 교사가 34.5%(195명), 교직에 입직 후 부전공 연수를 통하여 취득한 교사가 34.6%(196명), 대학원에서 취득한 교사가 0.8%(5명), '기술'교원자격이나 '기술·가정' 교원자격을 취득하지 않은 교사가 30.1%(170명)로, 기술 교원자격을 취득하지 않고 기술 영역을 지도하고 있는 상치교사가 30%를 넘고 있었다.

나. 근무학교 특성

이 연구의 조사 대상자로 선정되어 응답한 기술과 교사의 근무학교 특성은 <표 IV-2>와 같다.

응답자들이 근무하고 있는 학교급은 중학교가 67.5%(382명), 고등학교가 32.5%(184명)이었으며, 응답자들이 근무하고 있는 학교 설립 유형은 국·공립학교가 70.8%(401명), 사립학교가 29.2%(165명)이었다. 학교 규모는 학급 수가 18학급 이하인 소규모 학교가 35.7%(202명), 학급 수가 19~30학급인 중규모 학교가 29.5%(167명), 학급 수가 31학급 이상인 대규모 학교가 34.8%(197명)로 세 집단의 비율이 비슷하였다. 응답자들이 근무하고 있는 학교의 소재지는 특별시·광역시가 32.0% (181명), 시가 36.2%(205명), 읍·면이 31.8%(180명)이었다.

<표 IV-2> 응답자의 근무학교 특성

구 분		빈 도	백분율	비 고
학교급	중학교 근무	382	67.5	
	고등학교 근무	184	32.5	
학교 설립 유형	국·공립	401	70.8	
	사립	165	29.2	
학교 규모	18학급 이하	202	35.7	평균: 24.0학급
	19-30학급	167	29.5	표준편차: 13.43
	31학급 이상	197	34.8	범위: 3-68학급
학교 소재지	특별시·광역시	181	32.0	
	시	205	36.2	
	읍·면	180	31.8	
전체		566명	100%	

2. 기술과 교사의 직무수행

가. 직무 영역별 직무수행

기술과 교사의 직무 영역별 직무수행은 <표 IV-3>과 같다. 학급경영(평균 3.89)에 대한 직무수행이 가장 높게 나타났으며, 그 다음으로 행정업무수행(평균 3.79), 실습지도 및 실습실 운영(평균 3.74), 전문성 신장(평균 3.63), 교수학습지도(평균 3.56), 학생생활지도(평균 3.43) 순으로 나타났다.

이를 통하여 기술과 교사의 직무수행은 모든 영역에서 이론적 평균보다 높다는 것을 알 수 있으며, 직무 영역 중 학급경영 영역에 대한 직무수행이 가장 높은 것을 알 수 있다.

<표 IV-3> 기술과 교사의 직무 영역별 직무수행

직무 영역	평 균[1]	표준편차
교수학습지도	3.56	0.43
실습지도 및 실습실 운영	3.74	0.64
학생생활지도	3.43	0.61
행정업무수행	3.79	0.63
전문성 신장	3.63	0.62
학급경영	3.89	0.52

1) 1=매우 낮음, 2=낮음, 3=보통, 4=높음, 5=매우 높음

나. 영역별 가중치를 고려한 전체 직무수행

기술과 교사의 직무수행을 명확하게 구명하기 위해서는 직무 영역별 가중치를 고려할 필요가 있다. 가중치는 대푯값을 계산할 때, 전체에 대하여 각 영역이 가지는 비중을 나타내는데, 측정 결과를 영역별로 합산하여 총점을 산출하는 경우에 고려되어야 한다(최희선, 1999).

이를 위하여 교육경력이 10년 이상이며, 석사학위 이상의 학력을 가진 20명의 현장 기술과 교사 집단을 대상으로 직무 영역별 가중치를 조사하였다(<표 IV-4> 참조). 교수학습지도 영역(평균 35.75)에 대한 가중치가 가장 높게 나타났으며, 그 다음으로 학급경영(평균 15.85), 학생생활지도(평균 15.65), 실습지도 및 실습실 운영(평균 12.50), 행정업무수행(평균 10.15), 전문성 신장(평균 10.10)순으로 나타났다. 또한 현장 기술과 교사 집단이 부여한 직무 영역별 가중치가 적절하고 타당한지를 알아보기 위하여 응답자들에게도 직무 영역별 가중치를 조사하였다. <표 IV-4>에서 보는 바와 같이 현장 기술과 교사 집단이 부여한 직무 영역별 가중치와 응답자들이 부여한 직무 영역별 가중치에는 거의 차이가 없었다. 이를 통하여 현장 기술과 교사 집단이 부여

한 직무 영역별 가중치가 타당함을 알 수 있다.

이러한 직무 영역별 가중치를 고려한 직무수행은 (식 1)과 같이 각 영역별 직무수행의 평균에 가중치를 곱한 값들의 합으로 구할 수 있다.

가중치를 고려한 직무수행

= A×0.3575 + B×0.1250 + C×0.1565 + D×0.1015 +

E×0.1010 + F×0.1585 ······(식 1)

(단, A: 교수학습지도, B: 실습지도 및 실습실 운영,

C: 학생생활지도, D: 행정업무수행, E: 전문성 신장,

F: 학급경영)

이를 통하여 기술과 교사의 가중치를 고려한 직무수행의 전체 평균은 3.65이었으며, 표준편차는 0.41이었다.

〈표 Ⅳ-4〉 현장 기술과 교사 집단과 응답자가 부여한
직무 영역별 가중치

구분 \ 직무 영역	교수 학습 지도	실습지도 및 실습실 운영	학생 생활 지도	행정 업무 수행	전문성 신장	학급 경영	계
현장 기술과 교사 집단의 평균	35.75	12.50	15.65	10.15	10.10	15.85	100
응답자들의 평균	35.28	13.47	14.60	8.29	13.63	14.73	100

다. 항목별 직무수행

기술과 교사의 직무수행 척도에 대한 항목별 반응을 영역별로 분류하여 제시하면 다음과 같다.

1) 교수학습지도 영역

기술과 교사의 교수학습지도 영역의 항목별 직무수행은 <표 Ⅳ-5>
와 같다.

〈표 Ⅳ-5〉교수학습지도 영역의 항목별 직무수행의 평균 및 표준편차

직무항목	평균[1]	표준편차
1. 학년 초에 연간 수업진도 계획을 수립한다(중간고사 전까지 진도를 어디까지 나갈 것이며, 어떤 실습을 언제쯤 실시하겠다는 계획 등).	3.92	0.68
2. 학생들의 능력, 흥미 등을 고려하여 수업을 준비한다.	3.51	0.69
3. 수업 전에 효율적인 수업이 이루어질 수 있도록 교재연구를 충실히 한다(학습지도안 작성 등).	3.73	0.71
4. 수업 전에 학생들의 학습에 도움이 되는 수업자료(ICT자료, 시청각 교구 등)를 준비한다.	3.61	0.79
5. 수업을 시작할 때 수업목표를 명확하게 제시한다.	3.46	0.84
6. 학생들이 수업에 적극적으로 참여할 수 있도록 동기를 부여한다.	3.50	0.77
7. 수업목표 달성을 위하여 수업 중 다양한 수업방법을 활용한다.	3.38	0.78
8. 학습효과를 높이기 위해 수업 중 적절한 질의응답을 사용한다.	3.52	0.80
9. 기초학력이 부족한 학생을 위해 보충지도를 실시한다(추가설명, 개별지도 등).	2.36	0.82
10. 학생들의 학업성취수준을 측정하기 위한 평가계획을 수립한다(평가기준 수립 등).	3.65	0.79
11. 적합한 평가도구(고사문제, 수행평가 문항 등)를 만든다.	3.84	0.78
12. 평가기준에 따라 공정하게 채점한다.	4.40	0.67
13. 평가결과를 교과지도 개선에 활용한다.	3.43	0.76

1) 1=매우 낮음, 2=낮음, 3=보통, 4=높음, 5=매우 높음

'평가기준에 따라 공정하게 채점한다'(평균 4.40)에 대한 직무수행이 가장 높았으며, 다음으로 '학년 초에 연간 수업진도 계획을 수립한다(중간고사 전까지 진도를 어디까지 나갈 것이며, 어떤 실습을 언제쯤 실시하겠다는 계획 등)'(평균 3.92), '적합한 평가도구(고사문제, 수행평가 문항 등)를 만든다'(평균 3.84), '수업 전에 효율적인 수업이 이루어질 수 있도록 교재연구를 충실히 한다(학습지도안 작성 등)'(평균 3.73) 순으로 나타났다. 반면, '기초학력이 부족한 학생을 위해 보충지도를 실시한다(추가설명, 개별지도 등)'(평균 2.36) 항목이 가장 낮게 나타났다.

이를 통하여 기술과 교사는 교수학습지도 영역의 직무 가운데 교수학습을 실행하는 항목들(5~9번)에 비해, 교수학습을 평가하고 준비하는 항목들에 대한 수행 정도가 높음을 알 수 있다. 또한 '기초학력이 부족한 학생을 위해 보충지도를 실시한다'에 대해서는 이론적 평균 이하로 수행 정도가 낮음을 알 수 있다.

2) 실습지도 및 실습실 운영 영역

기술과 교사의 실습지도 및 실습실 운영 영역의 항목별 직무수행은 <표 Ⅳ-6>과 같다. '안전사고 예방을 위하여 실습을 할 때 안전지도를 한다'(평균 4.19)에 대한 직무수행이 가장 높았으며, 다음으로 '실습을 마친 후 학생들이 실습실 정리정돈을 하도록 지도한다'(평균 3.96), '학생들의 실습을 돕기 위해 실습 중 시범을 보인다'(평균 3.96), '실습에 필요한 기자재 및 실습재료를 준비한다'(평균 3.86) 순으로 나타났다. 반면, '실습실 연간 운영계획을 수립한다'(평균 3.27), '실습실 환경(공구, 재료, 설비)을 관리한다'(평균 3.53) 등의 항목은 상대적으로 낮게 나타났다.

이를 통하여 기술과 교사는 실습지도 및 실습실 운영 영역의 직무 가운데 실습을 준비하고 관리하는 직무항목들(14~16번, 22~25번)에 비해, 실습을 지도하는 직무항목들(17~21번)에 대한 수행 정도가 높음을 알 수 있다. 특히 실습지도의 직무 가운데 안전지도에 대한 수행 정도가 매우 높음을 알 수 있다.

<표 Ⅳ-6> 실습지도 및 실습실 운영 영역의 항목별 직무수행의
평균 및 표준편차

직무항목	평균[1]	표준편차
14. 실습 전에 실습을 통해 이루고자 하는 목표를 확인한다.	3.56	0.80
15. 실습 전에 실습 내용을 분석한다.	3.67	0.80
16. 실습 계획서를 작성한다.	3.55	0.90
17. 실습에 필요한 기자재 및 실습재료를 준비한다.	3.86	0.89
18. 학생들의 실습을 돕기 위해 실습 중 시범을 보인다.	3.96	0.87
19. 학생들이 스스로 실습을 진행할 수 있도록 지도한다.	3.76	0.83
20. 안전사고 예방을 위하여 실습을 할 때 안전지도를 한다.	4.19	0.85
21. 실습을 마친 후 학생들이 실습실 정리정돈을 하도록 지도한다.	3.96	0.89
22. 실습실 연간 운영계획을 수립한다.	3.27	0.92
23. 실습예산을 편성한다.	3.74	0.98
24. 학생들에게 실습실 준수사항을 지도한다.	3.79	0.90
25. 실습실 환경(공구, 재료, 설비)을 관리한다.	3.53	0.90

1) 1=매우 낮음, 2=낮음, 3=보통, 4=높음, 5=매우 높음

3) 학생생활지도 영역

기술과 교사의 학생생활지도 영역의 항목별 직무수행은 <표 Ⅳ-7>과 같다. '진로지도(진로탐색, 진학지도 등)를 한다'(평균 3.58)와 '용의지도 등 학생들의 기본생활습관지도를 한다.'(평균 3.58)에 대한 직무수행이 가장 높았으며, 다음으로 '학생들의 원만한 대인관계(교사에 대한 존경, 친구들과의 친화유지 등)를 지도한다'(평균 3.55) 순으로 나타났다.

반면에, '봉사활동을 지도한다'(평균 3.14) 항목이 가장 낮게 나타났다.

이를 통하여 기술과 교사는 학생생활지도 영역의 직무 가운데 진로지도와 기본생활습관지도에 대한 수행 정도가 높음을 알 수 있으며, 봉사활동지도에 대해서는 상대적으로 수행 정도가 낮음을 알 수 있다.

〈표 Ⅳ-7〉 학생생활지도 영역의 항목별 직무수행의 평균 및 표준편차

직무항목	평균[1]	표준편차
26. 용의지도 등 학생들의 기본생활습관지도를 한다.	3.58	0.83
27. 학생들의 어려움이나 문제해결을 돕기 위한 상담을 한다.	3.43	0.84
28. 학생들의 원만한 대인관계(교사에 대한 존경, 친구들과의 친화유지 등)를 지도한다.	3.55	0.81
29. 특별활동(계발활동, 동아리 활동 등)을 지도한다.	3.34	0.92
30. 학생들의 각종 학교행사(현장체험학습, 사생대회, 수련활동 등)를 지도한다.	3.36	0.88
31. 봉사활동을 지도한다.	3.14	0.89
32. 진로지도(진로탐색, 진학지도 등)를 한다.	3.58	0.90

1) 1=매우 낮음, 2=낮음, 3=보통, 4=높음, 5=매우 높음

4) 행정업무수행 영역

기술과 교사의 행정업무수행 영역의 항목별 직무수행은 〈표 Ⅳ-8〉과 같다. '담당 교무분장업무를 마무리한다(보고용 공문서 작성 등)'(평균 3.89)에 대한 직무수행이 가장 높게 나타났으며, '담당 교무분장업무의 계획을 수립한다'(평균 3.59)가 가장 낮게 나타났다.

이를 통하여 기술과 교사는 행정업무수행 영역의 직무 가운데 업무의 마무리에 대한 수행 정도가 가장 높음을 알 수 있으며, 업무 계획에 대한 수행 정도가 상대적으로 낮음을 알 수 있다.

<표 IV-8> 행정업무수행 영역의 항목별 직무수행의 평균 및 표준편차

직무항목	평균[1]	표준편차
33. 담당 교무분장업무의 계획을 수립한다.	3.59	0.79
34. 담당 교무분장업무를 정확하게 수행한다.	3.87	0.73
35. 담당 교무분장업무를 마무리한다(보고용 공문서 작성 등).	3.89	0.74
36. 각종 교사행사(교직원 회의와 같은 각종 회의나 교내 자체 연수)에 참석한다.	3.83	0.82

1) 1=매우 낮음, 2=낮음, 3=보통, 4=높음, 5=매우 높음

5) 전문성 신장 영역

기술과 교사의 전문성 신장 영역의 항목별 직무수행은 <표 IV-9> 와 같다. 네 가지 항목에 대한 직무수행 평균은 3.61~3.65로 매우 유사하게 나타났다.

이를 통하여 전문성 신장 영역의 모든 항목에 대하여 기술과 교사의 직무수행이 이론적 평균보다 높으며, 자신의 전문성 신장을 위해 노력하고 있음을 알 수 있다.

<표 IV-9> 전문성 신장 영역의 항목별 직무수행의 평균 및 표준편차

직무항목	평균[1]	표준편차
37. 첨단 기술 등 교과 내용과 관련된 지식을 습득한다.	3.61	0.82
38. 수업방법의 개선과 관련된 지식과 노하우를 습득한다.	3.65	0.74
39. 학생지도와 관련된 지식과 노하우를 습득한다.	3.61	0.74
40. 교사로서 지녀야 할 일반교양을 습득한다.	3.65	0.74

1) 1=매우 낮음, 2=낮음, 3=보통, 4=높음, 5=매우 높음

6) 학급경영 영역

기술과 교사의 학급경영 영역의 항목별 직무수행은 <표 IV-10>과

같다. '학급 학생들의 출결지도(자퇴 예방, 지각생 지도 등)를 한다'(평균 4.30)에 대한 직무수행이 가장 높았으며, 다음으로 '조·종례를 수행한다'(평균 4.28), '문서나 면담, 관찰 등을 통하여 학급 학생들의 생활특성(가정환경, 교우관계)을 파악한다'(평균 4.05), '학급학생 관련 각종 서류(생활기록부 등)를 체계적으로 관리한다'(평균 4.01) 순으로 나타났다. 반면에 '학생지도를 위해 학부모와 상담한다'(평균 3.53)와 '학급회의(HR) 시 학생들의 적극적 참여가 이루어지도록 지도한다'(평균 3.38)는 상대적으로 낮게 나타났다.

이를 통하여 기술과 교사는 학급경영 영역의 직무 가운데 학생들의 출결지도와 조·종례 수행, 학생들의 생활특성 파악에 대한 직무수행이 가장 높음을 알 수 있으며, 학생지도를 위한 학부모와의 상담과 학급회의 지도에 대한 직무수행이 상대적으로 낮음을 알 수 있다.

〈표 Ⅳ-10〉 학급경영 영역의 항목별 직무수행의 평균 및 표준편차

직무항목	평균[1]	표준편차
41. 문서나 면담, 관찰 등을 통하여 학급 학생들의 생활특성 (가정환경, 교우관계)을 파악한다.	4.05	0.70
42. 학급 학생들의 출결지도(자퇴 예방, 지각생 지도 등)를 한다.	4.30	0.69
43. 학생지도를 위해 학부모와 상담한다.	3.53	0.84
44. 조·종례를 수행한다.	4.28	0.74
45. 학급시설(교단선진화 기자재, 비품 등)을 관리한다.	3.78	0.77
46. 청소지도 등 학급환경을 교육적으로 구성한다.	3.80	0.78
47. 학급회의(HR) 시 학생들의 적극적 참여가 이루어지도록 지도한다.	3.38	0.81
48. 학급학생 관련 각종 서류(생활기록부 등)를 체계적으로 관리한다.	4.01	0.78

1) 1=매우 낮음, 2=낮음, 3=보통, 4=높음, 5=매우 높음

3. 기술과 교사의 직무수행과 주요 변인 간의 관계

가. 기술과 교사의 인구통계학적 특성에 따른 직무수행 차이

1) 성별에 따른 직무수행 차이

기술과 교사의 직무수행이 성별에 따라 차이가 있는가를 알아보기 위하여 전체 및 직무 영역별 직무수행에 대하여 t 검정을 실시하였다. 성별에 따른 직무수행의 차이는 <표 IV-11>과 같다. 전체 직무수행에 대해서는 남교사(평균 3.63)와 여교사(평균 3.70) 간에 통계적으로 유의미한 차이가 없었다. 직무 영역별로는 실습지도 및 실습실 운영 영역, 학생생활지도 영역, 행정업무수행 영역의 경우 성별에 따라 통계적으로 유의미한 차이가 있었으며, 여교사가 남교사보다 직무수행이 높게 나타났다. 다른 영역의 경우 성별에 따라 통계적으로 유의미한 차이가 없었다.

이는 교사의 직무수행은 성별에 따라 차이가 나지 않는다는 모일상(2002), 손순희(2001), 임현진(2003) 등의 연구 결과와 일치하나, 남교사가 여교사보다 직무수행이 높다는 김지종(2004), 장옥희(2001), 장은정(1991) 등의 연구 결과와는 일치하지 않는 결과이다.

성별 변인의 효과가 다른 변인의 조건에 따라 달라지는지, 즉 다른 관련 변인과의 상호작용 효과를 알아보기 위하여 다원분산분석을 실시하였다([부록 16] 참조). <표 IV-11>과 같이 성별은 실습지도 및 실습실 운영 영역, 학생생활지도 영역, 행정업무수행 영역의 직무수행에 대하여 통계적으로 유의미한 영향을 미쳤는데, 이 영역들의 직무수행에 영향을 미치는 관련 변인들 간의 상호작용 효과는 통계적으로 유의미한 수준이 아니었다([부록 16] 참조). 따라서 성별은 다른 관련 변인과 상호 의존적인 관계에 있지 않고 독립적으로 실습지도 및 실습실 운영 영역, 학생생활지도 영역, 행정업무수행 영역의 직무수행에 작용하는 것으로 볼 수 있다.

〈표 Ⅳ-11〉 기술과 교사의 성별에 따른 직무수행 차이

영 역	구 분	빈 도	평균[1]	표준편차	t
교수학습지도	남	433	3.56	0.44	0.034
	여	133	3.56	0.39	
실습지도 및 실습실 운영	남	433	3.70	0.68	−2.595*
	여	133	3.86	0.49	
학생생활지도	남	433	3.39	0.62	−2.355*
	여	133	3.53	0.59	
행정업무수행	남	433	3.75	0.62	−2.929*
	여	133	3.93	0.63	
전문성 신장	남	433	3.66	0.62	1.609
	여	133	3.56	0.63	
학급경영	남	433	3.87	0.54	−1.868
	여	133	3.97	0.47	
전 체	남	433	3.63	0.43	−1.610
	여	133	3.70	0.37	

*: $p < 0.05$
1) 1=매우 낮음, 2=낮음, 3=보통, 4=높음, 5=매우 높음

2) 학력에 따른 직무수행 차이

기술과 교사의 직무수행이 학력에 따라 차이가 있는가를 알아보기 위하여 t 검정을 실시하였다. 학력에 따른 직무수행의 차이는 〈표 Ⅳ-12〉와 같다. 전체 직무수행에 대해서는 대학 졸업의 교사(평균 3.63)와 대학원 졸업의 교사(평균 3.67) 간에 통계적으로 유의미한 차이가

없었다. 직무 영역별로도 모든 영역에서 대학 졸업의 교사와 대학원 졸업의 교사 간에 통계적으로 유의미한 차이가 없었다.

〈표 IV-12〉 기술과 교사의 학력에 따른 직무수행 차이

영 역	구분	빈도	평균[1]	표준편차	t
교수학습지도	대학 졸업	358	3.54	0.44	-1.280
	대학원 졸업	208	3.59	0.42	
실습지도 및 실습실 운영	대학 졸업	358	3.72	0.64	-0.715
	대학원 졸업	208	3.76	0.44	
학생생활지도	대학 졸업	358	3.40	0.61	-1.154
	대학원 졸업	208	3.46	0.61	
행정업무수행	대학 졸업	358	3.77	0.43	-1.272
	대학원 졸업	208	3.84	0.60	
전문성 신장	대학 졸업	358	3.62	0.63	-0.689
	대학원 졸업	208	3.66	0.62	
학급경영	대학 졸업	358	3.89	0.53	-0.340
	대학원 졸업	208	3.90	0.51	
전 체	대학 졸업	358	3.63	0.42	-1.252
	대학원 졸업	208	3.67	0.40	

*: $p < 0.05$
1) 1=매우 낮음, 2=낮음, 3=보통, 4=높음, 5=매우 높음

이는 학력이 높을수록 교사의 직무수행이 높다는 선행연구(김정란, 2003; 장명희, 변숙영, 2001; 조은아, 2003; 지현이, 2001)와 일치하지 않는 결과이다. 그러나 비록 전체 직무수행과 직무 영역별 직무수행은 학력 간에 유의미한 차이가 없었으나 직무항목에 있어서는 <표 IV-13>과 같이 통계적으로 유의미한 차이가 있었다. 대학원 졸업의 교사가 대학 졸업의 교사보다 '수업목표 달성을 위하여 수업 중 다양한

수업방법을 활용한다', '학생들의 학업성취수준을 측정하기 위한 평가계획을 수립한다(평가기준 수립 등)', '적합한 평가도구(고사문제, 수행평가 문항 등)를 만든다'와 같은 교수학습지도 영역의 3개의 직무항목에서 통계적으로 유의미하게 높게 나타났다. 따라서 일부 직무항목에 대해서는 학력이 높을수록 직무수행이 높다는 것을 알 수 있다.

〈표 Ⅳ-13〉 학력에 따라 직무수행에 유의미한 차이가 있는 직무항목

직무항목	구 분	빈 도	평균[1]	표준편차	t
7. 수업목표 달성을 위하여 수업 중 다양한 수업방법을 활용한다.	대학 졸업	358	3.32	0.76	-2.592*
	대학원 졸업	208	3.49	0.80	
10. 학생들의 학업성취수준을 측정하기 위한 평가계획을 수립한다(평가기준 수립 등).	대학 졸업	358	3.58	0.80	-2.991*
	대학원 졸업	208	3.78	0.75	
11. 적합한 평가도구(고사문제, 수행평가 문항 등)를 만든다.	대학 졸업	358	3.79	0.78	-2.219*
	대학원 졸업	208	3.94	0.76	

*: $p < 0.05$
1) 1=매우 낮음, 2=낮음, 3=보통, 4=높음, 5=매우 높음

3) 교직 경력에 따른 직무수행 차이

기술과 교사의 직무수행이 교직 경력에 따라 차이가 있는가를 알아보기 위하여 F 검정을 실시하였다. 교직 경력에 따른 직무수행의 차이는 〈표 Ⅳ-14〉와 같다. 전체 직무수행에 대해서는 교직 경력에 따라 통계적으로 유의미한 차이가 없었다. 직무 영역별로도 모든 영역에 대하여 교직 경력에 따라 직무수행에 유의미한 차이가 없었다.

이는 교사의 직무수행은 교직 경력에 따라 차이가 나지 않는다는 손

순희(2001)의 연구 결과와 일치하나, 교직 경력이 높을수록 직무수행이
높다는 구광서(2002), 김정란(2003), 임현진(2003), 장은정(1991) 등의 연
구 결과와는 일치하지 않는 결과이다. 그러나 비록 전체 직무수행과 직
무 영역별 직무수행은 교직 경력 간에 유의미한 차이가 없었으나 직무
항목에 있어서는 <표 IV-15>와 같이 통계적으로 유의미한 차이가 있
었다. '실습실 연간 운영계획을 수립한다'와 '학급회의(HR) 시 학생들의
적극적 참여가 이루어지도록 지도한다'는 직무항목에 대해서는 교직 경
력이 25년 이상인 기술과 교사가 5년 미만인 기술과 교사보다 직무수
행이 높게 나타났으며, 통계적으로 유의미하였다. '담당 교무분장업무의
계획을 수립한다'는 직무항목에 대해서는 교직 경력이 15년~19년인 기
술과 교사가 5년 미만인 기술과 교사보다 직무수행이 높게 나타났으며,
통계적으로 유의미하였다. 따라서 일부 직무항목에 대해서는 교직 경력
이 높을수록 직무수행이 높다는 것을 알 수 있다.

〈표 IV-14〉 기술과 교사의 교직 경력에 따른 직무수행 차이

영 역	구 분	빈 도	평균[1]	표준편차	F
교수 학습 지도	5년 미만	59	3.49	0.35	
	5-9년	38	3.62	0.51	
	10-14년	51	3.55	0.38	0.556
	15-19년	120	3.59	0.44	
	20-24년	126	3.56	0.45	
	25년 이상	172	3.56	0.44	
실습지도 및 실습실 운영	5년 미만	59	3.72	0.49	
	5-9년	38	3.73	0.76	
	10-14년	51	3.81	0.50	0.649
	15-19년	120	3.77	0.68	
	20-24년	126	3.78	0.62	
	25년 이상	172	3.67	0.69	

〈표 계속〉

영 역	구 분	빈 도	평균[1]	표준편차	F
학생 생활 지도	5년 미만	59	3.51	0.57	1.159
	5-9년	38	3.47	0.59	
	10-14년	51	3.50	0.62	
	15-19년	120	3.44	0.64	
	20-24년	126	3.44	0.64	
	25년 이상	172	3.34	0.59	
행정 업무 수행	5년 미만	59	3.67	0.56	1.429
	5-9년	38	3.70	0.66	
	10-14년	51	3.89	0.64	
	15-19년	120	3.86	0.65	
	20-24년	126	3.83	0.61	
	25년 이상	172	3.75	0.63	
전문성 신장	5년 미만	59	3.58	0.56	0.307
	5-9년	38	3.64	0.52	
	10-14년	51	3.67	0.64	
	15-19년	120	3.66	0.65	
	20-24년	126	3.66	0.64	
	25년 이상	172	3.60	0.63	
학급 경영	5년 미만	59	3.81	0.45	0.494
	5-9년	38	3.83	0.50	
	10-14년	51	3.90	0.52	
	15-19년	120	3.91	0.54	
	20-24년	126	3.89	0.50	
	25년 이상	172	3.92	0.57	
전 체	5년 미만	59	3.60	0.35	0.469
	5-9년	38	3.66	0.45	
	10-14년	51	3.68	0.36	
	15-19년	120	3.67	0.42	
	20-24년	126	3.66	0.41	
	25년 이상	172	3.62	0.44	

*: $p < 0.05$

1) 1=매우 낮음, 2=낮음, 3=보통, 4=높음, 5=매우 높음

〈표 Ⅳ-15〉 교직 경력에 따라 직무수행에 유의미한 차이가 있는 직무항목

직무항목	구 분	빈 도	평균[1]	표준편차	F	Scheffe ① ② ③ ④ ⑤ ⑥
22. 실습실 연간 운영계획을 수립한다.	① 5년 미만	59	2.85	0.85		
	② 5-9년	38	3.18	1.04		
	③ 10-14년	51	3.14	0.75	4.323*	
	④ 15-19년	120	3.24	0.93		
	⑤ 20-24년	126	3.32	0.91		
	⑥ 25년 이상	172	3.45	0.93		*
33. 담당 교무분장 업무의 계획을 수립한다.	① 5년 미만	59	3.32	0.84		
	② 5-9년	38	3.45	0.80		
	③ 10-14년	51	3.61	0.75	2.279*	
	④ 15-19년	120	3.69	0.82		*
	⑤ 20-24년	126	3.67	0.76		
	⑥ 25년 이상	172	3.58	0.77		
47. 학급회의(HR) 시 학생들의 적극적 참여가 이루어지도록 지도한다.	① 5년 미만	59	3.12	0.89		
	② 5-9년	38	3.26	0.86		
	③ 10-14년	51	3.24	0.68	3.747*	
	④ 15-19년	120	3.33	0.94		
	⑤ 20-24년	126	3.40	0.69		
	⑥ 25년 이상	172	3.57	0.77		*

*: $p < 0.05$
1) 1=매우 낮음, 2=낮음, 3=보통, 4=높음, 5=매우 높음

4) 현직연수 이수에 따른 직무수행 차이

기술과 교사의 직무수행이 현직연수 이수에 따라 차이가 있는가를 알아보기 위하여 F 검정을 실시하였다. 현직연수 이수에 따른 직무수행의 차이는 <표 Ⅳ-16>과 같다. 전체 직무수행에 대해서는 현직연수 이수시간이 연평균 60시간 이상에서 90시간 미만인 교사(평균 3.76)가

〈표 Ⅳ-16〉 기술과 교사의 현직연수 이수에 따른 직무수행 차이

영 역	구 분	빈 도	평균[1]	표준편차	F	Scheffe ① ② ③ ④ ⑤
교수 학습 지도	① 연평균 30시간 미만 이수	195	3.47	0.44		
	② 연평균 30이상 60미만 이수	129	3.56	0.44		
	③ 연평균 60이상 90미만 이수	115	3.68	0.41	4.800*	*
	④ 연평균 90이상 120미만 이수	38	3.61	0.41		
	⑤ 연평균 120시간 이상 이수	89	3.60	0.42		
실습 지도 및 실습실 운영	① 연평균 30시간 미만 이수	195	3.61	0.71		
	② 연평균 30이상 60미만 이수	129	3.71	0.64		
	③ 연평균 60이상 90미만 이수	115	3.88	0.55	4.760*	*
	④ 연평균 90이상 120미만 이수	38	3.96	0.58		*
	⑤ 연평균 120시간 이상 이수	89	3.78	0.58		
학생 생활 지도	① 연평균 30시간 미만 이수	195	3.33	0.62		
	② 연평균 30이상 60미만 이수	129	3.42	0.62		
	③ 연평균 60이상 90미만 이수	115	3.55	0.56	2.446*	
	④ 연평균 90이상 120미만 이수	38	3.47	0.59		
	⑤ 연평균 120시간 이상 이수	89	3.46	0.64		
행정 업무 수행	① 연평균 30시간 미만 이수	195	3.67	0.64		
	② 연평균 30이상 60미만 이수	129	3.80	0.65		
	③ 연평균 60이상 90미만 이수	115	3.91	0.57	3.426*	*
	④ 연평균 90이상 120미만 이수	38	3.93	0.52		
	⑤ 연평균 120시간 이상 이수	89	3.84	0.63		
전문성 신장	① 연평균 30시간 미만 이수	195	3.56	0.60		
	② 연평균 30이상 60미만 이수	129	3.57	0.64		
	③ 연평균 60이상 90미만 이수	115	3.76	0.58	2.438*	
	④ 연평균 90이상 120미만 이수	38	3.70	0.73		
	⑤ 연평균 120시간 이상 이수	89	3.69	0.64		
학급 경영	① 연평균 30시간 미만 이수	195	3.86	0.52		
	② 연평균 30이상 60미만 이수	129	3.87	0.55		
	③ 연평균 60이상 90미만 이수	115	3.96	0.51	1.310	
	④ 연평균 90이상 120미만 이수	38	4.01	0.57		
	⑤ 연평균 120시간 이상 이수	89	3.86	0.47		
전 체	① 연평균 30시간 미만 이수	195	3.56	0.42		
	② 연평균 30이상 60미만 이수	129	3.63	0.42		
	③ 연평균 60이상 90미만 이수	115	3.76	0.37	5.169*	*
	④ 연평균 90이상 120미만 이수	38	3.73	0.44		
	⑤ 연평균 120시간 이상 이수	89	3.68	0.40		

*: $p < 0.05$
1) 1=매우 낮음, 2=낮음, 3=보통, 4=높음, 5=매우 높음

연평균 30시간 미만인 교사(평균 3.56)보다 더 높게 나타났으며 통계적으로 유의미하였다. 직무 영역별로는 교수학습지도 영역과 행정업무 수행 영역에서 현직연수 이수시간이 연평균 60시간 이상에서 90시간 미만인 교사가 연평균 30시간 미만인 교사보다 더 높게 나타났으며, 실습지도 및 실습실 운영 영역에서는 현직연수 이수시간이 연평균 60시간 이상에서 90시간 미만인 교사와 연평균 90시간 이상에서 120시간 미만인 교사가 연평균 30시간 미만인 교사보다 더 높게 나타났으며 통계적으로 유의미하였다. 학생생활지도 영역과 전문성 신장 영역의 경우 F 검정에서는 유의미한 차이가 있었으나 Scheffe 사후검정에서는 유의미한 차이가 없었다. 또한 학급경영의 경우 F 검정 결과 통계적으로 유의미한 차이가 없었다.

모든 직무 영역에서 연평균 현직연수 이수시간이 60시간 이상 90시간 미만인 교사의 직무수행이 가장 높게 나타났는데, 이를 통하여 연평균 적정 현직연수 이수시간은 60시간에서 90시간 정도임을 알 수 있다.

현직연수 이수 변인의 효과가 다른 변인의 조건에 따라 달라지는지, 즉 다른 관련 변인과의 상호작용 효과를 알아보기 위하여 다원분산분석을 실시하였다([부록 16] 참조). <표 Ⅳ-16>과 같이 현직연수 이수는 전체 직무수행과 교수학습지도 영역, 실습지도 및 실습실 운영 영역, 학생생활지도 영역, 행정업무수행 영역, 전문성 신장 영역 등 5개 영역의 직무수행에 대하여 통계적으로 유의미한 영향을 미쳤는데, 다른 관련 변인들과의 상호작용 효과는 통계적으로 유의미한 수준이 아니었다([부록 16] 참조). 따라서 현직연수 이수는 다른 관련 변인과 상호 의존적인 관계에 있지 않고 독립적으로 직무수행에 작용하는 것으로 볼 수 있다.

5) 담당 교과목 수에 따른 직무수행 차이

기술과 교사의 직무수행이 담당 교과목 수에 따라 차이가 있는가를 알아보기 위하여 t 검정을 실시하였다. 이에 앞서 기술과 교사를 기술 영역만 담당하는 교사와 기술 영역뿐만 아니라 가정 영역이나 기타 과목도 지도하고 있는 교사의 두 집단으로 분류하였다. 담당 교과목 수에 따른 직무수행의 차이는 <표 IV-17>과 같다. 전체 직무수행에 대해서는 기술 영역만 담당하는 교사와 기술 영역과 기타 과목(가정 영역 포함)을 담당하는 교사 간에 통계적으로 유의미한 차이가 없었다. 직무 영역별로도 모든 영역에 대하여 기술 영역만 담당하는 교사와 기술 영역과 기타 과목(가정 영역 포함)을 담당하는 교사 간에 통계적으로 유의미한 차이가 없었다.

<표 IV-17> 기술과 교사의 담당 교과목 수에 따른 직무수행 차이

영 역	구 분	빈 도	평균[1]	표준편차	t
교수 학습 지도	기술 영역만 담당	236	3.50	0.45	−0.574
	기술 영역과 기타 과목(가정 영역 포함) 담당	330	3.57	0.42	
실습지도 및 실습실 운영	기술 영역만 담당	236	3.69	0.69	−1.504
	기술 영역과 기타 과목(가정 영역 포함) 담당	330	3.77	0.61	
학생 생활 지도	기술 영역만 담당	236	3.38	0.63	−1.371
	기술 영역과 기타 과목(가정 영역 포함) 담당	330	3.46	0.60	
행정 업무 수행	기술 영역만 담당	236	3.73	0.65	−1.914
	기술 영역과 기타 과목(가정 영역 포함) 담당	330	3.84	0.61	

<표 계속>

영 역	구 분	빈 도	평균[1]	표준편차	t
전문성 신장	기술 영역만 담당	236	3.63	0.67	-0.071
	기술 영역과 기타 과목(가정 영역 포함) 담당	330	3.63	0.59	
학급 경영	기술 영역만 담당	236	3.86	0.52	-1.417
	기술 영역과 기타 과목(가정 영역 포함) 담당	330	3.92	0.53	
전체	기술 영역만 담당	236	3.62	0.44	-1.412
	기술 영역과 기타 과목(가정 영역 포함) 담당	330	3.67	0.40	

*: p<0.05
1) 1=매우 낮음, 2=낮음, 3=보통, 4=높음, 5=매우 높음

이는 성격이 전혀 다른 복수 교과를 담당하는 교사가 하나의 교과
만을 담당하는 교사에 비해 교재 연구 및 학습 자료 준비 시간이 부
족하며(김순주, 1999), 이로 인하여 기술 영역과 다른 교과를 함께 담
당하는 교사가 기술 영역만을 담당하는 교사에 비해 직무수행이 낮을
것이라는 예상과 일치하지 않는 결과이다.

6) 자격 취득경로에 따른 직무수행 차이

기술과 교사의 직무수행이 자격 취득경로에 따라 차이가 있는가를
알아보기 위하여 F 검정을 실시하였다. 이를 위하여 기술과 교사를 대
학에서 기술 교원자격을 취득한 교사, 임용 후 부전공 연수나 대학원
에서 기술 교원자격을 취득한 교사, 기술 교원자격이 없는 교사로 분
류하였다. 자격 취득경로에 따른 직무수행의 차이는 <표 Ⅳ-18>과 같
다. 전체 직무수행에 대해서는 자격 취득경로에 따라 통계적으로 유의
미한 차이가 없었다. 직무 영역별로도 모든 영역에 대하여 자격 취득
경로에 따라 직무수행에 유의미한 차이가 없었다.

이는 부전공 연수를 통하여 기술 교원자격을 취득한 교사나 기술 교원자격이 없는 교사의 경우 기술과 수업을 진행하는 데 있어 많은 어려움을 겪고 있는데(강창원, 2004; 김영종, 2003), 이로 인해 직무수행에도 차이가 있을 것이라는 예상과는 일치하지 않는 결과이다.

〈표 Ⅳ-18〉 기술과 교사의 자격 취득경로에 따른 직무수행 차이

영 역	구 분	빈 도	평균[1]	표준편차	F
교수 학습 지도	대학에서 취득	195	3.61	0.42	
	부전공연수나 대학원에서 취득	201	3.54	0.44	1.545
	자격 없음	170	3.54	0.44	
실습지도 및 실습실 운영	대학에서 취득	195	3.80	0.53	
	부전공연수나 대학원에서 취득	201	3.69	0.68	1.468
	자격 없음	170	3.72	0.72	
학생 생활 지도	대학에서 취득	195	3.49	0.60	
	부전공연수나 대학원에서 취득	201	3.38	0.60	1.620
	자격 없음	170	3.41	0.64	
행정 업무 수행	대학에서 취득	195	3.76	0.62	
	부전공연수나 대학원에서 취득	201	3.81	0.67	0.422
	자격 없음	170	3.81	0.59	
전문성 신장	대학에서 취득	195	3.69	0.62	
	부전공연수나 대학원에서 취득	201	3.62	0.64	1.351
	자격 없음	170	3.58	0.61	
학급 경영	대학에서 취득	195	3.85	0.52	
	부전공연수나 대학원에서 취득	201	3.92	0.51	1.033
	자격 없음	170	3.91	0.55	
전 체	대학에서 취득	195	3.67	0.39	
	부전공연수나 대학원에서 취득	201	3.63	0.43	0.697
	자격 없음	170	3.63	0.42	

*: $p < 0.05$
1) 1=매우 낮음, 2=낮음, 3=보통, 4=높음, 5=매우 높음

나. 기술과 교사의 근무학교 특성에 따른 직무수행 차이

1) 학교급에 따른 직무수행 차이

기술과 교사의 직무수행이 근무하는 학교급에 따라 차이가 있는가를 알아보기 위하여 t 검정을 실시하였다. 학교급에 따른 직무수행의 차이는 <표 Ⅳ-19>와 같다. 전체 직무수행에 대해서는 중학교 교사(평균 3.68)가 고등학교 교사(평균 3.58)보다 더 높게 나타났으며 통계적으로 유의미하였다. 직무 영역별로는 실습지도 및 실습실 운영 영역, 학생생활지도 영역, 행정업무수행 영역의 경우 학교급에 따라 통계적으로 유의미한 차이가 있었으며, 중학교 교사가 고등학교 교사보다 직무수행이 높게 나타났다.

〈표 Ⅳ-19〉 학교급에 따른 기술과 교사의 직무수행 차이

영 역	구 분	빈 도	평균[1]	표준편차	t
교수학습지도	중학교	382	3.58	0.41	1.859
	고등학교	184	3.51	0.48	
실습지도 및 실습실 운영	중학교	382	3.84	0.52	5.457*
	고등학교	184	3.53	0.81	
학생생활지도	중학교	382	3.47	0.59	2.606*
	고등학교	184	3.32	0.65	
행정업무수행	중학교	382	3.85	0.60	2.883*
	고등학교	184	3.68	0.67	
전문성 신장	중학교	382	3.63	0.59	0.091
	고등학교	184	3.63	0.69	
학급경영	중학교	382	3.89	0.51	0.115
	고등학교	184	3.89	0.54	
전 체	중학교	382	3.68	0.39	2.822*
	고등학교	184	3.58	0.45	

*: $p < 0.05$

1) 1=매우 낮음,, 2=낮음, 3=보통, 4=높음, 5=매우 높음

이는 중학교 교사가 고등학교 교사보다 직무수행이 높게 나타난 김정란(2003), 모일상(2002)의 연구 결과와 일치하는 결과이다.

학교급 변인의 효과가 다른 변인의 조건에 따라 달라지는지, 즉 다른 관련 변인과의 상호작용 효과를 알아보기 위하여 다원분산분석을 실시하였다([부록 16] 참조). <표 IV-19>와 같이 학교급은 전체 직무수행과 실습지도 및 실습실 운영 영역, 학생생활지도 영역, 행정업무수행 영역의 직무수행에 대하여 통계적으로 유의미한 영향을 미쳤는데, 이 영역들의 직무수행에 영향을 미치는 관련 변인들 간의 상호작용 효과는 통계적으로 유의미한 수준이 아니었다([부록 16] 참조). 따라서 학교급은 다른 관련 변인과 상호 의존적인 관계에 있지 않고 독립적으로 직무수행에 작용하는 것으로 볼 수 있다.

2) 학교 설립 유형에 따른 직무수행 차이

기술과 교사의 직무수행이 근무하는 학교의 설립 유형에 따라 차이가 있는가를 알아보기 위하여 t 검정을 실시하였다. 학교 설립 유형에 따른 직무수행의 차이는 <표 IV-20>과 같다. 전체 직무수행에 대해서는 국·공립학교 교사(평균 3.67)가 사립학교 교사(평균 3.58)보다 더 높게 나타났으며 통계적으로 유의미하였다. 직무 영역별로는 실습지도 및 실습실 운영 영역과 행정업무수행 영역의 경우 학교 설립 유형에 따라 통계적으로 유의미한 차이가 있었으며, 국·공립학교 교사가 사립학교 교사보다 직무수행이 높게 나타났다.

이는 국·공립학교 교사가 사립학교 교사보다 직무수행이 높게 나타난 장명희(2001)의 연구 결과와 일치하는 결과이다.

학교 설립 유형 변인의 효과가 다른 변인의 조건에 따라 달라지는지, 즉 다른 관련 변인과의 상호작용 효과를 알아보기 위하여 다원분산분석을 실시하였다([부록 16] 참조). <표 Ⅳ-20>과 같이 학교 설립 유형은 전체 직무수행과 실습지도 및 실습실 운영 영역, 행정업무수행 영역의 직무수행에 대하여 통계적으로 유의미한 영향을 미쳤는데, 이 영역들의 직무수행에 영향을 미치는 관련 변인들 간의 상호작용 효과는 통계적으로 유의미한 수준이 아니었다([부록 16] 참조). 따라서 학교 설립 유형은 다른 관련 변인과 상호 의존적인 관계에 있지 않고 독립적으로 직무수행에 작용하는 것으로 볼 수 있다.

<표 Ⅳ-20> 학교 설립 유형에 따른 기술과 교사의 직무수행 차이

영 역	구 분	빈 도	평균[1]	표준편차	t
교수학습지도	국·공립	401	3.58	0.41	1.177
	사립	165	3.53	0.48	
실습지도 및 실습실 운영	국·공립	401	3.83	0.60	5.167*
	사립	165	3.52	0.71	
학생생활지도	국·공립	401	3.46	0.58	1.798
	사립	165	3.35	0.68	
행정업무수행	국·공립	401	3.83	0.60	2.398*
	사립	165	3.70	0.68	
전문성 신장	국·공립	401	3.65	0.58	0.757
	사립	165	3.60	0.72	
학급경영	국·공립	401	3.90	0.50	0.701
	사립	165	3.87	0.57	
전 체	국·공립	401	3.67	0.39	2.471*
	사립	165	3.58	0.46	

*: $p < 0.05$
1) 1=매우 낮음, 2=낮음, 3=보통, 4=높음, 5=매우 높음

3) 학교 규모에 따른 직무수행 차이

기술과 교사의 직무수행이 근무하는 학교의 규모에 따라 차이가 있는가를 알아보기 위하여 F 검정을 실시하였다. 이를 위하여 학급 수가 18학급 이하인 학교를 소규모 학교로, 19학급 이상 30학교 이하인 학교를 중규모 학교로, 31 학급 이상인 학교를 대규모 학교로 분류하였다. 학교 규모에 따른 직무수행의 차이는 <표 IV-21>과 같다. 전체 직무수행에 대해서는 학교 규모에 따라 통계적으로 유의미한 차이가 없었다. 직무 영역별로도 모든 영역에 대하여 학교 규모에 따라 직무수행에 유의미한 차이가 없었다.

이는 교사의 직무수행은 학교 규모에 따라 차이가 있다는 선행연구(구광서, 2002; 김재은, 2004; 장명희, 변숙영, 2001; 장옥희, 2001) 결과와 일치하지 않는 결과이다. 그러나 비록 전체 직무수행과 직무 영역별 직무수행은 학교 규모에 따라 유의미한 차이가 없었으나 직무항목에 있어서는 <표 IV-22>와 같이 통계적으로 유의미한 차이가 있었다. '실습예산을 편성한다'는 직무항목에 대해서는 소규모 학교에 근무하는 기술과 교사가 대규모 학교에 근무하는 기술과 교사보다 직무수행이 높게 나타났으며, 통계적으로 유의미하였다. '실습실 환경(공구, 재료, 설비)을 관리한다'는 직무항목에 대해서는 중규모 학교에 근무하는 기술과 교사가 대규모 학교에 근무하는 기술과 교사보다 직무수행이 높게 나타났으며, 통계적으로 유의미하였다.

<표 IV-21> 학교 규모에 따른 기술과 교사의 직무수행 차이

영 역	구 분	빈 도	평균[1]	표준편차	F
교수	소규모 학교	202	3.58	0.40	
학습	중규모 학교	167	3.57	0.47	0.439
지도	대규모 학교	197	3.54	0.43	

〈표 계속〉

영 역	구 분	빈 도	평균[1]	표준편차	F
실습지도 및 실습실 운영	소규모 학교	202	3.79	0.54	
	중규모 학교	167	3.75	0.67	2.044
	대규모 학교	197	3.67	0.71	
학생 생활 지도	소규모 학교	202	3.47	0.59	
	중규모 학교	167	3.44	0.64	1.558
	대규모 학교	197	3.37	0.61	
행정 업무 수행	소규모 학교	202	3.80	0.63	
	중규모 학교	167	3.80	0.61	0.111
	대규모 학교	197	3.78	0.64	
전문성 신장	소규모 학교	202	3.63	0.59	
	중규모 학교	167	3.60	0.65	0.414
	대규모 학교	197	3.66	0.64	
학급 경영	소규모 학교	202	3.89	0.53	
	중규모 학교	167	3.91	0.54	0.161
	대규모 학교	197	3.88	0.50	
전체	소규모 학교	202	3.67	0.40	
	중규모 학교	167	3.65	0.43	0.676
	대규모 학교	197	3.62	0.42	

*: $p < 0.05$ 1) 1=매우 낮음, 2=낮음, 3=보통, 4=높음, 5=매우 높음

〈표 Ⅳ-22〉 학교 규모에 따라 직무수행에 유의미한 차이가 있는 직무항목

직무항목	구 분	빈 도	평균[1]	표준편차	F	Scheffe ① ② ③
23. 실습예산을 편성한다.	① 소규모 학교	202	3.88	0.91		*
	② 중규모 학교	167	3.71	0.95	3.298*	
	③ 대규모 학교	197	3.63	1.06		
25. 실습실 환경(공구, 재료, 설비)을 관리한다.	① 소규모 학교	202	3.58	0.77		
	② 중규모 학교	167	3.63	0.89	3.519*	*
	③ 대규모 학교	197	3.40	1.00		

*: $p < 0.05$ 1) 1=매우 낮음, 2=낮음, 3=보통, 4=높음, 5=매우 높음

4) 학교 소재지에 따른 직무수행 차이

기술과 교사의 직무수행이 근무하는 학교 소재지에 따라 차이가 있는가를 알아보기 위하여 F 검정을 실시하였다. 이를 위하여 학교 소재지를 대도시, 중소도시, 읍·면지역으로 분류하였다. 학교 소재지에 따른 직무수행의 차이는 <표 Ⅳ-23>과 같다. 전체 직무수행에 대해서는 학교 소재지에 따라 통계적으로 유의미한 차이가 없었다. 직무 영역별로는 실습지도 및 실습실 운영 영역에 대하여 학교 소재지에 따라 통계적으로 유의미한 차이가 있었으며, 읍·면지역에 근무하는 교사가 대도시에 근무하는 교사보다 높게 나타났다.

<표 Ⅳ-23> 근무학교 소재지에 따른 기술과 교사의 직무수행 차이

영 역	구 분	빈 도	평균[1]	표준편차	F	Scheffe ① ② ③
교수 학습 지도	① 대도시	181	3.57	0.48		
	② 중소도시	205	3.53	0.39	1.083	
	③ 읍·면지역	180	3.59	0.43		
실습지도 및 실습실 운영	① 대도시	181	3.64	0.79		
	② 중소도시	205	3.76	0.59	3.702*	
	③ 읍·면지역	180	3.82	0.52		*
학생 생활 지도	① 대도시	181	3.44	0.64		
	② 중소도시	205	3.36	0.61	1.995	
	③ 읍·면지역	180	3.48	0.58		
행정 업무 수행	① 대도시	181	3.80	0.65		
	② 중소도시	205	3.74	0.62	1.241	
	③ 읍·면지역	180	3.84	0.62		

<표 계속>

영 역	구 분	빈 도	평균[1]	표준편차	F	Scheffe ① ② ③
전문성 신장	① 대도시	181	3.67	0.64		
	② 중소도시	205	3.58	0.65	1.374	
	③ 읍·면지역	180	3.66	0.58		
학급 경영	① 대도시	181	3.92	0.51		
	② 중소도시	205	3.85	0.53	1.062	
	③ 읍·면지역	180	3.91	0.52		
전체	① 대도시	181	3.65	0.46		
	② 중소도시	205	3.61	0.39	1.656	
	③ 읍·면지역	180	3.69	0.39		

*: p<0.05 1) 1=매우 낮음, 2=낮음, 3=보통, 4=높음, 5=매우 높음

그러나 학교 소재지 변인이 기술과 교사의 실습지도 및 실습실 운영 영역의 직무수행에 직접적인 영향을 미치는지, 다른 관련 변인의 영향을 받아 매개변인으로써 작용한 것인지를 확인하기 위하여 학교 소재지와 실습지도 및 실습실 운영 영역의 직무수행의 관련 변인인 성별, 현직연수 이수, 학교급, 학교 설립 유형에 대하여 각각 이원분산 분석을 실시하였다([부록 17] 참조). 그 결과 모든 경우에 학교 소재지에 의한 주 효과는 없었다. 따라서 학교 소재지가 기술과 교사의 실습지도 및 실습실 운영 영역의 직무수행에 직접적으로 영향을 미친 것이 아니라 매개변인으로써 작용한 것임을 알 수 있다.

다. 기술과 교사의 직무 중요성과 직무수행의 상관관계

1) 직무 영역별 중요성 반응분포

기술과 교사의 직무 중요성은 <표 Ⅳ-24>와 같다. 직무 중요성에

대한 전체 평균은 4.10으로 높게 나타났으며, 직무 영역별로는 교수학습지도(평균 4.20)와 전문성 신장(평균 4.19)에 대하여 가장 중요하게 인식하고 있었고, 그 다음으로 학급경영(평균 4.18), 실습지도 및 실습실 운영(평균 4.13), 학생생활지도(평균 3.87), 행정업무수행(평균 3.86) 순으로 중요하게 인식하고 있었다.

이를 통하여 기술과 교사의 직무 중요성이 모든 영역에서 이론적 평균보다 높다는 것을 알 수 있다. 또한 기술과 교사는 직무 영역 중 교수학습지도와 전문성 신장을 가장 중요하게 인식하고 있는 반면, 행정업무수행과 학생생활지도의 중요성을 상대적으로 낮게 인식하고 있음을 알 수 있다.

<표 IV-24> 기술과 교사의 직무 중요성 반응분포

직무영역	평균[1]	표준편차
교수학습지도	4.20	0.35
실습지도 및 실습실 운영	4.13	0.50
학생생활지도	3.87	0.51
행정업무수행	3.86	0.58
전문성 신장	4.19	0.49
학급경영	4.18	0.44
전 체	4.10	0.36

1) 1=전혀 중요하지 않음, 2=중요하지 않음, 3=보통, 4=중요함, 5=매우 중요함

그리고 기술과 교사의 직무 중요성은 앞에서 살펴본 직무수행과 비교했을 때, 모든 영역에서 중요성이 직무수행에 비해 높게 나타났는데, 그중에서도 교수학습지도 영역의 평균의 차가 가장 크게 나타났다. 따라서 교수학습지도는 중요성에 대한 인식에 비해 직무수행이 상대적

으로 가장 낮음을 알 수 있다.

2) 항목별 직무 중요성 반응분포

기술과 교사의 직무 중요성 척도에 대한 항목별 반응을 영역별로
분류하여 제시하면 다음과 같다.

가) 교수학습지도 영역

기술과 교사가 인식하는 교수학습지도 영역의 직무항목별 중요성은
<표 IV-25>와 같다. '평가기준에 따라 공정하게 채점한다'(평균 4.66)
에 대한 중요성이 가장 높았으며, 다음으로 '수업 전에 효율적인 수업
이 이루어질 수 있도록 교재연구를 충실히 한다(학습지도안 작성 등)'
(평균 4.46), '학년 초에 연간 수업진도 계획을 수립한다(중간고사 전까
지 진도를 어디까지 나갈 것이며, 어떤 실습을 언제쯤 실시하겠다는
계획 등)'(평균 4.36), '학생들의 능력, 흥미 등을 고려하여 수업을 준비
한다'(평균 4.32) 순으로 나타났다. 반면, '기초학력이 부족한 학생을 위
해 보충지도를 실시한다(추가설명, 개별지도 등)'(평균 3.52) 항목이 가
장 낮게 나타났다.

이를 통하여 기술과 교사는 교수학습지도 영역의 직무 가운데 교수
학습을 실행하는 항목들(5~9번)에 비해, 교수학습을 준비하고 평가하
는 항목들(1~4번, 10~13번)에 대하여 더 중요하게 인식하고 있음을
알 수 있다. 또한 '기초학력이 부족한 학생을 위해 보충지도를 실시한
다'에 대해서는 다른 항목들에 비해 상대적으로 매우 덜 중요한 것으
로 인식하고 있음을 알 수 있다.

<표 Ⅳ-25> 교수학습지도 영역의 직무항목별 중요성의 평균 및 표준편차

직무항목	평균[1]	표준편차
1. 학년 초에 연간 수업진도 계획을 수립한다(중간고사 전까지 진도를 어디까지 나갈 것이며, 어떤 실습을 언제쯤 실시하겠다는 계획 등).	4.36	0.59
2. 학생들의 능력, 흥미 등을 고려하여 수업을 준비한다.	4.32	0.65
3. 수업 전에 효율적인 수업이 이루어질 수 있도록 교재 연구를 충실히 한다(학습지도안 작성 등).	4.46	0.61
4. 수업 전에 학생들의 학습에 도움이 되는 수업자료(ICT 자료, 시청각 교구 등)를 준비한다.	4.22	0.66
5. 수업을 시작할 때 수업목표를 명확하게 제시한다.	4.08	0.73
6. 학생들이 수업에 적극적으로 참여할 수 있도록 동기를 부여한다.	4.29	0.58
7. 수업목표 달성을 위하여 수업 중 다양한 수업방법을 활용한다.	4.16	0.64
8. 학습효과를 높이기 위해 수업 중 적절한 질의응답을 사용한다.	4.13	0.57
9. 기초학력이 부족한 학생을 위해 보충지도를 실시한다 (추가설명, 개별지도 등).	3.52	0.78
10. 학생들의 학업성취수준을 측정하기 위한 평가계획을 수립한다(평가기준 수립 등).	4.14	0.62
11. 적합한 평가도구(고사문제, 수행평가 문항 등)를 만든다.	4.17	0.65
12. 평가기준에 따라 공정하게 채점한다.	4.66	0.52
13. 평가결과를 교과지도 개선에 활용한다.	4.03	0.61

1) 1=전혀 중요하지 않음, 2=중요하지 않음, 3=보통, 4=중요함, 5=매우 중요함

나) 실습지도 및 실습실 운영 영역

기술과 교사가 인식하는 실습지도 및 실습실 운영 영역의 직무항목별 중요성은 <표 Ⅳ-26>과 같다. '안전사고 예방을 위하여 실습을 할 때 안전지도를 한다'(평균 4.56)에 대한 중요성이 가장 높았으며, 다음

으로 '실습을 마친 후 학생들이 실습실 정리정돈을 하도록 지도한다'(평균 4.25), '학생들의 실습을 돕기 위해 실습 중 시범을 보인다'(평균 4.22), '실습에 필요한 기자재 및 실습재료를 준비한다'(평균 4.19) 순으로 나타났다. 반면, '실습실 연간 운영계획을 수립한다'(평균 3.82), '실습 계획서를 작성한다'(평균 3.99), '실습실 환경(공구, 재료, 설비)을 관리한다'(평균 3.99) 등의 항목은 상대적으로 낮게 나타났다.

이를 통하여 기술과 교사는 실습지도 및 실습실 운영 영역의 직무 가운데 실습을 준비하고 관리하는 항목들(14~17번, 22~25번)에 비해, 실습을 지도하는 항목들(18~21번)에 대하여 더 중요하게 인식하고 있음을 알 수 있다. 특히, 실습지도의 직무 가운데 안전지도를 가장 중요하게 인식하고 있음을 알 수 있다.

〈표 Ⅳ-26〉 실습지도 및 실습실 운영 영역의 직무항목별
중요성의 평균 및 표준편차

직무항목	평균[1]	표준편차
14. 실습 전에 실습을 통해 이루고자 하는 목표를 확인한다.	4.09	0.62
15. 실습 전에 실습 내용을 분석한다.	4.07	0.64
16. 실습 계획서를 작성한다.	3.99	0.73
17. 실습에 필요한 기자재 및 실습재료를 준비한다.	4.19	0.73
18. 학생들의 실습을 돕기 위해 실습 중 시범을 보인다.	4.22	0.72
19. 학생들이 스스로 실습을 진행할 수 있도록 지도한다.	4.16	0.67
20. 안전사고 예방을 위하여 실습을 할 때 안전지도를 한다.	4.56	0.67
21. 실습을 마친 후 학생들이 실습실 정리정돈을 하도록 지도한다.	4.25	0.70
22. 실습실 연간 운영계획을 수립한다.	3.82	0.73
23. 실습예산을 편성한다.	4.14	0.72
24. 학생들에게 실습실 준수사항을 지도한다.	4.11	0.70
25. 실습실 환경(공구, 재료, 설비)을 관리한다.	3.99	0.70

1) 1=전혀 중요하지 않음, 2=중요하지 않음, 3=보통, 4=중요함, 5=매우 중요함

다) 학생생활지도 영역

기술과 교사가 인식하는 학생생활지도 영역의 직무항목별 중요성은 <표 IV-27>과 같다. '진로지도(진로탐색, 진학지도 등)를 한다'(평균 4.11)에 대한 중요성이 가장 높았으며, 다음으로 '학생들의 원만한 대인관계(교사에 대한 존경, 친구들과의 친화유지 등)를 지도한다'(평균 4.07) 순으로 나타났다. 반면, '봉사활동을 지도한다'(평균 3.59) 항목이 가장 낮게 나타났다.

이를 통하여 기술과 교사는 학생생활지도 영역의 직무 가운데 진로지도를 가장 중요한 직무로 인식하고 있었으며, 봉사활동 지도에 대해서는 상대적으로 덜 중요한 것으로 인식하고 있음을 알 수 있다.

〈표 IV-27〉 학생생활지도 영역의 직무항목별 중요성의 평균 및 표준편차

직무항목	평균[1]	표준편차
26. 용의지도 등 학생들의 기본생활습관지도를 한다.	3.93	0.70
27. 학생들의 어려움이나 문제해결을 돕기 위한 상담을 한다.	3.97	0.71
28. 학생들의 원만한 대인관계(교사에 대한 존경, 친구들과의 친화유지 등)를 지도한다.	4.07	0.72
29. 특별활동(계발활동, 동아리 활동 등)을 지도한다.	3.70	0.70
30. 학생들의 각종 학교행사(현장체험학습, 사생대회, 수련활동 등)를 지도한다.	3.73	0.71
31. 봉사활동을 지도한다.	3.59	0.76
32. 진로지도(진로탐색, 진학지도 등)를 한다.	4.11	0.73

1) 1=전혀 중요하지 않음, 2=중요하지 않음, 3=보통, 4=중요함, 5=매우 중요함

라) 행정업무수행 영역

기술과 교사가 인식하는 행정업무수행 영역의 직무항목별 중요성은 <표 IV-28>과 같다. '담당 교무분장업무를 정확하게 수행한다'(평균

3.99)에 대한 중요성이 가장 높게 나타났으며, '각종 교사행사(교직원 회의와 같은 각종 회의나 교내 자체 연수)에 참석한다'(평균 3.78)가 가장 낮게 나타났다.

이를 통하여 기술과 교사는 행정업무수행 영역의 직무 가운데 업무의 계획이나 마무리보다는 수행을 가장 중요하게 인식하고 있으며, 각종 업무 관련 행사에 참석하는 것을 상대적으로 덜 중요하게 인식하고 있음을 알 수 있다.

〈표 Ⅳ-28〉 행정업무수행 영역의 직무항목별 중요성의 평균 및 표준편차

직무항목	평균[1]	표준편차
33. 담당 교무분장업무의 계획을 수립한다.	3.81	0.70
34. 담당 교무분장업무를 정확하게 수행한다.	3.99	0.64
35. 담당 교무분장업무를 마무리한다(보고용 공문서 작성 등).	3.90	0.67
36. 각종 교사행사(교직원 회의와 같은 각종 회의나 교내 자체 연수)에 참석한다.	3.78	0.74

1) 1=전혀 중요하지 않음, 2=중요하지 않음, 3=보통, 4=중요함, 5=매우 중요함

마) 전문성 신장 영역

기술과 교사가 인식하는 전문성 신장 영역의 직무항목별 중요성은 〈표 Ⅳ-29〉와 같다. '수업방법의 개선과 관련된 지식과 노하우를 습득한다'(평균 4.25)에 대한 중요성이 가장 높았으며, 다음으로 '첨단 기술 등 교과 내용과 관련된 지식을 습득한다'(평균 4.20), '학생지도와 관련된 지식과 노하우를 습득한다'(평균 4.19), '교사로서 지녀야 할 일반교양을 습득한다'(평균 4.11) 순으로 나타났다.

<표 IV-29> 전문성 신장 영역의 직무항목별 중요성의 평균 및 표준편차

직무항목	평균[1)	표준편차
37. 첨단 기술 등 교과 내용과 관련된 지식을 습득한다.	4.20	0.62
38. 수업방법의 개선과 관련된 지식과 노하우를 습득한다.	4.25	0.59
39. 학생지도와 관련된 지식과 노하우를 습득한다.	4.19	0.61
40. 교사로서 지녀야 할 일반교양을 습득한다.	4.11	0.62

1) 1=전혀 중요하지 않음, 2=중요하지 않음, 3=보통, 4=중요함, 5=매우 중요함

이를 통하여 기술과 교사는 전문성 신장 영역의 직무 가운데 수업방법의 개선과 관련된 지식 습득을 가장 중요하게 인식하고 있으며, 상대적으로 일반교양 습득을 덜 중요하게 인식하고 있음을 알 수 있다.

바) 학급경영 영역

기술과 교사가 인식하는 학급경영 영역의 직무항목별 중요성은 <표 IV-30>과 같다. '문서나 면담, 관찰 등을 통하여 학급 학생들의 생활 특성(가정환경, 교우관계)을 파악한다'(평균 4.47)에 대한 중요성이 가장 높았으며, 다음으로 '학급 학생들의 출결지도(자퇴 예방, 지각생 지도 등)를 한다'(평균 4.46), '조·종례를 수행한다'(평균 4.34), '학급학생 관련 각종 서류(생활기록부 등)를 체계적으로 관리한다'(평균 4.20) 순으로 나타났다. 반면에 '학급시설(교단선진화 기자재, 비품 등)을 관리한다'(평균 3.93)와 '학급회의(HR)시 학생들의 적극적 참여가 이루어지도록 지도한다'(평균 3.92)는 상대적으로 낮게 나타났다.

〈표 Ⅳ-30〉 학급경영 영역의 직무항목별 중요성의 평균 및 표준편차

직무항목	평균[1]	표준편차
41. 문서나 면담, 관찰 등을 통하여 학급 학생들의 생활 특성(가정환경, 교우관계)을 파악한다.	4.47	0.58
42. 학급 학생들의 출결지도(자퇴 예방, 지각생 지도 등)를 한다.	4.46	0.61
43. 학생지도를 위해 학부모와 상담한다.	4.08	0.65
44. 조·종례를 수행한다.	4.34	0.66
45. 학급시설(교단선진화 기자재, 비품 등)을 관리한다.	3.93	0.68
46. 청소지도 등 학급환경을 교육적으로 구성한다.	4.01	0.64
47. 학급회의(HR) 시 학생들의 적극적 참여가 이루어지도록 지도한다.	3.92	0.66
48. 학급학생 관련 각종 서류(생활기록부 등)를 체계적으로 관리한다.	4.20	0.69

1) 1=전혀 중요하지 않음, 2=중요하지 않음, 3=보통, 4=중요함, 5=매우 중요함

이를 통하여 기술과 교사는 학급경영 영역의 직무 가운데 학생들의 생활특성을 파악하는 직무를 가장 중요하게 인식하고 있으며, 학급시설 관리와 학급회의 지도를 상대적으로 덜 중요하게 인식하고 있음을 알 수 있다.

3) 직무 중요성과 직무수행의 상관관계

기술과 교사의 직무 중요성과 직무수행과의 상관관계는 〈표 Ⅳ-31〉과 같다. 기술과 교사의 직무 중요성은 전체 직무수행과 높은 정적 상관(r=0.612)을 보였으며 통계적으로 유의미하였다.

기술과 교사의 직무 중요성과 직무 영역별 직무수행과의 관계를 살펴보면, 직무 중요성은 학급경영(r=0.520), 실습지도 및 실습실 운영(r=0.505)과 높은 정적 상관을 보였고, 학생생활지도(r=0.485), 행정업무

수행(r=0.482), 교수학습지도(r=0.449), 전문성 신장(r=0.368)과 중간 정도의 정적 상관을 보였으며 통계적으로 유의미하였다.

〈표 IV-31〉 직무 중요성과 직무수행의 상관관계

구 분	전 체	교수학습 지도영역	실습지도 및 실습실 운영 영역	학생생활 지도영역	행정업무 수행영역	전문성 신장영역	학급 경영영역
직무 중요성	0.612*	0.449*	0.505*	0.485*	0.482*	0.368*	0.520*

*: p<0.05

라. 학교풍토와 기술과 교사의 직무수행의 상관관계

1) 학교풍토 인식

기술과 교사가 인식하는 학교풍토는 <표 IV-32>와 같다. 학업 강조(평균 3.62)에 대하여 가장 높게 나타났으며, 그 다음으로 교사 전문행위(평균 3.60), 협의적 리더십(평균 3.33), 기관 취약성(평균 2.92) 순으로 나타났다.

네 개의 학교풍토 변인 중 학업 강조와 교사 전문행위가 상대적으로 높은데, 이를 통하여 동료에 대한 존중, 상호 협동과 지지 등에 대하여 비교적 긍정적으로 인식하고 있으며, 학업을 강조하는 학교풍토로 인식하고 있음을 알 수 있다. 그리고 기관 취약성이 이론적 평균에 가까운데, 이를 통하여 학부모나 지역 유지와 같은 외부 압력으로부터 학교가 영향을 받는 것에 대하여 보통 정도로 인식하고 있음을 알 수 있다.

〈표 Ⅳ-32〉 기술과 교사가 인식하는 학교풍토

변 인	평균[1]	표준편차
협의적 리더십	3.33	0.65
교사 전문행위	3.60	0.53
학업 강조	3.62	0.63
기관 취약성	2.92	0.66

1) 1=전혀 그렇지 않다, 2=그렇지 않다, 3=보통이다, 4=그렇다, 5=매우 그렇다

2) 문항별 학교풍토

기술과 교사의 학교풍토 척도에 대한 문항별 반응을 변인별로 분류하여 제시하면 다음과 같다.

가) 협의적 리더십

기술과 교사의 협의적 리더십에 대한 문항별 반응은 〈표 Ⅳ-33〉과 같다. '우리 학교 교장 선생님은 정해진 기준을 준수한다'(평균 3.60)가 가장 높게 나타났으며, 그 다음으로 '우리 학교 교장 선생님은 학교 방침과 다른 의견이 존재할 수 있다는 것을 인정한다'(평균 3.39), '우리 학교 교장 선생님은 선생님들에게 기대되는 것이 무엇인지 분명히 알게 한다'(평균 3.38), '우리 학교 교장 선생님은 다정다감하다'(평균 3.38) 순으로 나타났다. 반면에 '우리 학교 교장 선생님은 모든 교직원들을 자신과 동등한 위치에서 대한다'(평균 3.01) 문항이 가장 낮게 나타났다.

이를 통하여 기술과 교사는 협의적 리더십의 모든 문항에 대하여 이론적 평균보다 높게 인식하고 있음을 알 수 있다. 또한 학교장이 모든 교직원을 자신과 동등한 위치에서 대하는 평등 의식에 대해서는 상대적으로 낮게 인식하고 있음을 알 수 있다.

〈표 Ⅳ-33〉 기술과 교사의 협의적 리더십에 대한 문항별 평균 및 표준편차

문 항	평균[1]	표준편차
1. 우리 학교 교장 선생님은 학교 방침과 다른 의견이 존재할 수 있다는 것을 인정한다.	3.39	0.89
3. 우리 학교 교장 선생님은 모든 교직원들을 자신과 동등한 위치에서 대한다.	3.01	0.96
4. 우리 학교 교장 선생님은 다정다감하다.	3.38	0.96
7. 우리 학교 교장 선생님은 선생님들에게 기대되는 것이 무엇인지 분명히 알게 한다.	3.38	0.83
10. 우리 학교 교장 선생님은 정해진 기준을 준수한다.	3.60	0.73
16. 우리 학교 교장 선생님은 선생님들의 제안을 적극적으로 수용한다.	3.28	0.87
21. 우리 학교 교장 선생님은 변화를 추구하고자 한다.	3.24	0.87

1) 1=전혀 그렇지 않다, 2=그렇지 않다, 3=보통이다, 4=그렇다, 5=매우 그렇다

나) 교사 전문행위

교사 전문행위에 대한 문항별 반응은 〈표 Ⅳ-34〉와 같다. '우리 학교 선생님들은 열의를 가지고 자신의 직무를 수행한다'(평균 3.95)가 가장 높게 나타났으며, 그 다음으로 '우리 학교 선생님들은 동료 선생님들의 업무 수행을 존중한다'(평균 3.65), '우리 학교 선생님들은 동료 선생님들과 협동적으로 근무한다'(평균 3.62) 순으로 나타났다. 반면에 '우리 학교 선생님들은 동료 선생님에게 강한 정신적 지지를 한다'(평균 3.14) 문항이 가장 낮게 나타났다.

이를 통하여 기술과 교사는 교사 전문행위의 모든 문항에 대하여 이론적 평균보다 높게 인식하고 있음을 알 수 있다. 특히, 동료 선생님들이 열의를 가지고 직무를 수행하는 것으로 인식하고 있음을 알 수 있다.

<표 Ⅳ-34> 기술과 교사의 교사 전문행위에 대한 문항별 평균 및 표준편차

문 항	평균[1]	표준편차
6. 우리 학교 선생님들은 서로를 도우며 지원한다.	3.61	0.75
14. 우리 학교 선생님들은 열의를 가지고 자신의 직무를 수행한다.	3.95	0.62
17. 우리 학교 선생님들은 동료 선생님들의 업무 수행을 존중한다.	3.65	0.63
18. 우리 학교 선생님들은 동료 선생님들과 협동적으로 근무한다.	3.62	0.69
19. 우리 학교 선생님들은 합리적인 판단을 한다.	3.61	0.64
22. 우리 학교 선생님들은 동료 선생님에게 강한 정신적 지지를 한다.	3.14	0.71

1) 1=전혀 그렇지 않다, 2=그렇지 않다, 3=보통이다, 4=그렇다, 5=매우 그렇다

다) 학업 강조

기술과 교사의 학업 강조에 대한 문항별 반응은 <표 Ⅳ-35>와 같다. '우리 학교 학부모들은 학생들의 학업 성적에 관심이 많다'(평균 3.96)가 가장 높게 나타났으며, 그 다음으로 '우리 학교 학생들은 성적 향상을 위하여 과외 공부도 한다'(평균 3.62), '우리 학교 학생들은 더 좋은 성적을 얻기 위해 열심히 노력한다'(평균 3.54) 순으로 나타났다. 반면에 '우리 학교 학생들은 공부 잘하는 친구를 부러워한다'(평균 3.49) 문항이 가장 낮게 나타났다.

이를 통하여 기술과 교사는 학업 강조의 모든 문항에 대하여 이론적 평균보다 높게 인식하고 있음을 알 수 있다. 특히, 학부모들에 대하여 학생들의 학업 성적에 많은 관심을 가지고 있는 것으로 인식하고 있음을 알 수 있다.

<표 Ⅳ-35> 기술과 교사의 학업 강조에 대한 문항별 평균 및 표준편차

문 항	평균[1]	표준편차
8. 우리 학교 학생들은 공부 잘하는 친구를 부러워한다.	3.49	0.81
11. 우리 학교 학생들은 성적 향상을 위하여 과외 공부도 한다.	3.62	0.94
12. 우리 학교 학부모들은 학생들의 학업 성적에 관심이 많다.	3.96	0.88
13. 우리 학교 학생들은 더 좋은 성적을 얻기 위해 열심히 노력한다.	3.54	0.88
15. 우리 학교에서는 공부 잘하는 학생이 친구들로부터 인정을 받는다.	3.51	0.75

1) 1=전혀 그렇지 않다, 2=그렇지 않다, 3=보통이다, 4=그렇다, 5=매우 그렇다

라) 기관 취약성

기술과 교사의 기관 취약성에 대한 문항별 반응은 <표 Ⅳ-36>과 같다. '우리 학교 선생님들은 지역 교육청으로부터 간섭을 받는다고 느낀다'(평균 3.10)가 가장 높게 나타났으며, 그 다음으로 '우리 학교는 외부의 압력(교육청이나 학부모 등)에 영향을 받는 편이다'(평균 2.96) 순으로 나타났다. 반면에 '지역 유지들은 학교경영에 영향력을 발휘한다'(평균 2.79) 문항이 가장 낮게 나타났다.

이를 통하여 기술과 교사는 학부모나 지역 유지와 같은 외부 압력으로부터 학교가 영향을 받는다는 것에 대하여 보통 정도로 인식하고 있음을 알 수 있다.

<표 Ⅳ-36> 기술과 교사의 기관 취약성에 대한 문항별 평균 및 표준편차

문 항	평균[1]	표준편차
2. 소수의 영향력 있는 학부모들은 학교경영 계획을 변경시킬 수 있다.	2.83	0.97
5. 지역 유지들은 학교경영에 영향력을 발휘한다.	2.79	0.88
9. 우리 학교 선생님들은 지역 교육청으로부터 간섭을 받는다고 느낀다.	3.10	0.92
20. 우리 학교는 외부의 압력(교육청이나 학부모 등)에 영향을 받는 편이다.	2.96	0.89

1) 1=전혀 그렇지 않다, 2=그렇지 않다, 3=보통이다, 4=그렇다, 5=매우 그렇다

3) 학교풍토와 직무수행의 상관관계

학교풍토와 기술과 교사의 직무수행과의 상관관계는 <표 Ⅳ-37>과 같다. 학교풍토의 하위 요인 중 교사 전문행위(r=0.250)와 협의적 리더십(r=0.102)은 기술과 교사의 전체 직무수행과 낮은 정적 상관을 보이며 통계적으로 유의미하였다.

학교풍토의 하위 요인과 직무 영역별 직무수행과의 관계를 살펴보면, 학교풍토의 협의적 리더십은 행정업무수행(r=0.146)과 낮은 정적 상관을 보였고, 학생생활지도(r=0.084) 및 교수학습지도(r=0.082)와 매우 낮은 상관을 보였으며 통계적으로 유의미하였다. 학교풍토의 교사 전문행위는 학급경영(r=0.239), 교수학습지도(r=0.218), 학생생활지도(r=0.193), 실습지도 및 실습실 운영(r=0.174), 행정업무수행(r=0.163), 전문성 신장(r=0.113)과 낮은 정적 상관을 보였으며 통계적으로 유의미하였다. 학교풍토의 학업강조는 실습지도 및 실습실 운영(r=-0.092)과 매우 낮은 부(負)적 상관을 보였으며 통계적으로 유의미하였다. 학교풍토의 기관 취약성은 학급경영(r=-0.096)과 매우 낮은 부(負)적 상관을 보였으며 통계적으로 유의미하였다.

구 분	전 체	교수학습 지도 영역	실습지도 및 실습실 운영 영역	학생생활 지도영역	행정업무 수행영역	전문성 신장영역	학급 경영영역
협의적 리더십	0.102*	0.082*	0.078	0.084*	0.146*	0.056	0.027
교사 전문 행위	0.250*	0.218*	0.174*	0.193*	0.163*	0.113*	0.239*
학업 강조	0.028	0.066	−0.092*	0.020	−0.044	0.069	0.063
기관 취약성	−0.044	−0.041	−0.003	0.018	−0.047	−0.040	−0.096*

*: $p < 0.05$

마. 기술과 교사의 개인적 교수효능감과 직무수행의 상관관계

1) 기술과 교사의 개인적 교수효능감

기술과 교사의 개인적 교수효능감에 대한 문항별 반응은 〈표 IV-38〉과 같다. 기술과 교사의 개인적 교수효능감의 평균은 3.68로 비교적 높게 나타났으며, 문항별로는 '나는 학생들이 질문을 할 때, 적절하게 대답할 자신이 있다'(평균 3.99)로 가장 높게 나타났으며, 그 다음으로 '나는 학생들을 지도하는 데 필요한 만큼의 지식이 있다'(평균 3.83), '나는 학생들이 어떤 것에 관심을 갖도록 하기 위해서 어떻게 해야 할지 모르겠다'(평균 3.83―역변환된 값임), '나는 학생들을 지도하는 데 있어서 그다지 유능하지 않은 것 같다'(평균 3.80―역변환된 값임) 순으로 나타났다. 반면에 '나는 아무리 노력해도 어떤 영역의 활동은 다른 영역의 활동보다 잘 지도하지 못한다'(평균 3.23―역변환된 값임) 문항이 가장 낮게 나타났다.

이를 통하여 기술과 교사의 개인적 교수효능감은 모든 문항에 대하여 이론적 평균보다 높다는 것을 알 수 있으며, 전체적으로도 개인적 교수효능감이 비교적 높음을 알 수 있다.

〈표 Ⅳ-38〉 기술과 교사의 개인적 교수효능감에 대한 문항별 평균 및 표준편차

문 항	평균[1]	표준편차
1. 나는 아무리 노력해도 어떤 영역의 활동은 다른 영역의 활동보다 잘 지도하지 못한다.*	3.23	0.87
2. 나는 학생들을 비효과적인 방법으로 지도한다.*	3.77	0.69
3. 나는 학생들을 지도하는 데 필요한 만큼의 지식이 있다.	3.83	0.63
4. 나는 학생들에게 어떤 활동을 왜 하는지 이해시키는 데 어려움을 느낀다.*	3.56	0.83
5. 나는 학생들이 질문을 할 때, 적절하게 대답할 자신이 있다.	3.99	0.57
6. 나는 학생들을 지도하는 교사로서 필요한 능력을 가지고 있는지 염려된다.*	3.75	0.82
7. 나는 나의 교수능력에 대해 외부 전문가로부터 객관적으로 평가받는 것이 꺼려진다.*	3.32	0.88
8. 나는 학생이 어려움을 나타낼 때 어떻게 지도해야 할지 당황한다.*	3.76	0.74
9. 나는 학생들을 지도하는 데 있어서 그다지 유능하지 않은 것 같다.*	3.80	0.71
10. 나는 학생들이 어떤 것에 관심을 갖도록 하기 위해서 어떻게 해야 할지 모르겠다.*	3.83	0.68
전 체	3.68	0.49

*: 1번, 2번, 4번, 6번, 7번, 8번, 9번, 10번 문항은 역문항으로 역코딩하였음.
1) 1=전혀 그렇지 않다, 2=그렇지 않다, 3=보통이다, 4=그렇다, 5=매우 그렇다

2) 개인적 교수효능감과 직무수행의 상관관계

기술과 교사의 개인적 교수효능감과 직무수행과의 상관관계는 〈표

IV-39>와 같다. 기술과 교사의 개인적 교수효능감(r=0.434)은 전체 직무수행과 중간 정도의 정적 상관을 보였으며 통계적으로 유의미하였다.

기술과 교사의 개인적 교수효능감과 직무 영역별 직무수행과의 관계를 살펴보면, 개인적 교수효능감은 교수학습지도(r=0.481), 전문성 신장(r=0.395)과 중간 정도의 정적 상관을 보였고, 학생생활지도(r=0.275), 학급경영(r=0.258), 행정업무수행(r=0.229), 실습지도 및 실습실 운영(r=0.227)과 낮은 정적 상관을 보였으며 통계적으로 유의미하였다.

〈표 IV-39〉 개인적 교수효능감과 직무수행의 상관관계

구 분	전 체	교수학습 지도영역	실습지도 및 실습실 운영 영역	학생생활 지도영역	행정업무 수행영역	전문성 신장영역	학급 경영영역
개인적 교수 효능감	0.434*	0.481*	0.227*	0.275*	0.229*	0.395*	0.258*

*: $p < 0.05$

4. 기술과 교사의 직무수행 관련 변인의 설명력

기술과 교사의 직무수행 관련 변인의 설명력을 알아보기 위해서는 모든 변인을 대상으로 회귀분석을 실시하는 것이 아니라, 직무수행과 통계적으로 유의미한 관계를 갖는 변인들만을 대상으로 회귀분석을 실시하여야 한다. 따라서 설명력을 구하기 전에 기술과 교사의 직무수행과 관련 변인 간의 상관관계를 알아볼 필요가 있다. 또한 독립변인이 종속변인에 대한 설명력이 높다 하더라도 다중공선성(multi-collinearity)이

높다면 설명력이 낮은 것처럼 나타난다. 따라서 기술과 교사의 직무수행 관련 변인의 설명력을 구명하기 위한 다중회귀분석을 실시하기 전에 다중공선성이 존재하는지를 검토할 필요가 있다.

가. 기술과 교사의 직무수행과 상관관계를 갖는 변인들

기술과 교사의 직무수행과 변인들 간의 상관관계는 <표 IV-40>과 같으며, 기술과 교사의 전체 직무수행은 현직연수 이수, 학교급, 학교 설립 유형, 직무 중요성, 학교풍토의 협의적 리더십, 학교풍토의 교사 전문행위, 개인적 교수효능감과 상관관계가 있으며, 통계적으로 유의미하였다.

직무 영역별 직무수행과 변인들 간의 관계는 다음과 같다. 교수학습지도 영역의 직무수행은 현직연수 이수, 직무 중요성, 학교풍토의 협의적 리더십, 학교풍토의 교사 전문행위, 개인적 교수효능감과 상관관계가 있으며 통계적으로 유의미하였다.

실습지도 및 실습실 운영 영역의 직무수행은 성별, 현직연수 이수, 학교급, 학교 설립 유형, 학교 규모, 학교 소재지, 직무 중요성, 학교풍토의 교사 전문행위, 학교풍토의 학업 강조, 개인적 교수효능감과 상관관계가 있으며 통계적으로 유의미하였다. 학교 규모는 소규모(18학급 이하), 중규모(19~30학급), 대규모(31학급 이상)로 범주화하여 차이 검정(분산분석)을 실시한 경우 실습지도 및 실습실 운영 영역의 직무수행에 유의미한 차이가 없었으나, 범주화하지 않고 상관관계를 분석한 경우 실습지도 및 실습실 운영 영역의 직무수행과 유의미한 상관이 있었다.

학생생활지도 영역의 직무수행은 성별, 교직 경력, 현직연수 이수, 학교급, 학교 규모, 직무 중요성, 학교풍토의 협의적 리더십, 학교풍토의 교사 전문행위, 개인적 교수효능감과 상관관계가 있으며 통계적으로 유의미하였다. 교직 경력은 5년 간격으로 범주화(5년 미만, 5~9년,

10~14년, 15~19년, 20~24년, 25년 이상)하여 차이 검정(일원분산분석)을 실시한 경우 학생생활지도 영역의 직무수행에 유의미한 차이가 없었으나 범주화하지 않고 상관관계를 분석한 경우 학생생활지도 영역의 직무수행과 유의미한 상관이 있었다. 또한 학교 규모도 소규모(18학급 이하), 중규모(19~30학급), 대규모(31학급 이상)로 범주화하여 차이 검정(일원분산분석)을 실시한 경우 학생생활지도 영역의 직무수행에 유의미한 차이가 없었으나, 범주화하지 않고 상관관계를 분석한 경우 학생생활지도 영역의 직무수행과 유의미한 상관이 있었다.

행정업무수행 영역의 직무수행은 성별, 현직연수 이수, 학교급, 학교 설립 유형, 직무 중요성, 학교풍토의 협의적 리더십, 학교풍토의 교사 전문행위, 개인적 교수효능감과 상관관계가 있으며 통계적으로 유의미하였다.

전문성 신장 영역의 직무수행은 현직연수 이수, 직무 중요성, 학교 풍토의 교사 전문행위, 개인적 교수효능감과 상관관계가 있으며 통계적으로 유의미하였다.

학급경영 영역의 직무수행은 직무 중요성, 학교풍토의 교사 전문행위, 학교풍토의 기관 취약성, 개인적 교수효능감과 상관관계가 있으며 통계적으로 유의미하였다.

변 인			Y_0	Y_1	Y_2	Y_3	Y_4	Y_5	Y_6	X_1	X_2	X_3	X_4	X_5	X_6	X_7	X_8	X_9	X_{10}	X_{11}	X_{12}	X_{13}	X_{14}	X_{15}	X_{16}
전체 직무수행		Y_0	1.00																						
영역별 직무수행	교수학습지도	Y_1	.86*	1.00																					
	실습지도 및 실습실 운영	Y_2	.73*	.57*	1.00																				
	학생생활지도	Y_3	.77*	.53*	.45*	1.00																			
	행정업무수행	Y_4	.68*	.45*	.45*	.44*	1.00																		
	전문성 신장	Y_5	.71*	.55*	.40*	.51*	.40*	1.00																	
	학급경영	Y_6	.74*	.50*	.42*	.52*	.54*	.46*	1.00																
인구통계학적특성	성 별	X_1	-.07	.00	-.11*	-.10*	-.12*	.07	-.08	1.00															
	학 력	X_2	.05	.05	.03	.05	.05	.03	.01	.13*	1.00														
	교직 경력	X_3	-.01	.02	-.03	-.09*	.02	-.01	.05	.22*	.09	1.00													
	현직연수 이수	X_4	.17*	.15*	.16*	.11*	.13*	.13*	.06	.06	.15*	-.01	1.00												
	담당 교과목 수	X_5	.02	.02	.06	.06	.08	.06	-.03	-.33*	.04	-.03	.06	1.00											
	자격 취득경로	X_6	.02	.03	.02	.01	-.02	.05	-.03	.02	-.06	-.06	.02	.04	1.00										
근무학교특성	학 교 급	X_7	.12*	.08	.22*	.11*	.12*	.00	.00	-.17*	-.06	-.04	.04	.09*	.06	1.00									
	학교 설립 유형	X_8	.10*	.05	.21*	.08	.10*	.03	.03	-.03	.16*	-.16*	.11*	-.10*	-.01	.30*	1.00								
	학교 규모	X_9	-.08	-.05	-.12*	-.09*	-.07	.01	-.03	.12*	-.08	-.12*	-.13*	-.32*	.05	-.37*	-.03	1.00							
	학교 소재지	X_{10}	.00	.01	-.11*	.02	.01	.05	.04	.12*	.00	.07	-.07	-.21*	-.05	-.22*	-.16*	.41*	1.00						
학교풍토	직무 중요성	X_{11}	.61*	.45*	.51*	.49*	.48*	.37*	.52*	-.14*	.03	-.13*	.10*	.03	.02	.10*	.12*	-.03	-.01	1.00					
	협의적 리더십	X_{12}	.10*	.08*	.08	.08*	.15*	.06	.03	.04	.03	.09*	.01	-.05	-.08	.06	.08*	-.03	.13*	.08	1.00				
	교사 전문행위	X_{13}	.25*	.22*	.17*	.19*	.16*	.11*	.24*	-.07	.01	-.01	.07	-.03	.04	.14*	.15*	.04	.13*	.19*	.42*	1.00			
	학업 강조	X_{14}	.03	.07	-.09*	.02	-.04	.06	.06	.12*	.09*	-.05	-.06	-.17*	-.04	-.16*	-.05	.31*	.13*	.11*	.10*	.18*	1.00		
	기관 취약성	X_{15}	-.04	-.04	.00	.02	-.05	-.04	-.10*	-.15*	.00	-.20*	.06	.03	.03	.10*	.04	.01	-.01	-.01	-.15*	-.11*	.11*	1.00	
	개인적 교수효능감	X_{16}	.43*	.48*	.23*	.27*	.23*	.39*	.26*	.22*	.11*	.17*	.13*	-.06	.05	-.11*	-.05	.02	.00	.20*	.05	.02	.08	-.12*	1.00

*: p<0.05

주 1) 범주척도는 다음과 같이 가변수화하여 분석함. 성별(남: 1, 여: 0); 학력(대학원 졸: 1, 대졸: 0); 현직연수 이수(연평균 6시간 이상: 1, 연평균 6시간 미만: 0); 담당 교과목 수(기술영역+다른 교과: 1, 기술영역만: 0); 자격 취득경로(기술교사 자격 유: 1, 기술교사 자격 무: 0); 학교 설립 유형(공립: 1, 사립: 0); 학교 소재지(대도시: 1, 중소도시 · 읍면: 0)
주 2) 학교 규모는 학급 수를 의미함

나. 다중공선성 진단

다중공선성을 알아보기 위해서는 공차한계(tolerance)와 분산팽창요인(variance inflation factor; VIF)을 조사할 필요가 있다. 공차한계는 공선성을 점검하기 위해 가장 많이 사용되는 지표이다. 변인 i의 공차한계는 $(1-R_i^2)$으로 표시되는데, 여기서 R_i^2는 독립변인 i가 다른 독립변인들에 의해 설명되는 정도를 의미한다. 즉 독립변인 i를 종속변인으로 설정하고 다른 독립변인들을 이용하여 회귀분석한 경우의 R^2에 해당한다. 따라서 공차한계는 한 독립변인이 다른 독립변인들에 의해서 설명되지 않는 부분을 의미하며, 0.1 이상이면 다중공선성이 없는 것으로 판단할 수 있다. 또한 분산팽창요인은 공차한계의 역수로 표시하며, 분산팽창요인이 10 이상이면 다중공선성이 있는 것으로 판단할 수 있다(이학식, 김영, 2002).

본 연구에서의 공차한계와 분산팽창요인을 분석한 결과([부록 18] 참조), 공차한계는 0.858~0.987로 0.1보다 대단히 크며, 분산팽창요인은 1.013~1.165로 10보다 대단히 작으므로 다중공선성의 문제는 없다고 할 수 있다.

다. 직무수행 관련 변인의 설명력

1) 전체 직무수행에 대한 관련 변인의 설명력

기술과 교사의 전체 직무수행에 대한 관련 변인들의 설명력을 구하기 위하여, 전체 직무수행과 통계적으로 유의미한 상관관계를 보인 변인들(현직연수 이수, 학교급, 학교 설립 유형, 직무 중요성, 학교풍토의 협의적 리더십, 학교풍토의 교사 전문행위, 개인적 교수효능감)을 독립변인으로 하여 다중회귀분석을 실시하였다.

기술과 교사의 전체 직무수행에 대한 다중회귀분석 결과는 <표 Ⅳ
-41>과 같다. 직무수행 관련 변인들은 기술과 교사의 전체 직무수행의
50.2%를 설명하고 있는데, 이는 통계적으로 유의미하였다(F=141.227).

기술과 교사의 전체 직무수행에 대한 설명력은 직무 중요성이 37.5%,
개인적 교수효능감이 10.0%, 학교풍토의 교사 전문행위가 2.0%, 학교급
이 0.7%의 순으로 나타났다. 특히, 기술과 교사의 직무수행을 유의미하
게 설명하고 있는 변인들의 상대적인 중요성과 기여도는 관련 변인 가
운데 직무 중요성(t=16.359, β =0.510), 개인적 교수효능감(t=10.977, β
=0.337), 학교풍토의 교사 전문행위(t=4.322, β =0.132), 학교급(t=2.847,
β =0.087)의 순으로 나타나, 다른 변인들에 비해 직무 중요성이 가장 큰
영향을 미치고 있음을 알 수 있다.

<표 Ⅳ-41> 기술과 교사의 전체 직무수행에 대한 회귀분석

변 인	R^2 변화량	비표준화 회귀계수(B)	표준화 회귀계수(β)	t
직무 중요성	0.375	0.595	0.510	16.359*
개인적 교수효능감	0.100	0.284	0.337	10.977*
학교풍토의 교사 전문행위	0.020	0.104	0.132	4.322*
학교급	0.007	0.077	0.087	2.847*
상 수		−0.265		−1.577

· R=0.708, R^2=0.502, R_{adj}^2=0.498, F=141.227(p=0.000)
*: p<0.05
주: 명목척도는 다음과 같이 가변수화하여 사용함.
　　현직연수 이수(연평균 60시간 이상: 1, 연평균 60시간 미만: 0), 학교급(중
　　학교: 1, 고등학교: 0), 학교 설립 유형(국·공립: 1, 사립: 0)

그러나 현직연수 이수, 학교 설립 유형, 학교풍토의 협의적 리더십
은 기술과 교사의 전체 직무수행과 통계적으로 유의미한 상관관계가

있었으나 직무수행을 유의미하게 설명하지는 못하였다.

2) 직무 영역별 직무수행에 대한 관련 변인의 설명력

가) 교수학습지도 영역

교수학습지도 영역의 직무수행에 대한 관련 변인의 설명력을 구하기 위하여 교수학습지도 영역의 직무수행과 통계적으로 유의미한 상관관계를 보인 변인들(현직연수 이수, 직무 중요성, 학교풍토의 협의적 리더십, 학교풍토의 교사 전문행위, 개인적 교수효능감)을 독립변인으로 하여 다중회귀분석을 실시하였다.

교수학습지도 영역의 직무수행에 대한 다중회귀분석 결과는 <표 IV-42>와 같다. 직무수행 관련 변인들은 교수학습지도 영역의 직무수행의 38.0%를 설명하고 있는데, 이는 통계적으로 유의미하였다(F=114.970).

교수학습지도 영역의 직무수행에 대한 설명력은 개인적 교수효능감이 23.2%, 직무 중요성이 12.9%, 학교풍토의 교사 전문행위가 2.0%의 순으로 나타났다. 특히, 교수학습지도 영역의 직무수행을 유의미하게 설명하고 있는 변인들의 상대적인 중요성과 기여도는 관련 변인 가운데 개인적 교수효능감(t=12.068, β =0.409), 직무 중요성(t=9.796, β =0.338), 학교풍토의 교사 전문행위(t=4.245, β =0.144)의 순으로 나타나, 다른 변인들에 비해 개인적 교수효능감이 가장 큰 영향을 미치고 있음을 알 수 있다.

그러나 현직연수 이수, 학교풍토의 협의적 리더십은 교수학습지도 영역의 직무수행과 통계적으로 유의미한 상관관계가 있었으나 직무수행을 유의미하게 설명하지는 못하였다.

<표 Ⅳ-42> 교수학습지도 영역의 직무수행에 대한 회귀분석

변 인	R^2 변화량	비표준화 회귀계수(B)	표준화 회귀계수(β)	t
개인적 교수효능감	0.232	0.359	0.409	12.068*
직무 중요성	0.129	0.412	0.338	9.796*
학교풍토의 교사 전문행위	0.020	0.118	0.144	4.245*
상 수		0.123		0.627

· R=0.617, R^2=0.380, R_{adj}^2=0.377, F=114.970(p=0.000)

*: p<0.05

주: 명목척도인 현직연수 이수는 다음과 같이 가변수화하여 사용함.

연평균 60시간 이상: 1, 연평균 60시간 미만: 0

나) 실습지도 및 실습실 운영 영역

실습지도 및 실습실 운영 영역의 직무수행에 대한 관련 변인들의 설명력을 구하기 위하여 실습지도 및 실습실 운영 영역의 직무수행과 통계적으로 유의미한 상관관계를 보인 변인들(성별, 현직연수 이수, 학교급, 학교 설립 유형, 학교 규모, 학교 소재지, 직무 중요성, 학교풍토의 교사 전문행위, 학교풍토의 학업 강조, 개인적 교수효능감)을 독립변인으로 하여 다중회귀분석을 실시하였다.

실습지도 및 실습실 운영 영역의 직무수행에 대한 다중회귀분석 결과는 <표 Ⅳ-43>과 같다. 직무수행 관련 변인들은 실습지도 및 실습실 운영 영역의 직무수행의 34.3%를 설명하고 있는데, 이는 통계적으로 유의미하였다(F=48.592).

<표 Ⅳ-43> 실습지도 및 실습실 운영 영역의 직무수행에 대한 회귀분석

변 인	R^2 변화량	비표준화 회귀계수(B)	표준화 회귀계수(β)	t
직무 중요성	0.255	0.811	0.447	12.376*
학교급	0.031	0.181	0.132	3.561*
개인적 교수효능감	0.023	0.217	0.166	4.688*
학교풍토의 학업 강조	0.016	−0.146	−0.143	−3.997*
학교 설립 유형	0.013	0.158	0.111	3.058*
학교풍토의 교사 전문행위	0.005	0.009	0.075	2.086*
상 수		−0.427		−1.372

· R=0.585, R^2=0.343, R_{adj}^2=0.336, F=48.592(p=0.000)

*: p<0.05

주: 명목척도는 다음과 같이 가변수화하여 사용함.
　　성별(남: 1, 여: 0), 현직연수 이수(연평균 60시간 이상: 1, 연평균 60시간
　　미만: 0), 학교급(중학교: 1, 고등학교: 0), 학교 설립 유형(국·공립: 1, 사
　　립: 0), 학교 소재지(대도시: D1: 0, D2: 0, 중소도시: D1: 1, D2: 0, 읍·
　　면지역: D1: 0, D2: 1)

실습지도 및 실습실 운영 영역의 직무수행에 대한 설명력은 직무 중
요성이 25.5%, 학교급이 3.1%, 개인적 교수효능감이 2.3%, 학업 강조가
1.6%, 학교 설립 유형이 1.3%, 학교풍토의 교사 전문행위가 0.5%의 순
으로 나타났다. 특히, 실습지도 및 실습실 운영 영역의 직무수행을 유
의미하게 설명하고 있는 변인들의 상대적인 중요성과 기여도는 관련
변인 가운데 직무 중요성(t=12.376, β=0.447), 개인적 교수효능감
(t=4.688, β=0.166), 학교풍토의 학업 강조(t=−3.997, β=−0.143), 학교
급(t=3.561, β=0.132), 학교 설립 유형(t=3.058, β=0.111), 학교풍토의
교사 전문행위(t=2.086, β=0.075)의 순으로 나타나, 다른 변인들에 비해
직무 중요성이 가장 큰 영향을 미치고 있음을 알 수 있다. 또한 학교풍
토의 학업 강조의 비표준화 회귀계수의 부호가 負(−)로 나타났는데,

이는 학업 강조가 높을수록 오히려 기술과 교사의 실습지도 및 실습실 운영 영역의 직무수행은 낮아진다고 해석할 수 있다.

그러나 성별, 현직연수 이수, 학교 규모, 학교 소재지는 실습지도 및 실습실 운영 영역의 직무수행과 통계적으로 유의미한 상관관계가 있었으나 직무수행을 유의미하게 설명하지는 못하였다.

다) 학생생활지도 영역

학생생활지도 영역의 직무수행에 대한 관련 변인들의 설명력을 구하기 위하여 학생생활지도 영역의 직무수행과 통계적으로 유의미한 상관관계를 보인 변인들(성별, 교직 경력, 현직연수 이수, 학교급, 학교 규모, 직무 중요성, 학교풍토의 협의적 리더십, 학교풍토의 교사 전문행위, 개인적 교수효능감)을 독립변인으로 하여 다중회귀분석을 실시하였다.

학생생활지도 영역의 직무수행에 대한 다중회귀분석 결과는 <표 IV-44>와 같다. 직무수행 관련 변인들은 학생생활지도 영역의 직무수행의 29.1%를 설명하고 있는데, 이는 통계적으로 유의미하였다(F=45.917).

학생생활지도 영역의 직무수행에 대한 설명력은 직무 중요성이 23.6%, 개인적 교수효능감이 3.2%, 학교풍토의 교사 전문행위가 1.1%, 학교 규모가 0.6%, 교직 경력이 0.6%의 순으로 나타났다. 특히, 학생생활지도 영역의 직무수행을 유의미하게 설명하고 있는 변인들의 상대적인 중요성과 기여도는 관련 변인 가운데 직무 중요성(t=10.895, β=0.410), 개인적 교수효능감(t=5.496, β=0.204), 학교풍토의 교사 전문행위(t=2.933, β=0.106), 학교 규모(t=-2.447, β=-0.088), 교직 경력(t=-2.147, β=-0.079)의 순으로 나타나, 다른 변인들에 비해 직무 중요성이 가장 큰 영향을 미치고 있음을 알 수 있다. 또한 학교 규모와 교직 경력의 비표준화 회귀계수의 부호가 負(-)로 나타났는데,

이는 학교 규모가 커질수록, 교직 경력이 높아질수록 오히려 기술과
교사의 학생생활지도 영역의 직무수행은 낮아진다고 해석할 수 있다.

그러나 성별, 현직연수 이수, 학교급, 학교풍토의 협의적 리더십은
학생생활지도 영역의 직무수행과 통계적으로 유의미한 상관관계가 있
었으나 직무수행을 유의미하게 설명하지는 못하였다.

〈표 Ⅳ-44〉 학생생활지도 영역의 직무수행에 대한 회귀분석

변 인	R^2 변화량	비표준화 회귀계수(B)	표준화 회귀계수(β)	t
직무 중요성	0.236	0.707	0.410	10.895*
개인적 교수효능감	0.032	0.254	0.204	5.496*
학교풍토의 교사 전문행위	0.011	0.124	0.106	2.933*
학교 규모	0.006	−0.004	−0.088	−2.447*
교직 경력	0.006	−0.005	−0.079	−2.147*
상 수		−0.652		−2.129

· R=0.539, R^2=0.291, R_{adj}^2=0.284, F=45.917(p=0.000)

*: p<0.05

주: 명목척도는 다음과 같이 가변수화하여 사용함.

성별(남: 1, 여: 0), 현직연수 이수(연평균 60시간 이상: 1, 연평균 60시간 미
만: 0), 학교급(중학교: 1, 고등학교: 0)

라) 행정업무수행 영역

행정업무수행 영역의 직무수행에 대한 관련 변인들의 설명력을 구
하기 위하여 행정업무수행 영역의 직무수행과 통계적으로 유의미한
상관관계를 보인 변인들(성별, 현직연수 이수, 학교급, 학교 설립 유형,
직무 중요성, 학교풍토의 협의적 리더십, 학교풍토의 교사 전문행위,
개인적 교수효능감)을 독립변인으로 하여 다중회귀분석을 실시하였다.

행정업무수행 영역의 직무수행에 대한 다중회귀분석 결과는 <표

Ⅳ-45>와 같다. 직무수행 관련 변인들은 행정업무수행 영역의 직무수행의 27.6%를 설명하고 있는데, 이는 통계적으로 유의미하였다 (F=42.621).

행정업무수행 영역의 직무수행에 대한 설명력은 직무 중요성이 23.2%, 개인적 교수효능감이 1.8%, 학교풍토의 협의적 리더십이 1.1%, 성별이 0.9%, 학교급이 0.5%의 순으로 나타났다. 특히, 행정업무수행 영역의 직무수행을 유의미하게 설명하고 있는 변인들의 상대적인 중요성과 기여도는 관련 변인 가운데 직무 중요성(t=11.116, β =0.419), 개인적 교수효능감(t=4.373, β =0.167), 학교풍토의 협의적 리더십 (t=2.898, β =0.105), 성별(t=−2.380, β =−0.090), 학교급(t=2.058, β =0.076)의 순으로 나타나, 다른 변인들에 비해 직무 중요성이 가장 큰 영향을 미치고 있음을 알 수 있다. 또한 성별의 비표준화 회귀계수(B= −0.134)의 부호가 負(−)로 나타났는데, 이에 대해서는 성별 변인을 가변수화할 때 남=1, 여=0으로 입력했기 때문에 남교사의 직무수행이 여교사보다 낮다고 해석할 수 있다(다른 변인의 값이 동일하다면 남교사의 직무수행이 여교사보다 0.134(성별의 비표준화 회귀계수의 절대값)만큼 낮다).

그러나 현직연수 이수, 학교 설립 유형, 학교풍토의 교사 전문행위는 행정업무수행 영역의 직무수행과 통계적으로 유의미한 상관관계가 있었으나 직무수행을 유의미하게 설명하지는 못하였다.

<표 IV-45> 행정업무수행 영역의 직무수행에 대한 회귀분석

변 인	R^2 변화량	비표준화 회귀계수(B)	표준화 회귀계수(β)	t
직무 중요성	0.232	0.741	0.419	11.116*
개인적 교수효능감	0.018	0.213	0.167	4.373*
학교풍토의 협의적 리더십	0.011	0.102	0.105	2.898*
성 별	0.009	−0.134	−0.090	−2.380*
학교급	0.005	0.102	0.076	2.058*
상 수		−0.336		−1.096

· R=0.525, R^2=0.276, R_{adj}^2=0.269, F=42.621(p=0.000)

*: p<0.05

주: 명목척도는 다음과 같이 가변수화하여 사용함.
　　성별(남: 1, 여: 0), 현직연수 이수(연평균 60시간 이상: 1, 연평균 60시간 미
　　만: 0), 학교급(중학교: 1, 고등학교: 0), 학교 설립 유형(국·공립: 1, 사립: 0)

마) 전문성 신장 영역

전문성 신장 영역의 직무수행에 대한 관련 변인들의 설명력을 구하기 위하여 전문성 신장 영역의 직무수행과 통계적으로 유의미한 상관관계를 보인 변인들(현직연수 이수, 직무 중요성, 학교풍토의 교사 전문행위, 개인적 교수효능감)을 독립변인으로 하여 다중회귀분석을 실시하였다.

전문성 신장 영역의 직무수행에 대한 다중회귀분석 결과는 <표 IV-46>과 같다. 직무수행 관련 변인들은 전문성 신장 영역의 직무수행의 24.2%를 설명하고 있는데, 이는 통계적으로 유의미하였다(F=90.090).

전문성 신장 영역의 직무수행에 대한 설명력은 개인적 교수효능감이 15.6%, 직무 중요성이 8.7%의 순으로 나타났다. 특히, 전문성 신장 영역의 직무수행을 유의미하게 설명하고 있는 변인들의 상대적인 중요성과 기여도는 관련 변인 가운데 개인적 교수효능감(t=8.903, β=0.334),

직무 중요성(t=8.029, β =0.301)의 순으로 나타나, 다른 변인들에 비해 개인적 교수효능감이 가장 큰 영향을 미치고 있음을 알 수 있다.

그러나 현직연수 이수와 학교풍토의 교사 전문행위는 전문성 신장 영역의 직무수행과 통계적으로 유의미한 상관관계가 있었으나 직무수행을 유의미하게 설명하지는 못하였다.

〈표 IV-46〉 전문성 신장 영역의 직무수행에 대한 회귀분석

변 인	R^2 변화량	비표준화 회귀계수(B)	표준화 회귀계수(β)	t
개인적 교수효능감	0.156	0.423	0.334	8.903*
직무 중요성	0.087	0.529	0.301	8.029*
상 수		−0.095		−0.326

· R=0.492, R^2=0.242, R_{adj}^2=0.240, F=90.090(p=0.000)
*: p<0.05
주: 명목척도는 다음과 같이 가변수화하여 사용함.
    현직연수 이수(연평균 60시간 이상: 1, 연평균 60시간 미만: 0)

바) 학급경영 영역

학급경영 영역의 직무수행에 대한 관련 변인들의 설명력을 구하기 위하여 학급경영 영역의 직무수행과 통계적으로 유의미한 상관관계를 보인 변인들(직무 중요성, 학교풍토의 교사 전문행위, 학교풍토의 기관 취약성, 개인적 교수효능감)을 독립변인으로 하여 다중회귀분석을 실시하였다.

학급경영 영역의 직무수행에 대한 다중회귀분석 결과는 <표 IV-47>과 같다. 직무수행 관련 변인들은 학급경영 영역의 직무수행의 31.5%를 설명하고 있는데, 이는 통계적으로 유의미하였다(F=86.212).

학급경영 영역의 직무수행에 대한 설명력은 직무 중요성이 27.0%,

개인적 교수효능감이 2.4%, 학교풍토의 교사 전문행위가 2.1%의 순으로 나타났다. 특히, 학급경영 영역의 직무수행을 유의미하게 설명하고 있는 변인들의 상대적인 중요성과 기여도는 관련 변인 가운데 직무 중요성(t=12.633, β =0.459), 개인적 교수효능감(t=4.514, β =0.161), 학교풍토의 교사 전문행위(t=4.147, β =0.148)의 순으로 나타나, 다른 변인들에 비해 직무 중요성이 가장 큰 영향을 미치고 있음을 알 수 있다.

그러나 학교풍토의 기관 취약성은 학급경영 영역의 직무수행과 통계적으로 유의미한 상관관계가 있었으나 직무수행을 유의미하게 설명하지는 못하였다.

〈표 Ⅳ-47〉 학급경영 영역의 직무수행에 대한 회귀분석

변 인	R^2 변화량	비표준화 회귀계수(B)	표준화 회귀계수(β)	t
직무 중요성	0.270	0.676	0.459	12.633*
개인적 교수효능감	0.024	0.171	0.161	4.514*
학교풍토의 교사 전문행위	0.021	0.147	0.148	4.147*
상 수		−0.037		−0.147

· R=0.561, R^2=0.315, R_{adj}^2=0.312, F=86.212(p=0.000)

*: p<0.05

5. 논 의

이 연구의 결과를 토대로 몇 가지 논의를 전개하면 다음과 같다.

가. 기술과 교사의 직무수행에 관한 논의

이 연구에서는 직무수행을 '주어진 직무에 대해 교사가 행동으로 실천하고 있는 수준, 또는 질'로 정의하고, 이러한 개념적 정의를 기초로 기술과 교사의 직무수행 척도를 개발하였으며, 이 척도를 이용하여 기술과 교사의 직무수행 정도를 구명하였다. 연구 결과 기술과 교사의 전체 직무수행은 비교적 높게 나타났다(5점 만점에 평균 3.65). 이는 일반 교사들을 대상으로 직무수행을 측정한 선행연구(구광서, 2002; 김기홍, 2003; 김정란, 2003; 김지종, 2004; 모일상, 2002; 박영숙 외, 1999; 장명희, 변숙영, 2001; 장문희, 2003 등)와 일치하는 것으로 기술과 교사는 자신에게 주어진 직무를 비교적 잘 수행하고 있다고 해석할 수 있다.

기술과 교사의 전체 직무수행은 직무 중요성에 비해 낮게 나타났는데, 직무 영역별로도 모든 영역에 걸쳐 중요성에 비해 직무수행이 낮게 나타났다. 특히, 그중에서도 교수학습지도 영역은 중요성에 비해 직무수행이 가장 낮게 나타났다. 즉 기술과 교사는 교수학습지도가 가장 중요하다는 것을 충분히 인식하고 있으나 이에 비해 수행 정도가 따라주지 못한다는 것을 의미한다. 이는 공문처리, 각종 잡무와 같은 행정 업무에 대한 부담이 커서(박찬숙, 1997) 상대적으로 교수학습지도의 수행을 제대로 할 수 없어 나타난 결과일 수도 있으며, 기술과 교사의 교수학습지도에 관한 직무능력 자체가 부족하여 나타난 결과일 수도 있다. 김용익(2001b)에 의하면 기술과 교사의 직무능력은 기술과 교사가 인식하는 직무 중요성에 비해 낮게 나타났는데, 중요성에 비해 낮은 직무능력으로 인해 직무수행이 낮게 나타난 것으로도 볼 수 있다. 따라서 중요성에 비해 직무수행이 낮게 나타난 직무에 대해서는 그 원인이 잡무처리, 열악한 물리적 환경 등과 같은 여건 때문인지, 기술과 교사가 소유하고 있는 직무능력이 부족하기 때문인지, 또는 다른 원인 때문인지 좀 더 다각적으로 분석할 필요가 있다. 한편, 행정업무수행 영역의 경우 직무수행(평균 3.79)은 직무 중요성(평균 3.86)과 거의 차이가 나지 않았는데, 이는 행정업무수행에 있어서는 기술과 교사가 충분히 제 역할을 수행하고 있는 것으로 유추할 수 있다.

나. 기술과 교사의 직무수행과 주요 변인 간의 관계에 관한 논의

인구통계학적 특성에 따른 기술과 교사의 직무수행의 차이를 보면, 첫째, 성별에 따른 기술과 교사의 전체 직무수행에는 차이가 없었다. 선행연구를 고찰해 보면, 성별만큼 교사의 직무수행 결과가 다양하게 나온 변인을 찾아보기 힘들다. 남교사의 직무수행이 높다는 연구(김지종, 2004; 박동열, 1996; 장옥희, 2001; 장은정, 1991)와 여교사의 직무수행이 높다는 연구(안승동, 1984; 윤명현, 2003; 홍영숙, 1998), 성별에 따른 직무수행 차이가 없다는 연구(모일상, 2002; 임현진, 2003; 조은아, 2003)가 함께 존재하며, 연구대상이나 연구시기, 연구자 등에 따라 결과가 다름을 알 수 있다. 그러나 아직까지도 교직사회에서는 여교사는 남교사에 비해 승진에 대한 열의나 동기가 낮으며, 직무에 대한 몰입도와 자신감이 낮고, 직무에 대한 헌신도가 낮다는 인식(교육인적자원부, 2001)이 있다. 또한 제5차 교육과정까지 기술은 남학생들만 배우는 교과였기 때문에 현재 기술과를 담당하고 있는 대부분의 여교사들은 중·고등학교시절에 기술교과를 배우지 못했다. 이런 이유로 인하여 여교사가 기술과 교사로서 직무를 수행하는 데 남교사보다 어려움을 겪으며, 직무수행이 낮을 것으로 예상되었으나, 연구 결과 여교사도 남교사 못지않게 직무수행이 높다는 것을 알 수 있었다. 오히려 일부 직무 영역에서는 여교사가 남교사보다 직무수행이 높게 나타났는데, 이는 교사 임용제도가 1991학년도부터 교사임용고사라는 공개경쟁제도로 바뀐 이후 남교사보다 여교사의 임용 비율이 훨씬 높은 것으로 볼 때, 우수한 여교사가 교직에 많이 임용되었기 때문인 것으로도 볼 수 있을 것이다.

둘째, 학력에 따른 기술과 교사의 전체 직무수행에는 차이가 없었다. 이는 일반교사의 직무수행은 학력이 높을수록 직무수행이 높다는 선행 연구들(김정란, 2003; 임곡지, 2004; 장명희, 변숙영, 2001)의 연구 결과와 일치하지 않는 결과이다. 교수학습지도와 관련된 일부 직무항목에 있어서는 대학원 졸업교사가 대학 졸업교사보다 직무수행이 높게 나타났으나 전체 직무수행에 있어서는 유의미한 차이가 없었다. 이는 대학원이라는 학위과정을 통하여 전문성을 신장시키고자 하는 성과가 나타나지 않는 것으로 해석할 수도 있다. 즉 자신의 직무능력의 향상이나 직무수행의 향상을 위해 대학원을 진학하기보다는 승진점수를 마련하기 위해, 또는 많은 동료교사들이 대학원을 진학함으로써 오는 상대적 소외감을 느끼지 않기 위해 대학원 진학을 함으로써, 대학원 진학을 하나의 통과 의례로만 생각하기 때문에 나타나는 결과로 해석할 수도 있다. 또한 일부 교육대학원의 부실한 교육과정 운영으로 인해 대학원 과정이 교사의 직무수행 향상에 거의 도움을 주지 못하는 것으로 유추할 수 있다. 대학원에 대한 교사들의 수요가 증가함에 따라 교육대학원은 양적으로 많은 성장을 했으며, 2005년 현재 전국에 석사과정이 개설된 학과 수가 1,640개 학과이며, 박사과정이 개설된 학과 수가 211개 학과에 이른다(교육인적자원부, 2005a). 그러나 이들 중 기술교육과에서 개설한 기술교육대학원은 한국교원대학교와 충남대학교뿐이며, 나머지 대학은 주로 교육학은 교육학과에서 이수하고, 교육 내용학은 공과대학에서 이수하도록 하고 있으며, 대부분 교육 내용학 중심으로 교육대학원이 운영되고 있다. 따라서 많은 대학원에서 기술교과 교육학보다는 기술 내용학 지도에 치중하는 경향이 있는데, 이보다는 기술과 교사의 직무수행이 낮은 교수학습지도에 관한 교과 교육학적 내용을 대학원 교육과정에 많이 포함시킬 필요가 있을 것이다.

셋째, 교직 경력에 따른 기술과 교사의 직무수행과 관련하여 일부 직무항목에서는 교직 경력이 높은 교사가 낮은 교사보다 직무수행이 높게 나타났으나 전체 직무수행에 있어서는 유의미한 차이가 없었다. 일반교사를 대상으로 한 일부 선행연구(손순희, 2001; 장문희, 2003)에서는 교직 경력에 따라 직무수행에 차이가 없는 것으로 나타났으나, 많은 연구(김정란, 2003; 김지종, 2004; 장은정, 1991; 홍영숙, 1998 등)에서 교직 경력이 높을수록 직무수행이 높게 나타났다. 따라서 이러한 선행연구와 일치하지 않는 결과에 대하여 선행연구들이 모든 교과 담당교사를 대상으로 한 연구에 비해 이 연구는 기술과 교사만을 대상으로 했기 때문으로 볼 수도 있으나, 초임임용과정에서 우수한 초임교사가 선발되어 교직에 투입됨으로써 경력교사와의 직무수행 차가 나지 않는다는 해석도 가능할 것이다. 즉 1991학년도부터 도입된 교사임용후보자 선발경쟁 시험제도를 통하여 직무수행이 우수한 초임교사들이 교육현장에 유입됨으로써, 교직 경력에 따른 직무수행의 차이가 나지 않는 것으로 해석할 수 있을 것이다.

넷째, 현직연수 이수에 따라 기술과 교사의 전체 직무수행에 차이가 있었는데, 연평균 60시간 이상 90시간 미만의 현직연수를 받은 교사가 30시간 미만의 현직연수를 받은 교사에 비해 직무수행이 높게 나타났다. 이는 강혁희(1999), 최윤이(2002), Fritz 등(1995)의 선행연구와도 일치하는 것으로 기술과 교사가 이수하는 현직연수가 직무수행에 긍정적인 영향을 미치는 것으로 해석될 수 있다. 또한 기술·가정교과를 담당하고 있는 교사의 경우 현직연수의 필요성을 인식하고 있으며, 현직연수에 대하여 적극적인 태도를 가지고 있으므로(강창원, 2004), 기술과 교사에게 지속적으로 현직연수를 제공할 필요가 있다. 그러나 현직연수의 효과를 더 극대화시키기 위해서는 기술과 교사의 직무수행이 낮은 직무에 대한 실무위주의 현직연수를 제공할 필요가 있다.

다섯째, 담당 교과목 수에 따른 기술과 교사의 전체 직무수행에는 차이가 없었으며, 이는 기술과 교사가 담당하는 교과목 수는 직무수행과 관계가 없는 것으로 해석할 수 있다. 교사가 담당하는 교과목 수가 늘어나는 경우 이를 준비하기 위한 직무수행 시간과 부담은 증가하게 되어(김순주, 1999), 철저한 수업준비가 이루어지기 힘들다. 따라서 담당 교과목 수가 많은 경우 단일 과목을 지도하는 경우보다 교수학습지도의 수행에 어려움을 겪으며, 더 나아가서는 교수학습지도뿐 아니라 다른 직무수행에도 영향을 미칠 수 있을 것으로 예상할 수 있다. 특히 기술·가정 교과의 경우 학교의 규모나 기술과 교사의 인원수 등과 같은 학교 상황에 따라 다소 차이가 있으나 제6차 교육과정부터 이수 단위가 대폭 감소됨에 따라 기술과 교사가 담당해야 할 교과목 수가 증가하고 있는데(장명희, 2001), 이로 인하여 기술과 교사의 직무수행에 차이가 있을 것으로 예상되었으나 차이가 없었다. 물론 지도해야 하는 과목 수가 많다는 것은 기술과 교사에게 부담으로 적용될 수 있을지 모르나, 연구 결과에 따르면 담당 교과목 수는 기술과 교사로서 직무를 수행하는 것과는 관련이 없는 것으로 나타났다. 이에 대해서는 제6차 교육과정부터 기술과의 시수가 감소되어, 기술과의 교과 내용이 기초적인 내용만으로 대폭 축소됨으로써, 교과목 수가 수업준비에 영향을 주지 않는 것으로 유추할 수 있을 것이다.

여섯째, 자격 취득경로에 따른 기술과 교사의 전체 직무수행에는 차이가 없었다. 즉 기술과 교사의 자격 취득경로는 크게 양성대학에서 기술교육을 전공하여 취득한 경우, 입직 후 부전공 연수나 대학원 진학을 통하여 취득한 경우, 기술 교원자격이 없는 경우로 분류할 수 있는데 이들 간의 직무수행에는 차이가 없었다. 제7차 교육과정부터 기술·가정 통합교과로 운영되면서 가정과 교사도 부전공 연수를 이수한 뒤 기술 영역을 가르치도록 하고 있는데, 이들은 부전공한 영역에 대한 지식 부족과 기능 부족으로 인하여 교수학습지도에 많은 어려움을 느끼고 있으므로(강창원, 2004; 김영종, 2003) 직무수행에 차이가 있을 것으로 예상되었으나 차이가 없었다. 또한 기술 교원자격을 소지하지 않은 상치교사의 경우에도 교수학습지도 시 많은 어려움을 겪고 있으며(이신구, 1995), 이로 인해 직무수행에 차이가 있을 것으로 예상되었으나 차이가 없었다. 이에 대하여 좀 더 자세히 집단 내의 구성 비율을 알아보면, 기술 교원자격이 없는 교사의 상당수(기술 교원자격이 없는 응답자 중 54.1%)가 기계교육이나 전자교육과 같은 공업교육을 전공하고 기술과를 지도하고 있는 공업교사였다. 또한 부전공 연수를 통하여 기술 교원자격을 취득한 교사 중에도 상당수(부전공으로 기술 교원자격을 취득한 응답자 중 50.7%)가 공업교육을 전공하고 기술과를 지도하고 있는 공업교사였다. 이들은 대학에서 공업교육을 전공하였음에도 불구하고, 본인의 의사와는 상관없이 기술교육을 담당하도록 지도교과가 기술로 발령이 난 교사들이 대부분이다. 교사임용고사가 도입되어 기술과 교사를 체계적으로 선발하기 전인 1991년 이전에 임용 발령을 받은 기술과 교사 중에는 이러한 공업교육 전공자들이 적지 않은데,

이들은 비록 기술 교원자격은 소지하고 있지 않으나 양성과정에서 기술교육과 유사한 공업교육을 전공하였고, 오랜 기간 동안 기술을 주전공으로 지도하고 있기 때문에 기술과 교사에 비해 직무수행이 큰 차이가 나지 않는 것으로 유추할 수 있다. 또한 부전공 연수를 통하여 기술 교원자격을 취득한 교사나 기술 교원자격이 없는 상치교사 중에는 이러한 공업교사가 상당수 포함되어 있으며, 이로 인해 양성과정에서 기술 교원자격을 취득한 교사와 부전공 연수나 대학원 진학을 통하여 기술 교원자격을 취득한 교사, 기술 교원자격이 없는 상치교사 간에 직무수행에 차이가 나지 않는 것으로 유추할 수 있다.

근무학교 특성에 따른 기술과 교사의 직무수행의 차이를 보면, 첫째, 학교급에 따른 기술과 교사의 전체 직무수행에는 차이가 있었으며, 중학교에 근무하는 기술과 교사가 고등학교에 근무하는 교사보다 직무수행이 높게 나타났다. 이는 일반교사들을 대상으로 한 선행연구(김정란, 2003; 모일상, 2002)와도 일치하는 결과이었다. 중학교 교사와 고등학교 교사의 양성이나 자격, 임용과정은 같기 때문에 직무를 수행할 수 있는 직무수행능력에는 차이가 나지 않을 수 있으나, 학교급 간의 직무 환경이 다르기 때문에 직무수행에는 차이가 나는 것으로 볼 수 있을 것이다. 즉 직무 영역별로 살펴보면, 실습지도 및 실습실 운영 영역, 학생생활지도 영역, 행정업무수행 영역에서 중학교 교사가 고등학교 교사보다 높게 나타났는데, 실습지도 및 실습실 운영 영역에서 중학교 교사가 고등학교 교사보다 높게 나타난 것은 중학교의 경우 거의 대부분의 학교에서 기술 실습실을 갖추고 있으며, 이를 활용하여 실습이 이루어지고 있으나, 고등학교의 경우 기술 실습실이 필수 보유실이 아닌 관계로 기술 실습실이 없는 학교들도 있으며, 이러한 학교의 경우 실습 관련 직무수행이 제대로 수행되고 있지 못하기 때문인 것으로 유추할 수 있다. 학생생활지도에 있어서도 중학교의 경우 학생들의 연령이 고등학교에 비해 낮은데 이러한 상황 차이가 학생생활지도에 있어 학교급 간 직무수행 차이를 가져오는 것으로 유추할 수 있다.

둘째, 학교 설립 유형에 따른 기술과 교사의 전체 직무수행에는 차이가 있었으며, 국·공립학교에 근무하는 기술과 교사가 사립학교에 근무하는 교사보다 직무수행이 높게 나타났는데, 이는 가정과 교사를 대상으로 한 장명희(2001)의 선행연구와 일치하는 결과이다. 오늘날 대부분의 사립학교는 재정 규모가 영세하고 정부로부터의 재정 지원이 빈약하여 교육을 정상적으로 운영하는 데 많은 어려움을 겪고 있다(이신구, 1995). 또한 교사들의 근무형태에 있어서도 국·공립학교 교사의 경우 사립학교 교사에 비해 인사상의 기회가 많이 있는 관계로 인사에 관한 관심과 의욕이 높으며, 자기 발전에 대한 기대와 의욕을 가지고 있고(이신구, 1995; 이인화, 2000), 신분보장에 있어서도 공립은 국가에서 채용하는 관계로 안정적이나, 사립은 이사장이 고용하는 관계로 상대적으로 그렇지 못하며, 교사 임용에 있어서도 국·공립학교의 경우 공개경쟁에 의해 임용하고 있으나 사립학교의 경우 자체적으로 임용하고 있다. 따라서 이러한 국·공립학교와 사립학교의 차이로 인해 기술과 교사의 직무수행에 차이가 나는 것으로 유추할 수 있다.

셋째, 학교 규모에 따른 기술과 교사의 전체 직무수행에는 차이가 없었다. 선행연구에 의하면 학교 규모가 작을수록 한정된 인원으로 직무를 수행해야 하므로 업무에 부담을 느끼는 것으로 나타났으며(김기홍, 2003), 중규모 학교에 근무하는 교사가 소규모 학교나 대규모 학교에 근무하는 교사에 비해 연수활동업무의 직무수행이 높게 나타났다(장명희, 변숙영, 2001). 소규모 학교의 경우 교사 수가 적으며, 한정된 인원으로 학교업무를 수행해야 하므로, 중규모나 대규모 학교에 근무하는 교사에 비해 행정업무가 많으며, 담당 교과목 수도 많을 수밖에 없다(백성준, 황인성, 1997). 따라서 기술과 교사의 직무수행도 학교 규모에 따라 차이가 있을 것으로 예상되었으나 차이가 없었다. 이에 대해서는 이 연구의 결과를 통하여 직접적으로 밝힐 수는 없고, 후속 연구를 통하여 다각적으로 검토할 필요가 있을 것이다.

넷째, 학교 소재지에 따른 기술과 교사의 직무수행에는 차이가 없었다. 도시와 농촌 간에는 학생들의 가정의 경제적인 수준, 학부모들의 학력 수준, 학부모들의 학교 교육활동 참여 정도 등 많은 부분에서 차이가 있다. 또한 도시지역의 면학 분위기가 읍·면지역에 비해 더 좋으며, 학생들의 공부에 대한 관심이 더 높은 것으로 나타났으며, 이러한 지역 간 교육환경의 불균형으로 인하여 농촌지역의 교육환경은 더 열악해지고 심화되고 있는 실정이다(김현오, 2002). 그러나 이러한 지역 간의 차이에도 불구하고 기술과 교사의 직무수행에는 차이가 없었다. 이는 예전과 달리 물리적 환경 측면에서 읍·면지역의 학교도 많이 개선되어 이제는 대도시와 큰 차이가 나지 않으며, 인적 구성원 차원에서도 벽지 지역 근무 교사에게 승진 시 지역 가산점 등을 부여하고 있어 지역 간 기술과 교사의 직무수행에 차이가 나지 않는 것으로 유추할 수 있을 것이다.

기술과 교사의 전체 직무에 대한 중요성은 높게 나타났으며(5점 만점에 평균 4.10), 직무 영역 중 교수학습지도(평균 4.20)를 가장 중요하게 인식하고 있었다. 이러한 결과는 일반교사나 실업계 고등학교에 근무하는 전문교과 담당교사를 대상으로 한 여러 선행연구(모일상, 2002; 박영숙 외, 1999; 장명희, 변숙영, 2001)의 결과와 일치하는 것으로, 기술과 교사는 교수학습지도를 교사 본연의 직무로 인식하고 있는 것으로 해석할 수 있다. 반면, 행정업무수행(평균 3.86)에 대한 중요성이 가장 낮게 나타났는데, 이는 기술과 교사가 교육을 수행함에 있어 다른 직무들에 비해 행정업무에 대한 직무를 상대적으로 덜 중요하게 인식하고 있음을 보여준다. 많은 교사가 행정업무수행에 부담을 가지고 있으며, 정부에서도 행정업무수행 관련 직무를 줄이기 위하여 교원의 교육행정정보시스템을 구축하는 등 많은 노력을 하고 있으나 그 실효를 거두지 못하고 있다. 따라서 기술과 교사가 본연의 직무인 교수학습지도에 보다 충실하기 위해서는 직무 중 덜 중요하게 인식하고 있는 행정업무의 경감을 추진할 필요가 있다. 한편, 실습지도 및 실습실 운영 영역에 대한 직무 중요성도 높게 나타났는데(평균 4.13), 그중에서도 실습실 운영과 관련된 직무항목들보다 실습지도와 관련된 직무항목들에 대한 중요성이 높게 나타났다. 이는 기술과 교사들이 학생들로 하여금 기술적 소양을 갖추도록 하기 위해서는 실천적이고 생산적인 학습경험을 제공해야 하며, 이를 위해서는 실습지도가 매우 중요하다고 인식하고 있는 것으로 해석할 수 있다.

그리고 기술과 교사의 직무 중요성은 직무수행과 높은 상관관계를 보였다. 이는 기술과 교사가 자신에게 주어진 직무를 얼마나 중요하게 인식하느냐에 따라 직무수행의 결과도 달라지는 것으로 해석할 수 있다. 따라서 기술과 교사에게 직무 중요성을 인식할 수 있는 프로그램이나 연수 등이 충분히 주어질 필요가 있다. 일반적으로 교사는 모든 직무를 중요하게 인식해야 하는 것으로 여기는 경향이 없지 않다. 교사가 수행해야 하는 직무 중 중요하지 않은 직무가 없다는 것이다. 그러나 연구 결과에서 나타난 바와 같이 실제로 기술과 교사가 인식하는 전체 직무에 대한 중요성은 높기는 했으나(평균 4.10), 모든 직무를 중요하게 인식하는 것은 아니었다. 예를 들어 학생생활지도(평균 3.87)나 행정업무수행(평균 3.86)의 경우 중요성이 비교적 높기는 하였으나 매우 높은 것은 아니었다. 따라서 중요성이 상대적으로 낮게 나타난 직무에 대하여 좀 더 중요성을 높게 인식할 수 있도록 하는 방안이 마련될 필요가 있다. 또한 뒤에서 논할 학교풍토의 기관 취약성(외부로부터의 압력)은 전체 직무수행과 관련이 없었는데, 이러한 결과로 볼 때, 외부의 강압적인 지시나 요청보다 직무 중요성을 인식하는 것이 직무수행 향상에 훨씬 도움이 될 수 있음을 유추할 수 있다.

학교풍토에 대한 기술과 교사의 인식을 논의하기에 앞서 학교풍토 척도에 대하여 논의할 필요가 있다. 연구자는 학교풍토를 측정하기 위해서 국내 연구에서 많이 사용되고 있는 Halpin과 Croft(1963)의 학교풍토 측정도구(OCDQ)나 노종희(1990)의 학교풍토 측정도구(OCDQ-KOR)를 사용하지 않고, 다소 생소한 Hoy(2001)가 개발한 조직풍토지수(OCI)를 사용하였다. 이는 학교풍토는 한 학교가 다른 학교와 구별되고, 구성원의 행동에 영향을 미치는 학교 특성의 총체인데, Halpin과 Croft(1963)의 척도와 노종희(1990)의 척도는 학교장의 행동과 교사의 행동의 두 영역에만 초점을 두고 있기 때문이다. 이에 반해, Hoy(2001)의 조직풍토지수는 학교장과 교사뿐 아니라 학생에 대한 학업 강조와 외부로부터의 압력 정도인 기관 취약성까지 측정할 수 있기 때문에 본 연구의 척도로 선택하였다.

기술과 교사가 인식하는 학교풍토는, 협의적 리더십(평균 3.33), 교사 전문행위(평균 3.60), 학업 강조(평균 3.62)에 대해서는 이론적 평균보다 다소 높게 나타났으나, 기관 취약성(2.92)에 대해서는 이론적 평균보다 약간 낮게 나타났다. 이를 통하여 기술과 교사는 학교 구성원들의 사회적 요구와 학교목표를 충족시키고자 하는 지도성을 학교장이 약간 가지고 있다고 인식하는 것으로 해석할 수 있다. 그리고 동료 교사들에 대해서도 열의를 가지고 직무를 수행하며, 상호 협동과 지지가 비교적 잘 이루어지고 있다고 인식하는 것으로 해석할 수 있다. 또한 학생들의 학업 성취를 위한 노력, 학업 성공에 대한 학생들 간의 의식, 학부모들의 학업에 대한 관심 등이 비교적 높다고 인식하는 것으로 해석할 수 있다. 마지막으로 학교는 학부모나 소수의 영향력 있는 지역 유지, 지역 교육청 등과 같은 외부로부터의 압력을 받는 것에 대해서 중간 정도로 인식하는 것으로 해석할 수 있다.

기술과 교사의 직무수행은 학교풍토와 상관이 있는 것으로 나타났는데, 이는 이동훈(2003), 이택수(1990), Hoy와 Tarter(1992)의 선행연구와 일치하는 결과이다. 기술과 교사가 인식하는 학교풍토 가운데 학교장의 협의적 리더십은 기술과 교사의 직무수행과 유의미한 상관관계를 보였는데, 이는 학교장이 협동적이고, 민주적인 리더십을 발휘하는 학교풍토일수록 기술과 교사의 직무수행이 높다는 것이므로, 교사의 직무수행의 향상을 위해서는 학교장이 협의적 리더십을 발휘할 필요가 있다.

한편, 학교풍토 중 기술과 교사의 직무수행과 가장 상관관계가 높게 나타난 것은 교사의 전문행위이었는데, 이는 교사들 간의 동료에 대한 존중, 상호 협동과 지지 등이 형성된 학교풍토에서 근무하는 기술과 교사의 직무수행이 높음을 나타내는 것이다. 따라서 직무수행 향상을 위해서는 교사의 전문행위 풍토가 형성될 수 있도록 환경을 조성할 필요가 있다.

학교풍토 중 학업 강조는 기술과 교사의 전체 직무수행과 상관관계가 없는 것으로 나타났는데, 이는 학생이나 학부모의 학업에 대한 관심과 기술과 교사의 직무수행과는 상관이 없음을 의미한다. 직무 영역별로도 교수학습지도의 직무의 경우 일반적으로 학생들이나 학부모의 학업에 대한 관심이 높을수록 교사의 교수학습지도에 대한 직무수행은 높을 것으로 예상할 수 있으나, 연구 결과 상관이 없는 것으로 나타났다. 이러한 결과는 기술과만의 특성으로 볼 수도 있는데, 기술과의 경우 기술·가정교과가 대학수학능력시험과목에 포함되어 있지 않는 등 다른 교과에 비해 상대적으로 학생이나 학부모의 학업 강조에서 자유로움을 나타내는 것으로 해석할 수 있다. 그러나 실습지도 및 실습실 운영의 경우 학업 강조와 부(負)적인 상관관계가 있었는데, 이는 학업 강조가 높은 학교풍토에 근무하는 기술과 교사의 직무수행이 오히려 낮다는 것을 의미한다. 따라서 학업을 강조하는 학교일수록 실습지도에 대한 직무수행을 상대적으로 소홀히 하는 것으로 해석할 수도 있다.

학교풍토의 기관 취약성은 기술과 교사의 전체 직무수행과는 상관관계가 없었으나 학급경영 영역의 직무수행과는 부(負)적인 상관관계가 있었다. 이는 학부모나 지역 유지, 교육청과 같은 외부 압력으로부터 학교가 영향을 받을수록 기술과 교사의 학급경영 영역의 직무수행은 낮아진다는 것을 의미한다. 따라서 지나친 학부모의 관여나 지역 유지나 교육청의 간섭으로부터 어느 정도 자유로울 수 있는 학교풍토가 마련될 필요가 있다.

개인적 교수효능감은 비교적 높게 나타났는데(평균 3.68), 이는 기술과 교사는 스스로 학생들에게 영향을 미칠 수 있는 능력을 가지고 있다고 믿고 있는 것으로 해석할 수 있다. 기술과 교사의 개인적 교수효능감은 직무수행과 높은 상관관계를 보였는데, 이는 선행연구들(임용규, 2000; 홍승규, 1997; 황선이, 1994)의 연구 결과와 일치하는 것으로 교사 자신이 학생들에게 영향을 미칠 수 있는 능력을 가지고 있다고 믿는 정도가 클수록 직무수행도 높아짐을 알 수 있다. Allinder (1994), Gibson과 Dembo(1985)에 의하면 개인적 교수효능감이 높은 교사일수록 다양한 교구를 사용하며, 다양한 교수방법을 시도하며, 보다 좋은 교수법을 알고자 하며, 혁신적인 방법을 도입한다고 하였다. 또한 학구적인 면에 더 초점을 두고, 혁신적인 교수 기술을 많이 사용하며, 학습자 스스로 해답에 이를 수 있도록 도와주며, 질문형식을 더 많이 취한다고 하였다. 반면, 개인적 교수효능감이 낮은 교사들의 경우 학습자의 이야기를 듣고 기다리기보다는 직접 교사가 생각하는 정답을 제시한다고 하였다. 기술과 교사의 경우에도 직무수행은 개인적 교수효능감과 상관이 있는 것으로 나타났으므로 직무수행을 효율적으로 향상시키기 위해서는 기술과 교사의 개인적 교수효능감을 향상시키는 방안이 모색될 필요가 있다.

다. 기술과 교사의 직무수행 관련 변인의 설명력에 관한 논의

기술과 교사의 전체 직무수행에 대한 다중회귀분석 결과, 직무수행 관련 변인들 중, 직무 중요성, 개인적 교수효능감, 학교풍토의 교사 전문행위, 학교급이 기술과 교사의 직무수행의 50.2%를 설명하는 것으로 나타났다. 학교급, 학교 설립 유형, 학교 규모, 학교 소재지와 같은 근무학교 특성 중 전체 직무수행에 영향을 미치는 변인은 학교급이었다. 중학교와는 달리 고등학교의 경우 기술 실습실을 갖추지 않는 학교도 적지 않은데, 이와 같은 중·고등학교 간의 다양한 환경 차이가 기술과 교사의 직무에 영향을 미치므로, 고등학교의 환경을 개선할 필요가 있다. 예를 들어 고등학교의 경우 기술 실습실이 필수 보유실이 아니기 때문에 아직도 기술 실습실이 없는 학교들도 있는데, 기술 실습에 지장이 없도록 기술 실습실이나 기술·가정 실습실이 모든 고등학교에 확보될 필요가 있다. 또한 고등학교 교사의 행정업무수행이나 학생 생활지도를 지원할 수 있도록 고등학교에 전산 보조원의 증원, 생활지도사의 배치 등과 같은 지원이 이루어질 필요가 있다. 학교풍토의 변인 중에서는 교사 전문행위만이 기술과 교사의 전체 직무수행에 영향을 미치는 것으로 나타났으므로 교사의 전문행위 풍토가 형성될 수 있도록, 즉 교사들 간의 동료에 대한 존중, 상호 협동과 지지 등이 형성될 수 있도록 학교풍토를 개선할 필요가 있다.

그러나 학교급과 학교풍토의 교사 전문행위보다 훨씬 더 높은 설명력을 갖는 변인은 직무 중요성과 개인적 교수효능감인데, 특히 직무 중요성은 다른 관련 변인들에 비해 기술과 교사의 전체 직무수행에 대하여 상대적인 중요성과 기여도가 가장 높게 나타났으며, 그 다음으로 개인적 교수효능감인 것으로 나타났다. 따라서 기술과 교사의 직무 중요성을 높게 인식할 수 있도록 하는 방안이 모색될 필요가 있으며, 아울러 기술과 교사의 개인적 교수효능감을 향상시킬 수 있는 방안이 마련될 필요가 있다.

Ⅴ 요약, 결론 및 제언

1. 요 약

이 연구의 목적은 기술과 교사의 직무수행 정도를 구명하고, 이와 관련 변인들과의 관계를 구명하는 데 있었다. 이러한 연구 목적을 달성하기 위하여 첫째, 기술과 교사의 직무수행 정도 구명, 둘째, 기술과 교사의 직무수행과 주요 변인 간의 관계 구명, 셋째, 기술과 교사의 직무수행 관련 변인의 설명력 구명을 연구 목표로 설정하였다.

이 연구의 모집단은 2005년 9월 현재 전국의 중학교 2,935개교와 고등학교 2,095개교에 근무하는 기술과 교사였다. 표본의 선정은 5,030개의 중·고등학교 이름을 나열하고 일련번호를 부여한 뒤, 체계적 무선 표집 방법에 따라 9의 배수 번호에 해당하는 559개교를 선정하였으며, 선정된 학교에 근무하는 1,051명의 기술과 교사를 표본으로 선정하였다.

자료수집을 위한 조사도구로는 질문지가 사용되었으며, 질문지는 기술과 교사의 직무수행 척도, 직무 중요성 척도, 학교풍토 척도, 개인적 교수효능감 척도, 인구통계학적 특성과 근무학교 특성 조사문항, 직무 영역별 가중치 조사문항으로 구성되었다. 기술과 교사의 직무수행 척도 및 직무 중요성 척도는 ① 기술과 교사의 주요 직무내용 선정, ② 현장 기술과 교사 집단에 의한 주요 직무내용의 타당도 검토, ③ 주요 직무내용에 기초한 예비조사용 척도 개발, ④ 기술교육 전문가 집단에 의한 척도의 내용타당도 검토, ⑤ 예비조사를 통한 척도의 신뢰도 및 타당도 확보의 과정을 거쳐 개발되었다. 이에 따라 기술과 교사의 직무수행 척도 및 직무 중요성 척도는 6개 영역(교수학습지도, 실습지도 및 실습실 운영, 학생생활지도, 행정업무수행, 전문성 신장, 학급경영), 총 48개 문항(5점 척도)으로 구성되어 있다. 직무수행에 대한 영역별 Cronbach의 α 계수는 0.83~0.92이었으며, 직무수행 전체에 대해서는 0.95이었다. 직무 중요성에 대한 영역별 Cronbach의 α 계수는 0.80~0.92이었으며, 직무 중요성 전체에 대해서는 0.95이었다. 학교풍토 척도는 Hoy(2001)의 척도를 연구자가 연구목적에 맞게 수정하여 사용하였다. 원 척도를 번안한 뒤 기술교육 전문가 및 현장 기술과 교사의 내용타당도 검토를 거친 후, 예비조사를 실시하여 신뢰도와 타당도를 갖추도록 개발하였다. 최종 개발된 학교풍토 척도는 총 22문항(5점 척도)으로 개발되었으며, 영역별 Cronbach의 α 계수는 0.70~0.87이었다. 개인적 교수효능감은 Enochs와 Riggs(1990)가 개발한 과학 교수효능감 검사 도구(Science Teaching Efficacy Belief Instrument; STEBI)를 연구자가 기술과 교사에 맞게 수정하여 사용하였다. 총 25문항으로 구성되어 있는 원 도구 중 일반적 교수효능감 문항을 제외하고 개인적 교수효능감 문항만을 척도로 사용하였다. 또한 기술교육 전문가 및 현장 기술과 교사의 타당도 검토를 거친 후, 예비조사를 실시하여 신뢰도와 타당도를 갖추도록 개발하였다. 최종 개발된 개인적 교수효능감 척도는 총 10문항(5점 척도)으로 개발되었으며, Cronbach의 α 계수는 0.86이었다. 직무수행의 영역별 가중치 조사문항은 앞에서 언급한 6개의 직무 영역에 대한 비중을 수치로 기록하도록 하였으며, 그 합이 100이 되도록 하였다.

자료수집은 2005년 9월 5일부터 16일까지 우편조사를 통하여 이루어졌고, 총 1,051부 중 16부가 반송되었으며, 639부가 회수되어, 회수율은 61.7%이었다. 그중 일부 자료는 불성실응답 및 무응답 등의 이유로 제외되어 최종분석에는 566부가 활용되었다. 또한 무응답 오류(non-response error)가 있는지를 확인하기 위해 일찍 응답한 집단과 늦게 응답한 집단의 응답결과를 통계적으로 비교하였다. 그 결과 무응답 오류는 없으며, 응답자가 모집단을 대표한다는 것을 확인할 수 있었다.

자료 분석은 기술과 교사의 직무수행 정도를 분석하기 위하여 평균과 표준편차와 같은 기술통계치를 분석하였으며, 기술과 교사의 직무수행과 주요 변인 간의 관계를 분석하기 위하여 빈도, 평균, 표준편차와 같은 기술통계치 분석, t검정, 일원분산분석, 다원분산분석, 피어슨 상관관계 분석을 실시하였다. 그리고 기술과 교사의 직무수행에 대한 관련 변인들의 설명 정도를 분석하기 위하여 다중회귀(multiple regression)분석을 실시하였으며, 추리통계에서 통계적 유의미성은 0.05를 기준으로 판단하였다.

가중치를 고려한 전체 직무수행은 평균 3.65로 비교적 높게 나타났으며, 직무 영역별로는 학급경영(평균 3.89)에 대한 직무수행이 가장 높게 나타났으며, 그 다음으로 행정업무수행(평균 3.79), 실습지도 및 실습실 운영(평균 3.74), 전문성 신장(평균 3.63), 교수학습지도(평균 3.56), 학생생활지도(평균 3.43) 순으로 나타났다. 또한 모든 직무 영역에서 직무수행이 직무 중요성에 비하여 낮게 나타났는데, 그중에서도 교수학습지도 영역에서 직무 중요성과 직무수행 간의 차가 가장 크게 나타났다.

직무항목별 직무수행은 교수학습지도 영역의 경우 평가기준에 따른 공정한 채점(평균 4.40)이 가장 높았으며, 기초학력 부족학생 지도(평균 2.36)가 가장 낮게 나타났다. 실습지도 및 실습실 운영 영역의 경우 안

전지도(평균 4.19)가 가장 높았으며, 실습실 운영 계획 수립(평균 3.27)
이 가장 낮게 나타났다. 학생생활지도 영역의 경우 진로지도(평균 3.58)
와 기본생활습관지도(평균 3.58)가 가장 높았으며, 봉사활동지도(평균
3.14)가 가장 낮게 나타났다. 행정업무수행 영역의 경우 담당 교무분장
업무의 마무리(평균 3.89)가 가장 높았으며, 담당 교무분장업무 수립(평
균 3.59)이 가장 낮게 나타났다. 전문성 신장 영역의 경우 4개의 모든 항
목에 대하여 유사하게 나타났는데, 그중 수업방법 개선 관련 지식과 노
하우 습득(평균 3.65)과 일반교양습득(평균 3.65)이 가장 높게 나타났다.
학급경영 영역의 경우 학생들의 출결지도(평균 4.30)가 가장 높았으며,
학급회의 지도(평균 3.38)가 가장 낮게 나타났다.

기술과 교사의 성별에 따른 전체 직무수행에는 차이가 없었다. 그러
나 직무 영역별로는 통계적으로 유의미한 차이가 있었는데, 실습지도
및 실습실 운영 영역, 학생생활지도 영역, 행정업무수행 영역에서 여교
사가 남교사보다 직무수행이 높게 나타났다.

기술과 교사의 현직연수 이수에 따른 전체 직무수행에는 통계적으
로 유의미한 차이가 있었는데, 현직연수 이수시간이 연평균 60시간 이
상에서 90시간 미만인 교사가 연평균 30시간 미만인 교사보다 더 높
게 나타났다. 직무 영역별로도 교수학습지도 영역과 행정업무수행 영
역에서 현직연수 이수시간이 연평균 60시간 이상에서 90시간 미만인
교사가 연평균 30시간 미만인 교사보다 더 높게 나타났으며, 실습지도
및 실습실 운영 영역에서는 현직연수 이수시간이 연평균 60시간 이상
에서 90시간 미만인 교사와 연평균 90시간 이상에서 120시간 미만인
교사가 연평균 30시간 미만인 교사보다 더 높게 나타났으며 통계적으
로 유의미하였다.

그러나 기술과 교사의 학력, 교직 경력, 담당 교과목 수, 자격 취득

경로에 따른 직무수행에는 통계적으로 유의미한 차이가 없었다.

기술과 교사가 근무하는 학교급에 따른 전체 직무수행에는 통계적으로 유의미한 차이가 있었으며, 직무 영역별로도 실습지도 및 실습실 운영 영역, 학생생활지도 영역, 행정업무수행 영역에서 유의미한 차이가 있으며, 고등학교에 근무하는 기술과 교사보다 중학교에 근무하는 기술과 교사가 직무수행이 높게 나타났다.

기술과 교사가 근무하는 학교 설립 유형에 따른 전체 직무수행에는 통계적으로 유의미한 차이가 있었으며, 직무 영역별로도 실습지도 및 실습실 운영 영역, 행정업무수행 영역에서 유의미한 차이가 있으며, 사립학교에 근무하는 기술과 교사보다 국·공립학교에 근무하는 기술과 교사가 직무수행이 높게 나타났다.

기술과 교사가 근무하는 학교 소재지에 따른 전체 직무수행에는 통계적으로 유의미한 차이가 없었으나, 실습지도 및 실습실 운영 영역에 대한 직무수행에서는 유의미한 차이가 있으며, 대도시에 근무하는 기술과 교사보다 읍·면지역에 근무하는 기술과 교사가 직무수행이 높게 나타났다. 그러나 학교 소재지와 다른 관련 변인 간의 이원분산분석 결과 학교 소재지는 실습지도 및 실습실 운영 영역에 대한 직무수행에 직접 영향을 미치기보다는 매개변인으로 작용하는 것으로 나타났다.

그러나 기술과 교사가 근무하는 학교 규모에 따른 직무수행에는 통계적으로 유의미한 차이가 없었다.

기술과 교사가 인식하는 직무 중요성은 평균 4.10으로 높게 나타났으며, 영역별로는 교수학습지도(평균 4.20)와 전문성 신장(평균 4.19)에 대하여 가장 중요하게 인식하고 있었고, 그 다음으로 학급경영(평균 4.18), 실습지도 및 실습실 운영(평균 4.13), 학생생활지도(평균 3.87), 행정업무수행(평균 3.86) 순으로 중요하게 인식하고 있었다. 기술과 교사의 직무 중요성은 전체 직무수행과 높은 정적 상관(r=0.612)을 보였으며 통계적으로 유의미하였다. 직무 영역별로는 학급경영(r=0.520), 실습지도 및 실습실 운영(r=0.505)과 높은 정적 상관을 보였고, 학생생활지도(r=0.485), 행정업무수행(r=0.482), 교수학습지도(r=0.449), 전문성 신장(r=0.368)과 중간 정도의 정적 상관을 보였으며 통계적으로 유의미하였다.

학교풍토에 있어서 기술과 교사는 학업 강조(평균 3.62)에 대하여 가장 높게 인식하고 있었으며, 교사 전문행위(평균 3.60), 협의적 리더십(평균 3.33) 순으로 인식하고 있었으나, 기관 취약성(평균 2.92)은 이론적 평균보다 약간 낮게 인식하고 있었다. 학교풍토의 하위 요인 중 교사 전문행위(r=0.250)와 협의적 리더십(r=0.102)은 기술과 교사의 전체 직무수행과 낮은 정적 상관을 보였으며 통계적으로 유의미하였다. 그러나 하위 요인 중 학업 강조와 기관 취약성은 기술과 교사의 전체 직무수행과 통계적으로 유의미한 상관관계가 없었다. 학교풍토의 하위 요인과 영역별 직무수행과의 관계를 보면, 학교풍토의 협의적 리더십은 행정업무수행(r=0.146)과 낮은 정적 상관을 보였고, 학생생활지도(r=0.084) 및 교수학습지도(r=0.082)와 매우 낮은 상관을 보였으며 통계적으로 유의미하였다. 학교풍토의 교사 전문행위는 학급경영(r=0.239), 교수학습지도(r=0.218), 학생생활지도(r=0.193), 실습지도 및 실습실 운영(r=0.174), 행정업무수행(r=0.163), 전문성 신장(r=0.113)과 낮은 정적 상관을 보였으며 통계적으로 유의미하였다. 학교풍토의 학업 강조는 실습지도 및 실습실 운영(r=-0.092)과 매우 낮은 부(負)적 상관을 보였으며 통계적으로 유의미하였다. 학교풍토의 기관 취약성은 학급경영(r=-0.096)과 매우 낮은 부(負)적 상관을 보였으며 통계적으로 유의미하였다.

기술과 교사의 개인적 교수효능감의 평균은 3.68로 비교적 높게 나타났다. 또한 기술과 교사의 개인적 교수효능감은 전체 직무수행과 중간 정도의 정적 상관(r=0.434)을 보였으며 통계적으로 유의미하였다. 직무 영역별로는 교수학습지도(r=0.481), 전문성 신장(r=0.395)과 중간 정도의 정적 상관을 보였고, 학생생활지도(r=0.275), 학급경영(r=0.258), 행정업무수행(r=0.229), 실습지도 및 실습실 운영(r=0.227)과 낮은 정적 상관을 보였으며 통계적으로 유의미하였다.

직무 중요성, 개인적 교수효능감, 학교풍토의 교사 전문행위, 학교급은 기술과 교사의 전체 직무수행의 50.2%를 설명하고 있었다. 그리고 기술과 교사의 전체 직무수행을 유의미하게 설명하고 있는 변인들의 상대적인 중요성과 기여도는 직무 중요성(β =0.510), 개인적 교수효능감(β =0.337), 학교풍토의 교사 전문행위(β =0.132), 학교급(β =0.087)의 순으로 나타나, 다른 변인들에 비해 직무 중요성이 전체 직무수행을 가장 잘 설명해 주고 있었다. 직무 영역별로 보면 다음과 같다.

개인적 교수효능감, 직무 중요성, 학교풍토의 교사 전문행위는 교수학습지도 영역의 직무수행의 38.0%를 설명하고 있었다. 교수학습지도 영역의 직무수행을 유의미하게 설명하고 있는 변인들의 상대적인 중요성과 기여도는 개인적 교수효능감(β =0.409), 직무 중요성(β =0.338), 학교풍토의 교사 전문행위(β =0.144)의 순으로 나타나, 다른 변인들에 비해 개인적 교수효능감이 교수학습지도 영역의 직무수행을 가장 잘 설명하고 있었다.

직무 중요성, 개인적 교수효능감, 학교풍토의 학업 강조, 학교급, 학교 설립 유형, 학교풍토의 교사 전문행위는 실습지도 및 실습실 운영 영역의 직무수행의 34.3%를 설명하고 있었다. 실습지도 및 실습실 운영 영역의 직무수행을 유의미하게 설명하고 있는 변인들의 상대적인 중요성과 기여도는 직무 중요성(β =0.447), 개인적 교수효능감(β

=0.166), 학교풍토의 학업 강조($\beta = -0.143$), 학교급($\beta = 0.132$), 학교 설립 유형($\beta = 0.111$), 학교풍토의 교사 전문행위($\beta = 0.075$)의 순으로 나타나, 다른 변인들에 비해 직무 중요성이 실습지도 및 실습실 운영 영역의 직무수행을 가장 잘 설명하고 있었다.

직무 중요성, 개인적 교수효능감, 학교풍토의 교사 전문행위, 학교 규모, 교직 경력은 학생생활지도 영역의 직무수행의 29.1%를 설명하고 있었다. 학생생활지도 영역의 직무수행을 유의미하게 설명하고 있는 변인들의 상대적인 중요성과 기여도는 직무 중요성($\beta = 0.410$), 개인적 교수효능감($\beta = 0.204$), 학교풍토의 교사 전문행위($\beta = 0.106$), 학교 규모 ($\beta = -0.088$), 교직 경력($\beta = -0.079$)의 순으로 나타나, 다른 변인들에 비해 직무 중요성이 학생생활지도 영역의 직무수행을 가장 잘 설명하고 있었다.

직무 중요성, 개인적 교수효능감, 학교풍토의 협의적 리더십, 성별, 학교급은 행정업무수행 영역의 직무수행의 27.6%를 설명하고 있었다. 행정업무수행 영역의 직무수행을 유의미하게 설명하고 있는 변인들의 상대적인 중요성과 기여도는 직무 중요성($\beta = 0.419$), 개인적 교수효능감($\beta = 0.167$), 학교풍토의 협의적 리더십($\beta = 0.105$), 성별($\beta = -0.090$), 학교급($\beta = 0.076$)의 순으로 나타나, 다른 변인들에 비해 직무 중요성이 행정업무수행 영역의 직무수행을 가장 잘 설명하고 있었다.

개인적 교수효능감과 직무 중요성은 전문성 신장 영역의 직무수행의 24.2%를 설명하고 있었다. 전문성 신장 영역의 직무수행을 유의미하게 설명하고 있는 변인들의 상대적인 중요성과 기여도는 개인적 교수효능감($\beta = 0.334$), 직무 중요성($\beta = 0.301$)의 순으로 나타나, 다른 변인들에 비해 개인적 교수효능감이 전문성 신장 영역의 직무수행을 가장 잘 설명하고 있었다.

직무 중요성, 개인적 교수효능감, 학교풍토의 교사 전문행위는 학급경영 영역의 직무수행의 31.5%를 설명하고 있었다. 학급경영 영역의 직무수행을 유의미하게 설명하고 있는 변인들의 상대적인 중요성과 기여도는 변인 가운데 직무 중요성(β =0.459), 개인적 교수효능감(β =0.161), 학교풍토의 교사 전문행위(β =0.148)의 순으로 나타나, 다른 변인들에 비해 직무 중요성이 학급경영 영역의 직무수행을 가장 잘 설명하고 있었다.

2. 결 론

이 연구의 결과를 통하여 다음과 같은 결론을 얻을 수 있었다.

첫째, 기술과 교사의 전체 직무수행 정도는 비교적 높은 편이며, 6가지 직무 영역 가운데 학급경영에 관한 직무수행이 가장 높다. 그러나 직무수행은 직무 중요성보다 상대적으로 낮으며, 특히 직무 가운데 교수학습지도에 대한 직무수행이 중요성에 비해 상대적으로 가장 낮다. 따라서 교수학습지도의 직무수행을 향상시킬 수 있는 방안이 마련될 필요가 있다.

둘째, 기술과 교사의 직무수행은 인구통계학적 특성(성별, 학력, 교직 경력, 현직연수 이수, 담당 교과목 수, 자격 취득경로) 중 현직연수 이수에 따라 차이가 있다. 즉 연평균 60시간 이상 90시간 미만의 현직연수를 받은 기술과 교사가 30시간 미만의 현직연수를 받은 기술과 교사보다 직무수행이 높다.

셋째, 기술과 교사의 직무수행은 근무학교 특성(학교급, 학교 설립 유형, 학교 규모, 학교 소재지) 중 학교급과 학교 설립 유형에 따라 차이가 있다. 즉 중학교에 근무하는 기술과 교사가 고등학교에 근무하는 기술과 교사보다, 국·공립학교에 근무하는 기술과 교사가 사립학교에 근무하는 기술과 교사보다 직무수행이 높다.

넷째, 기술과 교사는 자신에게 주어진 직무를 중요하게 인식하고 있으며, 직무 가운데 교수학습지도를 가장 중요하게 인식하고 있다. 그리고 기술과 교사가 인식하는 직무 중요성은 직무수행과 높은 상관관계가 있다.

다섯째, 학교풍토에 대하여 기술과 교사는 학교장이 중간보다 약간 높은 협의적 리더십을 발휘하고 있으며, 교사들이 열의를 가지고 직무를 수행하는 '교사 전문행위' 풍토가 비교적 형성되어 있다고 보고 있다. 그리고 어느 정도 학업을 강조하는 풍토는 있으나, 교육청이나 소수 영향력 있는 지역 유지로부터의 외압에 대한 풍토는 중간 정도로 보고 있다. 학교풍토 중 협의적 리더십과 교사 전문행위는 전체 직무수행과 낮은 상관관계가 있으나, 학업 강조와 기관 취약성은 전체 직무수행과 상관관계가 없다. 오히려 학업 강조는 실습지도 및 실습실 운영 영역의 직무수행과 매우 낮은 부(負)적 상관관계가 있으며, 기관 취약성은 학급경영 영역의 직무수행과 매우 낮은 부(負)적 상관관계가 있다.

여섯째, 기술과 교사는 비교적 높은 개인적 교수효능감을 가지고 있으며, 기술과 교사의 개인적 교수효능감은 직무수행과 중간 정도의 상관관계가 있다.

일곱째, 기술과 교사의 전체 직무수행은 직무 중요성, 개인적 교수효능감, 학교풍토의 교사 전문행위, 학교급에 의해 설명되며, 이 가운데 직무 중요성이 전체 직무수행을 가장 잘 설명한다. 직무 영역별로는 교수학습지도 영역과 전문성 신장 영역은 개인적 교수효능감이, 실습지도 및 실습실 운영 영역, 학생생활지도 영역, 행정업무수행 영역,

학급경영 영역은 직무 중요성이 직무수행을 가장 잘 설명한다.

3. 제 언

이 연구의 결과를 기초로 기술과 교사의 직무수행 향상 방안과 후
속 연구를 위한 제언을 하면 다음과 같다.

기술과 교사의 직무수행 향상 방안에 대한 제언은 다음과 같다.
첫째, 연구 결과에 의하면 현직연수의 이수에 따라 기술과 교사의
직무수행에 차이가 나므로, 기술과 교사에게 직무수행을 향상시키기
위한 체계적인 연수를 제공할 필요가 있다. 지금까지 기술과 교사에게
주어진 현직연수는 기술과 교사의 수행 정도나 요구도가 반영되지 않
은 채 실시되어 왔다. 연구 결과 기술과 교사의 직무수행은 비교적 높
게 나타났으나 일부 직무 영역이나 직무항목에 대해서는 수행 정도가
낮았으므로, 이에 대한 보완이 필요하다. 특히, 교수학습지도는 가장
중요하게 인식하는 반면에 수행 정도가 상대적으로 낮았다. 따라서 교
수학습지도에 관한 직무수행을 향상시킬 수 있는 연수를 기술과 교사
에게 제공할 필요가 있다. 또한 연평균 60시간 이상 90시간 미만의 현
직연수를 받은 기술과 교사의 직무수행이 90시간 이상의 현직연수를
받은 교사보다 높게 나타났으므로 현직연수에 대한 단순한 양적인 확
대가 아닌 양질의 현직연수를 제공할 필요가 있다.
둘째, 기술과 교사가 직무 중요성을 보다 더 높게 인식할 수 있는
방안을 마련할 필요가 있다. 기술과 교사가 인식하는 전체 직무에 대
한 중요성은 높게 나타났으나 직무 중에는 중요성이 상대적으로 낮게

나타난 직무들도 있다. 연구 결과 기술과 교사의 직무 중요성은 직무수행에 큰 영향력을 갖는 것으로 나타났으므로 상대적으로 중요성 인식이 낮은 직무에 대하여 중요성을 높게 인식할 수 있는 방안이 필요하다. 또한 학부형이나 교육청과 같은 외부로부터의 압력 정도인 학교풍토의 기관 취약성은 기술과 교사의 직무수행과 관계가 없거나 학급경영의 경우 오히려 부(負)적인 상관관계가 나타났다. 따라서 외부의 강압적인 지시나 요청보다 직무에 대한 중요성 인식이 기술과 교사의 직무수행에 도움이 됨을 알 수 있다. 그러므로 직무수행 향상을 위한 외압적인 정책보다는 스스로 직무의 중요성을 인식할 수 있는 연수 프로그램이나 경험 기회 등을 제공할 필요가 있다.

셋째, 기술과 교사의 개인적 교수효능감을 신장시킬 수 있는 방안을 마련할 필요가 있다. 연구 결과 교수학습지도 영역과 전문성 신장 영역은 개인적 교수효능감이 가장 잘 설명하는 변인으로 나타났으므로 개인적 교수효능감이 낮은 기술과 교사를 대상으로 개인적 교수효능감을 신장시킬 수 있는 다양한 연수 프로그램이나 경험 기회 등을 제공할 필요가 있다.

넷째, 교사 전문행위 풍토를 학교에 조성할 필요가 있다. 연구 결과 전문행위 풍토는 기술과 교사의 직무수행에 영향을 미치는 것으로 나타났다. 따라서 교사들 간의 동료에 대한 존중, 상호 협동과 지지 등의 풍토가 학교에 보다 더 조성될 수 있도록 학교환경을 형성할 필요가 있다.

다섯째, 고등학교에 근무하는 기술과 교사의 직무수행을 향상시키기 위한 지원이 이루어질 필요가 있다. 연구 결과 고등학교에 근무하는 기술과 교사의 직무수행은 중학교에 근무하는 기술과 교사보다 낮게 나타났다. 따라서 이를 보완하기 위하여 고등학교의 기술 실습실 확보, 학생생활지도를 지원하기 위한 생활지도사의 배치, 직무수행 향상을 위한 연수 프로그램 제공 등과 같은 지원이 고등학교에 이루어질 필요가 있다.

후속 연구를 위한 제언은 다음과 같다.

첫째, 직무항목별 가중치를 고려한 직무수행 척도 개발에 관한 연구가 필요하다. 이 연구에서는 기술과 교사의 직무수행을 정확하게 구명하기 위하여 직무 영역별 가중치를 고려한 직무수행 척도를 개발하였다. 그러나 보다 더 심도 있게 직무수행을 측정하기 위해서는 직무 영역별 가중치뿐 아니라 직무 영역 안에 포함되어 있는 직무항목별 가중치도 함께 고려할 필요가 있다. 같은 직무 영역에 있는 직무항목이라 할지라도 직무의 비중은 다를 수 있기 때문이다. 따라서 후속연구로서 직무항목별 가중치를 고려한 직무수행 척도가 개발될 필요가 있다.

둘째, 기술과 교사의 직무수행을 측정하는 데 있어서 다양한 자료를 활용할 필요가 있다. 이 연구에서는 기술과 교사의 직무수행에 대한 인식만을 가지고 직무수행을 측정하였으나, 직무수행 결과로 나타나는 학생들의 학습효과, 교육성과, 학교장과 같은 상급자에 의한 평가 자료, 교육 수혜자인 학생들의 만족도 등 다양한 자료가 고려된 직무수행 측정도구가 개발되어 교사의 직무수행이 측정된다면 보다 심도 있는 연구가 이루어질 수 있을 것이다.

셋째, 직무 중요성과 개인적 교수효능감을 향상시킬 수 있는 방안에 대한 연구가 필요하다. 연구 결과 기술과 교사의 직무수행에 가장 크게 영향을 미치는 변인이 직무 중요성과 개인적 교수효능감인 것으로 나타났으므로, 직무 중요성과 개인적 교수효능감이 어떤 변인에 의해 영향을 받으며, 이들을 어떤 방법으로 향상시킬 수 있는지를 탐구하는 연구가 필요하다.

참고문헌

강영순. (1988). 교사의 욕구성향과 학교조직풍토가 교사의 직무태도에 미치는 영향. 한양대학교 석사학위논문.

강용옥. (1983). 교사의 자질 및 사회·행정적 환경과 역할수행과의 연관성 연구. 서울대학교 석사학위논문.

강창원. (2004). 대구·경북지역 기술·가정 담당교사의 수업 운영 실태 조사와 개선 방향. 한국교원대학교 석사학위논문.

강혁희. (1999). 일반연수의 교육효과에 대한 교원들의 인식 및 요구 분석 연구. 인하대학교 석사학위논문.

교육법전편찬회. (2005). 교육법전(2005년 개정판). 교학사.

교육인적자원부. (1997a). 제7차 교육과정 실과(기술·가정) 교육과정. 저자.

교육인적자원부. (1997b). 중학교 교육과정 해설(Ⅲ)—수학, 과학, 기술·가정. 저자.

교육인적자원부. (2001). 여교사의 교단진입 증가에 따른 학교현장 실태분석에 관한 보도자료. 저자.

교육인적자원부. (2003). 2003학년도 공립중등교사(초등양호, 사서교사 포함) 임용시험 합격자 현황. 저자.

교육인적자원부. (2004a). 2004년도 교원연수 운영방향. 저자.

교육인적자원부. (2004b). 교원양성체제개편 종합방안. 저자.

교육인적자원부. (2004c). 중등교원양성기관 설립별, 대학별, 학과별 입학정원. 저자.

교육인적자원부. (2005a). 교육통계편람. 저자.

교육인적자원부. (2005b). 중·고등학교 일람표. 저자.

구광서. (2002). 교사가 지각하는 갈등 정도와 직무수행과의 관계. 충남대학교 석사학위논문.

국립국어연구원. (1999). 표준국어대사전. 두산동아.

권문경. (1980). 중학교 기술과 교원양성 방안과 교육과정 개발에 관한 연구. 전북대학교 석사학위논문.

김경미. (1997). 농촌지도요원의 사회교육 프로그램 계획에 대한 인지 및 수행에 관한 연구. 서울대학교 박사학위논문.

김기홍. (2003). 중학교 교사의 직무수행에 관한 연구. 경상대학교 석사학위논문.

김미숙. (1999). 유치원 교사의 과학교수효능감과 과학교수 활동 간의 관계. 인하대학교 석사학위논문.

김민정. (2002). 교사효능감과 학교 조직 풍토와의 관계. 이화여자대학교 석사학위논문.

김병성. (1996). 한국 사회의 교육격차 결정요인과 연구과제. 교육사회학연구회 연구, 6(2), 217-218.

김상규. (1997). 학교조직 내의 교장과 교사 간의 인간관계가 직무수행에 미치는 영향. 대구효성가톨릭대학교 석사학위논문.

김순남. (2000). 유치원 교사의 교사효능감에 따른 역할 수행에 관한 연구. 한국교원대학교 석사학위논문.

김순주. (1999). 중학교 가정과 교사의 직무분석 연구. 한국교원대학교 석사학위논문.

김시준. (2003). 실과교과담당 초등교사의 효율적인 양성 방안 연구. 대구교육대학교 석사학위논문.

김신덕. (2000). 유아교사의 효능감과 역할수행능력 인식. 이화여자대학교 석사학위논문.

김영상. (1999). 교사의 효능감 판단에 관한 연구. 교육과정연구, 17, 333-349.

김영종. (2003). 기술·가정교과 병합에 따른 교과 운영의 문제점과 개선방향에 관한 연구—제7차 교육과정을 중심으로. 전남대학교 석사학위논문.

김용익. (2001a). 지식기반 사회를 대비한 중등학교 기술과 교사의 직무능력에 관한 연구. 한국기술교육학회, 1(1), 30-46.

김용익. (2001b). 지식기반 사회에서 중등학교 기술과 교사의 직무능력 관련변인 및 교육요구 분석. 한국기술교육학회, 1(2), 3-22.

김재은. (2004). 교사의 승진욕구와 직무수행과의 관계. 충남대학교 석사학위논문.

김정규, 권낙권. (1994). 교사와 교육. 형설출판사.

김정란. (2003). 교사의 사회자본이 직무수행 및 문제해결능력에 미치는 영향. 경성대학교 박사학위논문.

김조부. (1994). 학교의 교육환경요인이 교사의 직무수행에 미치는 영향. 동아대학교 석사학위논문.

김종서. (1982). 현대사회와 교원. 농원출판사.

김지종. (2004). 인문계 고등학교 교사의 역할갈등과 직무수행과의 관계 연구. 창원대학교 석사학위논문.

김진모. (1997). 직무교육훈련의 유효성과 그 영향변인. 서울대학교 박사학위논문.

김진수. (2002). 공업교육. 동일출판사.

김진순. (1990). 초·중등학교 기술교과 교육내용의 계열화에 관한 연구. 서울대학교 박사학위논문.

김창걸. (1985). 교육행정학. 박문각.

김판욱. (2003). 중등학교 기술·가정 교과 담당교사의 직무. 월드와이드웹: http://www.ktea.or.kr/databank-sub5.htm에서 2005년 3월 10일에 검색했음.

김평숙. (2000). 학교장의 경영방침이 교사의 직무수행에 미치는 영향. 한국교원대학교 석사학위논문.

김행자. (1991). 교감과 교사와의 인간관계가 교사의 직무수행에 미치는 영향에 관한 연구. 경희대하교 석사학위논문.

김현수. (1999). 인적자원개발 담당자의 직무능력과 역할수행에 관한 연구. 서울대학교 박사학위논문.

김현오. (2002). 지역별 교육환경과 학교 학습여건과의 관계 연구. 한국교원대학교 석사학위논문.

나승일. (1987). 농업고등학교 학생들의 진로의식 성숙과 관련 변인. 서울대학교 석사학위논문.

나승일. (1995). 농업계 고등학교 교사들의 컴퓨터 활용의 예측 변인. 한국농업교육학회, 27(4), 19-28.

나승일, 이명훈, 한홍진, 마상진, 김진실. (2003). 산업교육실습 이해와 실제. 교육과학사.

노재현. (1997). 교사 효능감과 교사의 학생 통제관과의 관계. 한국교원대학교 석사학위논문.

노종희. (1990). 학교조직풍토의 개념화 및 측정에 관한 연구. 교육학연구, 28(2), 67-80.

대불대학교. (2004). 교육과정편람. 저자.

류창열. (1997). 공업 · 기술교육 원론. 교육과학사.

류창열. (2000). 기술 및 관련 용어에 관한 어의학적 연구. 한국기술교육학회지, 1(1), 47-57.

모일상. (2002). 교사들의 직무수행에 대한 지각수준 분석. 전북대학교 석사학위논문.

박남혁. (1981). 학교조직풍토와 교사의 교직관, 직무만족도와의 관계. 고려대학교 석사학위논문.

박덕규, 김지순, 방대곤, 손동수. (2003). 교원의 표준 수업 시수 설정 연구. 한국교육개발원.

박동열. (1996). 실업계 고등학교 초임산업교원의 교직 역할 수행과 관련변인. 서울대학교 석사학위논문.

박영숙, 신철지, 정광희. (1999). 학교급별, 직급별, 취득자격별 교원 직무수행 기준에 관한 연구. 한국교육개발원.

박우진. (1997). 초등 여교사의 승진기회에 관한 연구. 한국교원대학교 석사학위논문.

박윤희. (2003). 대학 부설 평생교육원 프로그램 개발 담당자의 직무 수행과 관련 변인. 서울대학교 박사학위논문.

박종단. (2003). 수학 교사의 성별에 따른 수업 방식의 차이 비교·분 석 연구. 홍익대학교 석사학위논문.

박지영. (2003). 초등교사의 교직 경력과 전문능력과의 관계. 서울대학 교 석사학위논문.

박찬숙. (1997). 중등교원의 근무부담 실태 분석 연구. 한남대학교 석 사학위논문.

박홍준. (1989). 중등학교 기술교과목 담당교사의 양성체제에 관한 연 구. 서울대학교 석사학위논문.

백성준, 황인성. (1997). 학교·학급규모 적정화와 재정 대책. 한국교육 개발원.

백영균, 이성태, 박선영. (1989). 학교에서의 경영정보시스템 개발 연 구. 한국교육개발원.

봉성근. (1984). 학교환경과 교사의 직무수행과의 관계. 동국대학교 석 사학위논문.

서울대학교 교육연구소. (1994). 교육학 용어사전. 하우 출판사.

서정화. (1994). 교육인사행정. 세영사.

손순희. (2001). 중학교 가정과와 기술·산업과 교사의 교수 행동과 교 수 만족도. 한국교원대학교 석사학위논문.

송화섭. (1996). 최신교육행정의 이론탐색과 실제. 학문사.

신현정. (1993). 초등교사의 교직 전문성 인식과 역할수행 관계에 관한 연구. 이화여자대학교 석사학위논문.

심진구. (1987). 한국 교사의 역할과 교직, 한국적 교사상 정립을 위한 교원정책의 좌표. 한국교원교육연구회 학술세미나 자료, 79.

안승동. (1984). 교직의 전문성인식과 교사의 역할수행과의 관계. 경상대학교 석사학위논문.

우미라. (2003). 여교사의 업무수행력에 대한 교사들의 성편견 분석. 아주대학교 석사학위논문.

윤명현. (2003). 초등학교 교감의 지도성 유형과 교사의 직무수행과의 관계 연구. 부산교육대학교 석사학위논문.

이동훈. (2003). 초등학교의 조직풍토가 교사의 직무수행에 미치는 영향. 동아대학교 석사학위논문.

이무근. (1990). 실기교육방법론. 상조사.

이무근. (2000). 직업교육과정과 평가. 교육과학사.

이병진. (1996). 교직 생애주기에 따른 교원 연수 체제에 관한 연구. 교육학 연구, 34(1), 315-345.

이분려. (1998). 유치원 조직풍토와 직무만족 및 교사효능감의 관계. 이화여자대학교 석사학위논문.

이선경. (1991). 유치원 조직 풍토와 교사의 헌신도에 관한 연구. 이화여자대학교 석사학위논문.

이성훈. (1994). 교사의 교직전문성 인식과 교직수행능력과의 관계연구. 충남대학교 석사학위논문.

이승옥. (2004). 교사가 지각하는 초등학교장의 리더십유형과 교사의 직무수행과의 관계. 숭실대학교 석사학위논문.

이신구. (1995). 사립중등학교에서 특채된 공립중등학교 교사의 직무
　　만족에 관한 연구. 경기대학교 석사학위논문.

이인화. (2000). 공립 중학교 교사와 사립 중학교 교사의 자기장학에
　　관한 인식 비교. 인천대학교 석사학위논문.

이재원. (1986). 기술교과 내용의 구조화와 교수학습 전략에 관한 연
　　구. 충남대학교 공업교육연구회 논문집, 8(3), 1-9.

이재원. (2000). 기술교육 30년의 회고와 과제. 한국기술교육학회지,
　　1(1), 9-14.

이춘식, 이수정. (2003). 중학교 기술·가정과 교수학습방법과 예시 자
　　료 개발 연구—프로젝트 학습과 문제중심 학습을 중심으로. 한
　　국교육과정평가원.

이태일. (1993). 학교환경과 교사의 직무수행과의 관계에 관한 연구.
　　한성대학교 석사학위논문.

이택수. (1990). 학교 조직 풍토와 교사의 직무수행과의 관계 연구. 인
　　하대학교 석사학위논문.

이학식, 김영(2002). 한글 SPSS 10.0 가이드. 법문사.

이헌청. (1994). 교육사회학. 양서원.

임거빈. (2001). 학교경영의 전문화 수준과 교사의 자기 효능감과의
　　관계. 공주교육대학교 석사학위논문.

임곡지. (2004). 초등학교 교사의 승진욕구와 직무수행 분석. 영남대학
　　교 석사학위논문.

임용규. (2000). 교사의 특성과 교수효능감이 교수행동에 미치는 영향.
　　순천향대학교 석사학위논문.

임현진. (2003). 초등교사 효능감과 전문적 역할수행 관계 연구. 한국
    교원대학교 석사학위논문.

장명희, 박은희. (2002). 전문대학 교원의 직무능력 향상을 위한 교원
    연수 프로그램 개발(Ⅱ). 한국직업능력개발원.

장명희, 변숙영. (2001). 실업계 고등학교 전문교과 교사의 직무수행
    기준 개발. 한국직업능력개발원.

장명희. (2001). 중등학교 가정과 교사의 교수능력에 대한 인식. 한국
    교원대학교 박사학위논문.

장문희. (2003). 여교사의 직무수행에 대한 남녀교사의 인식 차이. 여
    수대학교 석사학위논문.

장옥희. (2001). 초등학교 근무환경이 교사의 직무수행에 미치는 영향.
    순천향대학교 석사학위논문.

장은정. (1991). 교사의 교직 전문성인식과 역할수행 및 직무만족과의
    관계에 관한 연구: 서울시내 중등교사를 중심으로. 이화여자대
    학교 석사학위논문.

전제상. (1994). 교사의 직무수행조건과 복무환경에 관한 연구. 한국교
    원단체총연합회 교육정책연구소.

전제상. (2001). 교사평가의 준거개발에 관한 연구. 홍익대학교 박사학
    위논문.

정숙자. (1999). 초등학교 교사의 역할수행에 관한 연구. 홍익대학교
    석사학위논문.

정종완, 조승호, 김기수. (1999). 현행 중학교 기술 교과 교육 운영 현
    황, 대한공업교육학회, 24(1), 214-228.

정철영, 나승일, 김재식, 서우석, 박동열, 최동선. (2000). 실업계 고등학교 체제 개편에 따른 실업 교원의 인력 구조개선. 직업교육연구, 19(1), 39-57.

조경해. (1995). 교장과 교사 간의 인간관계가 직무수행에 미치는 영향에 관한 연구. 성신여자대학교 석사학위논문.

조부경, 백은주, 서소영. (2001). 유아교사의 발달을 돕는 장학. 양서원.

조영남. (2001). 초등교사의 교사효과성 평가 준거 개발에 관한 연구. 초등교육연구, 14(3), 243-267.

조윤신. (1994). 초등교원의 상위학위취득에 대한 유인체제와 기대수준 탐색. 한국교원대학교 석사학위논문.

조은아. (2003). 특수교사의 개인적 교수효능감과 교수수행 정도 분석. 이화여자대학교 석사학위논문.

조은정. (1997). 교사의 효능감과 교수행동 및 초등학교 학생의 학습참여와의 관계. 한국교원대학교 석사학위논문.

주연희. (2004). 유아 교육기관 초임교사의 역할수행 관련변인의 영향분석. 인하대학교 박사학위논문.

지현이. (2001). 상위학위 취득 초등교사의 역할수행에 관한 연구. 인하대학교 석사학위논문.

차 옥. (2004). 초등학교장의 지도성 유형과 교사의 직무수행에 관한 연구: 경기북부(의정부, 동두천) 초등학교를 중심으로. 수원대학교 석사학위논문.

최성길. (1991). 중등학교 교장의 교육지도성과 교사의 역할수행과의 관계 연구. 동아대학교 석사학위논문.

최승식. (1995). 학교행정가와 교사 간의 인간관계와 교사의 조직헌신도 및 직무수행과의 관계 연구. 충남대학교 석사학위논문.

최윤이. (2002). 초등교사의 직무연수 효과에 대한 연구. 한서대학교 석사학위논문.

최인영. (2000). 초등학교 교사의 역할갈등이 직무수행에 미치는 영향에 관한 연구. 창원대학교 석사학위논문.

최종녀. (2003). 중등교사의 직무연수 요구 분석: 경기도 지역 중등교사를 중심으로. 이화여자대학교 석사학위논문.

최희선. (1999). 교원평가제도 개선에 관한 연구. 한국교원단체총연합회.

충남대학교 공과대학 부설 중등교육연수원. (2004). 2004학년도 1·2정 자격연수 세부 운영계획안. 저자.

충남대학교. (2004). 교육과정편람. 저자.

하월성. (1996). 교사가 지각한 학교장의 지도성 유형과 교사의 직무수행의 관계. 충남대학교 석사학위논문.

한국교원대학교. (2004). 교육과정편람. 저자.

현안상. (1996). 중학교 초임 교사의 직무 수행에 영향을 주는 준거집단 연구. 한국교원대학교 석사학위논문.

현양수. (1993). 학교조직풍토와 교사의 직무태도와의 관계에 관한 연구. 수원대학교 석사학위논문.

홍승규. (1997). 초등학교 교사의 효능감과 학생들과의 대인관계 연구. 한국교원대학교 석사학위논문.

홍영숙. (1998). 교사의 교직 전문성인식과 역할수행 및 직무만족의 관계에 관한 연구. 경기대학교 석사학위논문.

황선이. (1994). 교사 효능감과 학습자의 자아효능감 및 학습몰두시간의 관계. 한국교원대학교 석사학위논문.

황응연. (1982). 생활지도. 배영사.

Allinder, R. M. (1994). The relationship between efficacy and the instructional practices of special education teachers and consultants. *Teacher Education and Education, 17*, 86–95.

Ashton, P. T., Webb, R. B., & Dota, N. (1983). *A study of teacher's sense of efficacy. National Institute of Education Contact*(ERIC Document Reproduction Service No. ED 231833).

Attarian, A. (1996). *Using importance-performance analysis to evaluate teaching effectiveness*(ERIC Document Reproduction Service No. ED 404087).

Bandura, A. (1977). Self-efficacy: Toward a unifying theory of behavioral change. *Psychological Review, 84*(2), 191–215.

Bandura, A. (1982). Self-efficacy mechanism in human agency. *American Psychologist, 37,* 122–147.

Bandura, A. (1986). *Social foundations of thought and action.* Englewood, NJ: Prentice-Hall.

Borkan, B., Capa, Y. Figueiredo, C., & Loadman, W. E. (2003). *Using rasch measurement to evaluate the organizational climate index*(ERIC Document Reproduction Service No. ED 481677).

Castetter, W. B. (1986). *The personnel function in educational administration*. NY: Macmillan.

Danielson, C. & McGreal, T. L. (2000). *Teacher evaluation to enhance professional practice*(ERIC Document Reproduction Service No. ED 446099).

Davis, J. A. (1971). *Elementary survey analysis*. Englewood, NJ: Prentice-Hall.

DeVore, P. W. (1980). *Technology: an introduction*. Worcester, MA: Davis.

Enochs, L. G. & Riggs, I. M. (1990). Further development of an elementary science teaching efficacy belief instrument: A pre-service elementary scale. *School Science and Mathematics. 90*(8), 694-706.

Forte, B. (1999). *The impact of professional development on teacher performance and student achievement*. Doctoral Dissertation, Northeastern Illinois University.

Fritz, J. J., Miller-Heyl, J., Kreutzer, J. C., & MacPhee, D. (1995). Fostering personal teaching efficacy though staff development and classroom activities. *Journal of Educational Research, 88*(4), 200-208.

Fuller, F. F. (1969). Concerns of teachers: A developmental conceptualization. *American Educational Research Journal, 6*(2), 207-226.

Gibson, S. & Dembo, M. H. (1984). Teacher efficacy: A decade of research. *Educational Leadership, 38,* 7-30.

Gibson, S. & Dembo, M. H. (1985). Teacher's sense of efficacy: An important factor in school improvement. *The Elementary School Journal, 86*(2), 173-184.

Guskey, T. R. (1981). Measurement of responsibility teachers assume for academic successes and failures in the classroom. *Journal of Teacher Education, 32,* 44-51.

Guskey, T. R. (1982). Differences in teachers' perceptions of personal control of positive versus negative student learning outcomes. *Contemporary Educational Psychology, 7,* 70-80.

Guskey, T. R. (1988). Teacher efficacy, self-concept, and attitudes toward the implementation of instructional innovation. *Teaching and Teacher Education, 4*(1), 63-69.

Halpin, A. W. & Croft, D. B. (1963). *The organization climate of schools.* Chicago: Midwest Administration Center of the University of Chicago.

Hipp, K. A. (1996). *Teacher efficacy: Influence of principal leadership behavior*(ERIC Document Reproduction Service No. ED 396409).

Hoy, W. K. & Clover, S. I. R. (1986). Elementary school climate: A revision of the OCDQ. *Educational Administration Quarterly 22,* 93-110.

Hoy, W. K. & Tarter, C. J. (1992). Organizational health inventory measuring the health of the school climate: A conceptual frame work. *NASSP Bulletin,* Nov, 74-79.

Hoy, W. K. & Tarter, C. J. (1997). *The road to open and health schools: A handbook for change(Elementary and middle school edition).* Thousand Oaks, CA: Corwin Press, Inc.

Hoy, W. K. (2001). *Organizational climate index.* Retrieved May 1, 2005 from the World Wide Web: http://www.coe.ohio-state.edu/whoy/instruments_6.htm#OCI

Hoy, W. K., Hoffman, J., Sabo, D., & Bliss, R. (1996). The organizational climate of middle schools: The development and test of the OCDQ-RM. *Journal of Educational Administration, 34*(1), 41-49.

Hoy, W. K., Smith, P. A., Sweetland, S. R. (2002). The development of the organizational climate index for high schools: Its measure and relationship to faculty trust. *The High School Journal, 86*(2), 38-49.

Huang, Y. (1999). *Teacher efficacy and factors associated with teacher efficacy of secondary occupational foodservice teachers.* Doctoral Dissertation, Ohio State University.

Indiana Department of Education. (1998). *Standards for teachers of career and technical education.* Retrieved May 1, 2005 from the World Wide Web: http://www.doe.state.in.us/dps/standards/careertech.html

International Technology Education Association. (2000). *Standards for technological literacy: Content for the Study of*

Technology. Reston, VA: Author.

Katz, L. G. (1972). Developmental stages of preschool teachers. *The Elementary School Journal, 73*(1).

Kim, H. & Kim, P. (2001). The job analysis on a technology teacher and verification. In International Technology Education Association (Ed.). *Proceedings of the 4th International Conference on Technology Education in the Asia-Pacific Region* (237-249).

Likert, L. (1967). The human organization: Its management and value. NY: McGraw-Hill.

Miller, L. E., & Smith, K. L. (1983). Handling nonresponse issues. *Journal of Extension, 21*(5), 45-50. Retrieved May 5, 2005 from the World Wide Web: http://www.joe.org/joe/1983september/83-5-a7.pdf

Na, S. (1993). *Variables associated with attitudes of teachers toward computers in Korean vocational agriculture high schools.* Doctoral Dissertation, Ohio State University.

National Board for Professional Teaching Standards. (2001). *Career and technical education standards.* Retrieved May 1, 2005 from the World Wide Web: http://www.nbpts.org/pdf/eaya_cte.pdf

Norman, J. M. (1989). *Secondary school organizational climate and professional growth and development attitudes: Implications for school improvement*(ERIC Document Reproduction Service

No. ED 307677).

Podell, D. & Soodak, L. (1993). Teacher efficacy and bias in special education referrals. *Journal of Educational Research, 86,* 247–253.

Quach, L. H. (2004). *Factors influencing personal teaching efficacy of mainstream classroom teachers working with culturally and linguistically diverse students.* Doctoral Dissertation, University of North Carolina.

Round Rock Independent School District. (2005). *Career & technology teacher performance continuum.* October 31, 2005 from the World Wide Web: http://209.184.141.5/academics/CTE/bestpracticecontinuum.doc

Riggs, I. & Enochs, L. (1990). Toward the development of an elementary teacher's science teaching efficacy belief instrument. *Science Education, 74,* 625–638.

Rose, J. S. & Medway, F. J. (1981). Measurement of teachers' beliefs in their control over student outcome. *Journal of Educational Research, 74,* 185–190.

Ross, J. A. (1994). The impact of an inservice to promote cooperative learning on the stability of teacher efficacy. *Teaching and Teacher Education, 10*(4), 381–394.

Rubio, J. J. (1999). *A descriptive study of principal leadership style and social system variables of school climate through the perceptions of elementary school teachers.* Doctoral

Dissertation, University of California.

Savage, E. & Sterry, L. (1991). *A conceptual framework for technology education*. Reston, VA: International Technology Education Association(ERIC Document Reproduction Service No. ED 334463).

Schneider, B. (1990). *Organizational climate and culture*. NY: Jossey-Bass.

Sieber, R. D. (2002). *The effect of demographics on perceptions of middle school climate from a social identity perspective, using the organizational health inventory*. Doctoral Dissertation, University of North Carolina.

Snyder, J. F. & Hales, J. A. (edit). (1981). *Jackson's Mill Industrial Arts Curriculum Theory*. Symposium Report.

Spence, A. C. (2003). *A study of climate and achievement in elementary schools*. Doctoral Dissertation, University of Virginia.

Tracz, S. M. & Gibson, S. (1986). *Effects of efficacy on academic achievement*(ERIC Document Reproduction Service No. ED 281853).

Tschannen-Moran, M., & Woolfolk H, A. (2001). Teacher efficacy: Capturing and elusive construct. *Teaching and Teacher Education, 17,* 783-805.

Tschannen-Moran, M., Woolfolk H. A., & Hoy, W. K. (1998). Teacher efficacy: Its meaning and measure. *Review of*

Educational Research, 68, 202-248.

Woolfolk, H. A. E. (2001). *The teachers' sense of efficacy scale.* Retrieved May 1, 2005 from the World Wide Web: http://www.coe.ohio-state.edu/ahoy/researchinstruments.htm

Woolfolk, H. A. E., Rossof, B., & Hoy, W. K. (1990). Prospective teachers' sense of efficacy and beliefs about control. *Journal of Educational Psychology, 82*(1), 81-91.

부 록

[부록 1] 현장 기술과 교사 집단을 대상으로 한 기술과
　　　교사의 직무내용의 적절성 검토지 ················ 258
[부록 2] 1차 예비조사용 설문지 ···························· 261
[부록 3] 2차 예비조사용 설문지 ···························· 271
[부록 4-1] 1차 예비조사용 '직무수행' 척도의
　　　Cronbach의 α 계수분석 ···················· 276
[부록 4-2] 1차 예비조사용 '직무수행' 척도의 요인분석 결과 ········ 278
[부록 5-1] 2차 예비조사용 '직무수행' 척도의
　　　Cronbach의 α 계수 분석 ·················· 281
[부록 5-2] 2차 예비조사용 '직무수행' 척도의 요인분석 결과 ········ 283
[부록 6] 1차 예비조사용 '직무 중요성' 척도의
　　　Cronbach의 α 계수분석 ···················· 286
[부록 7] 2차 예비조사용 '직무 중요성' 척도의
　　　Cronbach의 α 계수분석 ···················· 288
[부록 8-1] 예비조사용 '학교풍토' 척도의 변별도 분석 ·············· 290
[부록 8-2] 예비조사용 '학교풍토' 척도의 Cronbach의 α 계수 분석 ·· 292
[부록 8-3] 예비조사용 '학교풍토' 척도의 요인분석 결과 ············· 293
[부록 9-1] 예비조사용 '개인적 교수효능감' 척도의 변별도 분석 ···· 294
[부록 9-2] 예비조사용 '개인적 교수효능감' 척도의
　　　Cronbach의 α 계수 분석 ·················· 295

[부록 9-3] 예비조사용 '개인적 교수효능감' 척도의 요인분석 ········ 296

[부록 10] 본 조사용 설문지 ························· 297

[부록 11-1] 본 조사용 '직무수행' 척도의 Cronbach의 α 계수 분석 ·· 309

[부록 11-2] 본 조사용 '직무수행' 척도의 영역별 요인분석 결과 ···· 311

[부록 12] 본 조사용 '직무 중요성' 척도의 Cronbach의

        α 계수 분석 ·························· 314

[부록 13] 본 조사용 '학교풍토' 척도의 Cronbach의 α 계수 분석 ··· 316

[부록 14] 본 조사용 '개인적 교수효능감' 척도의

        Cronbach의 α 계수 분석 ················· 317

[부록 15] 현장 기술과 교사 집단을 대상으로 한 기술과

        교사의 직무 영역별 가중치 조사지 ············· 318

[부록 16] 관련 변인들의 상호작용을 알아보기 위한 다원분산분석 · 320

[부록 17] 학교 소재지와 관련 변인에 따른 실습지도 및

        실습실 운영 영역의 직무수행의 이원분산분석 결과 ······ 325

[부록 18] 다중공선성 진단을 위한 회귀분석 결과 ··············· 327

[부록 1] 현장 기술과 교사 집단을 대상으로 한 기술과 교사의 직무 내용의 적절성 검토지

Ⅰ. 다음은 선생님의 인적사항에 관한 내용입니다. 해당되는 곳에 √ 표하시거나 직접 기록해 주십시오.

1. 선생님이 근무하시는 학교급은 무엇입니까?

   ① 중학교 (　　) 　　　　　② 고등학교 (　　　)

2. 선생님의 총 교직 경력은 얼마입니까?

   (　　) 년 　　　　　　　(　　) 개월

3. 선생님의 성별은 무엇입니까?

   ① 남 (　　) 　　　　　　② 여 (　　)

4. 선생님의 학력은 무엇입니까?

   ① 대학 졸 (　　)

   ② 대학원 석사과정 졸업 (　　)

   ③ 대학원 박사과정 졸업 (　　)

5. 선생님의 직급은 무엇입니까?

   ① 부장교사 (　　) 　　　　② 평교사 (　　)

6. 선생님께서는 현재 학급담임을 맡고 계십니까?

   ① 그렇다 (　　) 　　　　　② 아니다 (　　)

Ⅱ. 다음은 기술과 교사의 직무내용을 영역별로 분류한 것입니다.

기술과 교사라면 반드시 수행해야 할 직무내용으로 구성되어 있는지, 수정·삭제되어야 할 직무내용이 있는지, 또는 추가되어야 할 직무내용이 있는지 등을 검토하신 뒤, 표에 직접 빨간색 글씨로 표시를 해 주시거나 메일로 의견을 보내 주시기 바랍니다.

〈기술과 교사의 직무 영역 및 직무내용〉

직무 영역		직무내용
교수 학습 지도	준비	· 연간 진도 계획 수립 · 학습자 특성(학생의 흥미, 적성, 학습수준 등) 파악 · 학습지도안 작성 · 교수학습 자료(ICT 자료, 시청각 교구 등) 준비
	실행	· 학습동기 부여 · 다양한 수업방법 활용 · 적절한 질의·응답 사용 · 학습의 개인차 고려
	평가	· 합리적인 평가도구 개발 · 공정하고 합리적인 평가(시험지, 과제 채점 등) · 평가결과 활용(성적 우수학생에 대한 칭찬, 부진학생에 대한 격려 등)
실습 지도 및 실습실 운영	실습 지도	· 실습 목표 설정 · 실습 내용 분석 · 실습 계획서 작성 · 실습 기자재 및 실습 재료 준비 · 실습 시범 보이기 · 실습 활동 관리 · 실습 안전 지도 · 실습실 정리정돈
	실습실 운영	· 실습실 연간 운영 계획 수립 · 실습예산 편성 · 실습실 사용 지도 · 실습실 환경(공구, 재료, 설비 등) 관리

직무 영역	직무내용
학생 생활 지도	· 기본생활습관 지도(인성지도, 용의지도 및 올바른 가치관 정립 등) · 학생상담(학생 애로사항 상담, 문제학생 상담 등) · 원만한 대인관계 지도(교사에 대한 존경, 친구들과의 친화 유지 등) · 특별활동지도(CA, 동아리 지도 등) · 각종 학교행사(소풍, 백일장 등) 지도 · 봉사활동지도 · 진로지도(진로탐색, 자아발견 지도 등)
학급 경영	· 학생의 생활특성 파악(가정환경조사, 근태상황조사 등) · 출결지도(자퇴 예방, 지각학생 지도 등) · 학생지도를 위한 학부모와 교류 · 조·종례 실시 · 학급시설(교단선진화 기자재, 비품 등) 관리 · 학습환경 조성(청소지도 등) · 급식지도 · 학급행사 지도(HR 운영 등) · 학급학생 관련 각종 서류 관리(출석부, 생활기록부 기록 등)
행정업무 수행	· 담당 교무분장업무 수행 · 공문서 작성 · 각종 교사행사(교직원 회의 등 각종 회의) 참석
전문성 신장	· 교과 내용과 관련된 최신 내용 습득 · 교과지도와 관련된 최신 내용 습득

〈검토를 맡아 주셔서 대단히 감사합니다〉

[부록 2] 1차 예비조사용 설문지

I. 다음은 선생님께서 기술과 교사로서 수행하는 직무의 중요도와 실제 수행수준을 알아보기 위한 문항입니다. 가운데 제시한 직무내용에 대한 중요도(왼쪽)와 실제 수행수준(오른쪽)을 [응답 요령]과 같이 표시하여 주시기 바랍니다.

[응답 요령]

```
각 직무내용에 대하여
'전혀 중요하지 않다'고 생각하시면 ……………………………………… ①
'중요하지 않다'고 생각하시면 ……………………………………………… ②
'보통이다'라고 생각하시면 ………………………………………………… ③
'중요하다'고 생각하시면 …………………………………………………… ④
'매우 중요하다'고 생각하시면 …………………………………………… ⑤
에 V표 해 주십시오.

각 직무내용에 대한 선생님의 수행수준이
'매우 낮다'고 생각하시면 …………………………………………………… ①
'낮다'고 생각하시면 ………………………………………………………… ②
'보통이다'라고 생각하시면 ………………………………………………… ③
'높다'고 생각하시면 ………………………………………………………… ④
'매우 높다'고 생각하시면 ………………………………………………… ⑤
에 V표 해 주십시오.
```

얼마나 중요한가?					직 무 내 용	선생님의 수행수준은 어느 정도입니까?				
전혀중요하지않음	중요하지않음	보통	중요함	매우중요함		매우낮음	낮음	보통	높음	매우높음
①	②	③	④	⑤	1. 연간 진도 계획을 수립한다.	①	②	③	④	⑤
①	②	③	④	⑤	2. 학생들의 특성(학습자수준 등)을 파악한다.	①	②	③	④	⑤
①	②	③	④	⑤	3. 학습지도안을 작성한다.	①	②	③	④	⑤
①	②	③	④	⑤	4. 학생들의 학습을 돕기 위한 교수학습 자료(ICT자료, 시청각 교구 등)를 준비한다.	①	②	③	④	⑤
①	②	③	④	⑤	5. 수업 시작 시 수업목표를 명확하게 제시한다.	①	②	③	④	⑤
①	②	③	④	⑤	6. 학생들이 수업에 적극적으로 참여할 수 있도록 동기를 부여한다.	①	②	③	④	⑤
①	②	③	④	⑤	7. 수업 중 다양한 수업방법을 활용한다.	①	②	③	④	⑤
①	②	③	④	⑤	8. 수업 중 적절한 질의응답을 사용한다.	①	②	③	④	⑤
①	②	③	④	⑤	9. 기초학력이 부족한 학생을 위해 보충지도를 실시한다.	①	②	③	④	⑤
①	②	③	④	⑤	10. 학생들의 학업성취수준을 측정하기 위한 평가계획을 수립한다.	①	②	③	④	⑤
①	②	③	④	⑤	11. 합리적인 평가도구(고사문제, 수행평가 문항 등)를 만든다.	①	②	③	④	⑤
①	②	③	④	⑤	12. 공정하고 합리적으로 채점한다.	①	②	③	④	⑤
①	②	③	④	⑤	13. 평가결과를 학생들의 학습에 활용한다.	①	②	③	④	⑤
①	②	③	④	⑤	14. 실습을 통해 이루고자 하는 목표를 확인한다.	①	②	③	④	⑤
①	②	③	④	⑤	15. 실습 전에 실습 내용을 분석한다.	①	②	③	④	⑤

얼마나 중요한가?					직 무 내 용	선생님의 수행수준은 어느 정도입니까?				
전혀중요하지않음	중요하지않음	보통	중요함	매우중요함		매우낮음	낮음	보통	높음	매우높음
①	②	③	④	⑤	16. 실습 계획서를 작성한다.	①	②	③	④	⑤
①	②	③	④	⑤	17. 실습 기자재 및 실습 재료를 준비한다.	①	②	③	④	⑤
①	②	③	④	⑤	18. 실습 시 학생들의 실습을 돕기 위한 시범을 보인다.	①	②	③	④	⑤
①	②	③	④	⑤	19. 학생들이 스스로 실습을 할 수 있도록 지도한다.	①	②	③	④	⑤
①	②	③	④	⑤	20. 실습 시 안전지도를 한다.	①	②	③	④	⑤
①	②	③	④	⑤	21. 실습 후 학생들이 실습실 정리정돈을 하도록 지도한다.	①	②	③	④	⑤
①	②	③	④	⑤	22. 실습실 연간 운영계획을 수립한다.	①	②	③	④	⑤
①	②	③	④	⑤	23. 실습예산을 편성한다.	①	②	③	④	⑤
①	②	③	④	⑤	24. 학생들에게 실습실 준수사항을 지도한다.	①	②	③	④	⑤
①	②	③	④	⑤	25. 실습실 환경(공구, 재료, 설비)을 관리한다.	①	②	③	④	⑤
①	②	③	④	⑤	26. 학생들의 인성지도, 용의지도 등 기본 생활습관지도를 한다.	①	②	③	④	⑤
①	②	③	④	⑤	27. 학생들을 돕기 위한 상담을 한다.	①	②	③	④	⑤
①	②	③	④	⑤	28. 학생들의 원만한 대인관계(교사에 대한 존경, 친구들과의 친화유지 등)를 지도한다.	①	②	③	④	⑤
①	②	③	④	⑤	29. 특별활동지도(계발활동, 동아리 지도 등)를 한다.	①	②	③	④	⑤
①	②	③	④	⑤	30. 각종 학교행사(현장체험학습, 백일장, 사생대회, 수련활동 등)를 지도한다.	①	②	③	④	⑤

얼마나 중요한가?					직 무 내 용	선생님의 수행수준은 어느 정도입니까?				
전혀 중요하지 않음	중요하지 않음	보통	중요함	매우 중요함		매우 낮음	낮음	보통	높음	매우 높음
①	②	③	④	⑤	31. 봉사활동지도를 한다.	①	②	③	④	⑤
①	②	③	④	⑤	32. 진로지도(진로탐색, 자아발견 지도, 진학지도 등)를 한다.	①	②	③	④	⑤
①	②	③	④	⑤	33. 담당 교무분장업무의 계획을 수립한다.	①	②	③	④	⑤
①	②	③	④	⑤	34. 담당 교무분장업무를 추진한다.	①	②	③	④	⑤
①	②	③	④	⑤	35. 담당 교무분장업무를 마무리한다(보고 용 공문서 작성 등).	①	②	③	④	⑤
①	②	③	④	⑤	36. 각종 교사행사(교직원회의 등 각종 회 의)에 참석한다.	①	②	③	④	⑤
①	②	③	④	⑤	37. 교과 내용과 관련된 최신 내용을 습득 한다.	①	②	③	④	⑤
①	②	③	④	⑤	38. 교과지도와 관련된 최신 내용을 습득 한다.	①	②	③	④	⑤
①	②	③	④	⑤	39. 학생지도와 관련된 지식과 노하우를 습득한다.	①	②	③	④	⑤
①	②	③	④	⑤	40. 교사로서 지녀야 할 일반교양을 습득 한다.	①	②	③	④	⑤

※ 41번부터 49번까지는 담임업무와 관련된 문항입니다. 현재 담임을 맡고 계시지 않은 선생님께서는 작년, 또는 재작년에 맡았던 담임 업무 경험에 기초하여 응답해 주시기 바랍니다.

얼마나 중요한가?					직 무 내 용	선생님의 수행수준은 어느 정도입니까?				
전혀중요하지않음	중요하지않음	보통	중요함	매우중요함		매우낮음	낮음	보통	높음	매우높음
①	②	③	④	⑤	41. 학생의 생활특성 파악(가정환경조사, 근태상황조사, 교우관계조사 등)을 한다.	①	②	③	④	⑤
①	②	③	④	⑤	42. 출결지도(자퇴 예방, 지각학생 지도 등)를 한다.	①	②	③	④	⑤
①	②	③	④	⑤	43. 학생지도를 위해 학부모와 교류한다.	①	②	③	④	⑤
①	②	③	④	⑤	44. 조·종례를 수행한다.	①	②	③	④	⑤
①	②	③	④	⑤	45. 학급시설(교단선진화 기자재, 비품 등)을 관리한다.	①	②	③	④	⑤
①	②	③	④	⑤	46. 청소지도 등 학습환경을 조성한다.	①	②	③	④	⑤
①	②	③	④	⑤	47. 급식지도를 한다.	①	②	③	④	⑤
①	②	③	④	⑤	48. 학급회의(HR)를 운영한다.	①	②	③	④	⑤
①	②	③	④	⑤	49. 학급학생 관련 각종 서류(생활기록부 등)를 관리한다.	①	②	③	④	⑤

Ⅱ. 다음은 선생님께서 근무하시는 학교 상황을 알아보기 위한 문항입니다. 각각의 문항에 대하여 선생님의 생각과 일치하는 곳에 V표 해 주시기 바랍니다.

문 항	전혀 그렇지 않다	그렇지 않다	보통이다	그렇다	매우 그렇다
1. 우리 학교 교장 선생님은 학교 방침과 다른 의견이 존재할 수 있다는 것을 인정한다.					
2. 소수의 영향력 있는 학부모들은 학교경영 계획을 변경시킬 수 있다.					
3. 우리 학교 교장 선생님은 모든 교직원들을 자신과 동등한 위치에서 대한다.					
4. 우리 학교 교장 선생님은 다정다감하다.					
5. 지역 유지들은 학교경영에 영향력을 발휘한다.					
6. 우리 학교의 학업성취수준은 높은 편이다.					
7. 우리 학교 선생님들은 서로를 도우며 지원한다.					
8. 우리 학교 학부모들은 학교경영이나 학급경영에 개입하고자 한다.					
9. 우리 학교 교장 선생님은 선생님들에게 기대되는 것이 무엇인지 분명히 알게 한다.					
10. 우리 학교 학생들은 공부 잘하는 친구를 부러워한다.					
11. 우리 학교 선생님들은 지역 교육청으로부터 간섭을 받는다고 느낀다.					
12. 우리 학교 교장 선생님은 정해진 기준을 준수한다.					
13. 우리 학교 학생들은 성적 향상을 위하여 과외 공부도 한다.					

문 항	전혀그렇지않다	그렇지않다	보통이다	그렇다	매우그렇다
14. 우리 학교 학부모들은 학생들의 학업 성적에 관심이 많다.					
15. 우리 학교 학생들은 더 좋은 성적을 얻기 위해 열심히 노력한다.					
16. 우리 학교 선생님들은 열의를 가지고 자신의 직무를 수행한다.					
17. 우리 학교에서는 공부 잘하는 학생이 친구들로부터 인정을 받는다.					
18. 우리 학교 교장 선생님은 선생님들의 제안을 적극적으로 수용한다.					
19. 우리 학교 선생님들은 동료 선생님들의 업무 수행을 존중한다.					
20. 우리 학교 학부모들의 학교 개선에 대한 요구는 높다.					
21. 우리 학교 선생님들은 동료 선생님들과 협동적으로 근무한다.					
22. 우리 학교 학생들은 수립된 학습목표를 성취할 수 있다.					
23. 우리 학교 선생님들은 합리적인 판단을 한다.					
24. 우리 학교는 외부의 압력(교육청이나 학부모 등)에 영향을 받는 편이다.					
25. 우리 학교 교장 선생님은 변화를 추구하고자 한다.					
26. 우리 학교 선생님들은 학생들과 사제동행을 실천한다.					
27. 우리 학교 선생님들은 동료 선생님에게 강한 정신적 지지를 한다.					

Ⅲ. 다음은 교사가 갖는 교육에 대한 신념을 묻는 문항입니다. 각각의 문항에 대하여 선생님의 생각과 일치하는 곳에 V표 해 주시기 바랍니다.

문 항	전혀 그렇지 않다	그렇지 않다	보통이다	그렇다	매우 그렇다
1. 나는 효과적인 교수방법이 무엇인지 알아내고자 끊임없이 노력한다.					
2. 나는 학생의 질문을 반기고 격려한다.					
3. 나는 학생들을 효과적으로 지도하기 위한 단계를 잘 알고 있다.					
4. 나는 아무리 노력해도 어떤 영역의 활동은 다른 영역의 활동보다 잘 지도하지 못한다.					
5. 나는 학생들을 비효과적인 방법으로 지도한다.					
6. 나는 학생들을 지도하는 데 필요한 만큼의 지식이 있다.					
7. 나는 학생들에게 어떤 활동을 왜 하는지 이해시키는 데 어려움을 느낀다.					
8. 나는 학생들이 질문을 할 때, 적절하게 대답할 자신이 있다.					
9. 나는 학생들을 지도하는 교사로서 필요한 능력을 가지고 있는지 염려된다.					
10. 나는 나의 교수능력에 대해 외부 전문가로부터 객관적으로 평가받는 것이 꺼려진다.					
11. 나는 학생이 어려움을 나타낼 때 어떻게 지도해야 할지 당황한다.					
12. 나는 학생들을 지도하는 데 있어서 그다지 유능하지 않은 것 같다.					
13. 나는 학생들이 어떤 것에 관심을 갖도록 하기 위해서 어떻게 해야 할지 모르겠다.					

Ⅳ. 다음은 통계분석에 필요한 인적사항에 관한 문항입니다. 해당하는 곳에 V표 하시거나 직접 기록해 주십시오.

1. 선생님께서 근무하시는 학교의 3개 학년의 총 학급 수는 몇 학급입니까?

   (　　　)학급

2. 선생님의 성별은?

   ① 남 (　　　)　　　　　　② 여 (　　　)

3. 선생님의 학력은 무엇입니까?

   ① 대학 졸 (　　　)　　　　② 대학원 졸 (　　　)

4. 선생님의 총 교직 경력은? (　　　) 년　(　　　) 개월

5. 2003년 1월부터 현재까지 받으신 연수(직무연수나 자격연수 등)의 시간은 총 몇 시간입니까? (　　　　) 시간

6. 선생님께서는 현재 학급담임을 맡고 계십니까?

   ① 그렇다 (　　　)　　　　② 아니다 (　　　)

7. 선생님께서 현재 담당하고 계신 교과목은 무엇입니까?(해당되는 곳에 모두 표시해 주십시오)

   ① 기술 · 가정 과목의 기술 영역 (　　　)

   ② 기술 · 가정 과목의 가정 영역 (　　　)

   ③ 기타 과목 (　　　)

8. 선생님의 대학 때 주 전공은 무엇입니까?

    ① 기술교육 (　　)

    ② 가정교육 (　　)

    ③ 공업교육(기계교육, 전자교육, 건축교육 등) (　　)

    ④ 기타 (　　)

8-A. 선생님께서는 '기술', 또는 '기술·가정'교원자격을 어떻게 취득하셨습니까?

    ① 대학에서 부전공, 또는 복수전공으로 취득했다. (　　)

    ② 대학원에서 취득했다. (　　)

    ③ 입직 후 부전공 연수를 통해 취득했다. (　　)

    ④ '기술', 또는 '기술·가정'교원자격이 없다. (　　)

〈끝까지 성실히 응답해 주셔서 대단히 감사합니다〉

[부록 3] 2차 예비조사용 설문지

Ⅰ. 다음은 선생님께서 수행하시는 직무에 대한 중요도와 실제 수행수준을 알아보기 위한 문항입니다. 가운데 제시한 직무내용에 대한 중요도(왼쪽)와 실제 수행수준(오른쪽)을 [응답 예시]와 같이 표시하여 주시기 바랍니다.

[응답 예시]

각 진술문에 대하여 선생님의 생각과 일치하는 곳에 V표 해 주십시오.

얼마나 중요한가?					직 무 내 용	수행수준은 어느 정도입니까?				
전혀 중요하지 않음	중요하지 않음	보통	중요함	매우 중요함		매우 낮음	낮음	보통	높음	매우 높음
			V		1. 학년 초에 연간 진도 계획을 수립한다 (중간고사 전까지 진도를 어디까지 나갈 것이며, 어떤 실습을 언제쯤 실시하겠다는 계획 등).				V	
				V	2. 학생들의 능력, 흥미 등을 고려하여 수업을 준비한다.					V

※ 왼쪽(중요도)과 오른쪽(실제 수행수준) 모두에 응답해 주십시오.

전혀 중요하지 않음	중요하지 않음	보통	중요함	매우 중요함	직 무 내 용	매우 낮음	낮음	보통	높음	매우 높음
						수행수준은 어느 정도입니까?				
					얼마나 중요한가?					
					1. 연간 진도 계획을 수립한다(중간고사 전까지 진도를 어디까지 나갈 것이며, 어떤 실습을 언제쯤 실시하겠다는 계획 등).					
					2. 학생들의 능력, 흥미 등을 고려하여 수업을 준비한다.					
					3. 수업 전에 효율적인 수업이 이루어질 수 있도록 교재연구를 충실히 한다(학습지도안 작성 등).					
					4. 수업 전에 학생들의 학습에 도움이 되는 수업자료(ICT자료, 시청각 교구 등)를 준비한다.					
					5. 수업을 시작할 때 수업목표를 명확하게 제시한다.					
					6. 학생들이 수업에 적극적으로 참여할 수 있도록 동기를 부여한다.					
					7. 수업목표 달성을 위하여 수업 중 다양한 수업방법을 활용한다.					
					8. 학습효과를 높이기 위해 수업 중 적절한 질의응답을 사용한다.					
					9. 기초학력이 부족한 학생을 위해 보충지도를 실시한다(추가설명, 개별지도 등).					

얼마나 중요한가?						수행수준은 어느 정도입니까?				
전혀중요하지않음	중요하지않음	보통	중요함	매우중요함	직 무 내 용	매우낮음	낮음	보통	높음	매우높음
					10. 학생들의 학업성취수준을 측정하기 위한 평가계획을 수립한다(평가기준 수립 등).					
					11. 적합한 평가도구(고사문제, 수행평가 문항 등)를 만든다.					
					12. 평가기준에 따라 공정하게 채점한다.					
					13. 평가결과를 학생들의 학습에 활용한다 (성적 우수학생에 대한 칭찬, 부진학생에 대한 격려, 상담 등).					
					14. 실습 전에 실습을 통해 이루고자 하는 목표를 확인한다.					
					15. 실습 전에 실습 내용을 분석한다.					
					16. 실습 계획서를 작성한다.					
					17. 실습에 필요한 기자재 및 실습재료를 준비한다.					
					18. 학생들의 실습을 돕기 위해 실습 중 시범을 보인다.					
					19. 학생들이 스스로 실습을 진행할 수 있도록 지도한다.					
					20. 안전사고 예방을 위하여 실습을 할 때 안전지도를 한다.					
					21. 실습을 마친 후 학생들이 실습실 정리 정돈을 하도록 지도한다.					
					22. 실습실 연간 운영계획을 수립한다.					
					23. 실습예산을 편성한다.					
					24. 학생들에게 실습실 준수사항을 지도한다.					

얼마나 중요한가?				직 무 내 용	수행수준은 어느 정도입니까?				
전혀중요하지않음	중요하지않음	보통	중요함	매우중요함		매우낮음	낮음	보통	높음	매우높음
					25. 실습실 환경(공구, 재료, 설비)을 관리한다.					
					26. 용의지도 등 학생들의 기본생활습관지도를 한다.					
					27. 학생들의 어려움이나 문제해결을 돕기 위한 상담을 한다.					
					28. 학생들의 대인관계(교사에 대한 존경, 친구들과의 친화유지 등)를 지도한다.					
					29. 특별활동(계발활동, 동아리 활동 등)을 지도한다.					
					30. 학생들의 각종 학교행사(현장체험학습, 사생대회, 수련활동 등)를 지도한다.					
					31. 봉사활동을 지도한다.					
					32. 진로지도(진로탐색, 진학지도 등)를 한다.					
					33. 담당 교무분장업무의 계획을 수립한다.					
					34. 담당 교무분장업무를 정확하게 수행한다.					
					35. 담당 교무분장업무를 마무리한다(보고용 공문서 작성 등).					
					36. 각종 교사행사(교직원 회의와 같은 각종 회의나 교내 자체 연수)에 참석한다.					
					37. 첨단 기술 등 교과 내용과 관련된 지식을 습득한다.					
					38. 수업방법의 개선과 관련된 지식과 노하우를 습득한다.					
					39. 학생지도와 관련된 지식과 노하우를 습득한다.					
					40. 교사로서 지녀야 할 일반교양을 습득한다.					

※ 41번부터 48번까지는 담임업무와 관련된 문항입니다. 현재 담임을 맡고 계시지 않은 선생님께서는 과거의 담임 경험에 기초하여 응답해 주시기 바랍니다.

얼마나 중요한가?					직 무 내 용	수행수준은 어느 정도입니까?				
전혀중요하지않음	중요하지않음	보통	중요함	매우중요함		매우낮음	낮음	보통	높음	매우높음
					41. 문서나 면담, 관찰 등을 통하여 학급 학생들의 생활특성(가정환경, 교우관계)을 파악한다.					
					42. 학급 학생들의 출결지도(자퇴 예방, 지각생 지도 등)를 한다.					
					43. 학생지도를 위해 학부모와 상담한다.					
					44. 조·종례를 수행한다.					
					45. 학급시설(교단선진화 기자재, 비품 등)을 관리한다.					
					46. 청소지도 등 학급환경을 교육적으로 구성한다.					
					47. 학급회의(HR) 시 학생들의 적극적 참여가 이루어지도록 지도한다.					
					48. 학급학생 관련 각종 서류(생활기록부 등)를 체계적으로 관리한다.					

[부록 4-1] 1차 예비조사용 '직무수행' 척도의 Cronbach의 α 계수분석

영 역	문 항	제거 시 평균	제거 시 변량	제거 시 총점 상관	제거 시 α 계수
	1	41.27	25.58	.44	.81
	2	41.40	26.59	.41	.82
	3	40.53	26.60	.30	.82
	4	40.93	24.34	.47	.81
	5	40.93	24.96	.42	.82
교수학습 지도 α =.82	6	41.13	24.33	.54	.80
	7	40.97	24.03	.50	.81
	8	41.43	23.50	.72	.79
	9	42.37	23.76	.44	.82
	10	42.33	23.61	.62	.80
	11	41.13	25.43	.38	.82
	12	40.40	25.35	.41	.81
	13	41.57	25.29	.44	.81
	14	40.83	29.59	.38	.86
	15	40.73	29.44	.59	.84
	16	41.10	28.71	.40	.86
	17	40.67	29.89	.45	.85
실습지도 및 실습실운영 α =.86	18	40.77	28.46	.55	.84
	19	40.90	29.06	.56	.85
	20	40.30	28.70	.48	.85
	21	40.60	29.97	.39	.85
	22	41.57	27.22	.58	.84
	23	41.00	26.83	.63	.84
	24	40.87	28.40	.62	.84
	25	41.27	25.10	.81	.82

영 역	문 항	제거 시 평균	제거 시 변량	제거 시 총점 상관	제거 시 α 계수
학생생활 지도 α =.75	26	19.40	9.90	.31	.75
	27	19.60	9.56	.34	.74
	28	19.47	9.36	.59	.69
	29	19.70	9.04	.41	.73
	30	19.70	8.84	.46	.72
	31	19.93	8.55	.65	.67
	32	19.60	9.21	.54	.70
행정업무 수행 α =.83	33	11.07	3.72	.59	.82
	34	10.70	3.32	.81	.72
	35	10.73	3.37	.70	.77
	36	10.80	3.96	.55	.83
전문성 신장 α =.87	37	10.23	2.81	.69	.85
	38	10.50	2.47	.83	.79
	39	10.43	3.01	.66	.86
	40	10.33	2.57	.72	.84
학급경영 α =.81	41	29.27	15.72	.54	.78
	42	29.10	14.92	.57	.78
	43	29.67	16.30	.34	.80
	44	28.70	15.25	.57	.78
	45	29.40	14.39	.61	.77
	46	29.23	13.70	.57	.78
	47	29.63	15.69	.29	.82
	48	29.97	14.86	.45	.79
	49	29.03	14.31	.63	.77

전체 Cronbach의 α 계수: 0.95

[부록 4-2] 1차 예비조사용 '직무수행' 척도의 요인분석 결과

1. 교수학습지도 영역

	문 항	요인 1	요인 2	요인 3
준 비	1	**.62**	.21	.01
	2	.24	**.59**	−.01
	3	.20	−.22	**.82**
	4	**.77**	.08	.01
실 행	5	−.19	**.78**	.43
	6	.20	**.81**	.11
	7	**.71**	−.05	.33
	8	**.66**	.29	.38
	9	.39	**.63**	−.13
평 가	10	**.51**	**.43**	.29
	11	.14	.16	**.65**
	12	.12	.20	**.64**
	13	**.51**	.20	.16
	고유치	2.80	2.50	2.09
	설명변량(%)	21.53	19.20	16.06
	누적변량(%)	21.53	40.73	56.79

2. 실습지도 및 실습실 운영 영역

	문 항	요인 1	요인 2	요인 3
실습 준비	14	−.07	**.86**	.08
	15	.35	**.71**	.06
	16	.24	**.78**	−.15
	17	.36	.03	**.54**
실습 실행	18	.13	**.48**	**.56**
	19	.15	**.69**	.33
	20	.11	.15	**.81**
	21	.17	−.03	**.74**
실습실 운영	22	**.91**	.19	−.01
	23	**.73**	.13	.32
	24	**.68**	.01	**.52**
	25	**.81**	.33	.31
	고유치	2.86	2.74	2.42
	설명변량(%)	23.81	22.80	20.16
	누적변량(%)	23.81	46.61	66.76

3. 학생생활지도 영역

문 항	요인 1	요인 2
26	.07	**.61**
27	.05	**.68**
28	.15	**.89**
29	.24	**.59**
30	**.89**	−.01
31	**.89**	.21
32	**.74**	.28
고유치	2.23	2.01
설명변량(%)	31.90	29.84
누적변량(%)	31.90	61.74

4. 행정업무수행 영역

문 항	요인 1
33	**.77**
34	**.91**
35	**.85**
36	**.73**
고유치	2.67
설명변량(%)	66.73
누적변량(%)	66.73

5. 전문성 신장 영역

문 항	요인 1
37	.82
38	.92
39	.81
40	.85
고유치	2.89
설명변량(%)	72.20
누적변량(%)	72.20

6. 학급경영 영역

문 항	요인 1	요인 2	요인 3
41	**.65**	.06	**.61**
42	.15	**.71**	.37
43	.06	.24	**.80**
44	**.86**	.12	.10
45	**.83**	.27	.03
46	.30	**.69**	.05
47	**.55**	.37	**−.57**
48	.04	**.79**	−.01
49	.28	**.58**	**.55**
고유치	2.34	2.23	1.78
설명변량(%)	26.05	24.73	19.79
누적변량(%)	26.05	50.78	70.57

[부록 5-1] 2차 예비조사용 '직무수행' 척도의 Cronbach의 α 계수 분석

영 역	문 항	제거 시 평균	제거 시 변량	제거 시 총점 상관	제거 시 α 계수
	1	37.33	27.16	.27	.77
	2	37.80	26.13	.43	.75
	3	37.72	26.01	.45	.75
	4	37.84	24.60	.41	.76
	5	37.91	24.18	.47	.75
교수학습	6	37.90	25.40	.41	.76
지도	7	38.22	26.27	.31	.77
α =.77	8	37.61	25.01	.50	.75
	9	38.95	26.34	.34	.76
	10	37.79	25.89	.38	.76
	11	37.41	25.28	.50	.75
	12	36.90	27.22	.26	.77
	13	38.16	25.34	.44	.75
	14	38.02	36.25	.54	.82
	15	37.85	36.03	.45	.83
	16	38.22	36.03	.46	.83
	17	37.40	37.85	.43	.83
실습지도	18	37.40	36.22	.44	.83
및	19	37.51	37.22	.50	.83
실습실운영	20	37.28	34.62	.63	.81
α =.84	21	37.28	37.44	.42	.83
	22	38.74	33.67	.61	.81
	23	37.77	36.70	.38	.83
	24	38.01	35.39	.59	.82
	25	38.18	35.04	.55	.82
학생생활	26	19.77	13.08	.38	.75
지도	27	20.00	12.73	.47	.73
α =.76	28	19.62	12.54	.57	.71
	29	19.91	11.98	.53	.72

영 역	문 항	제거 시 평균	제거 시 변량	제거 시 총점 상관	제거 시 α 계수
학생생활 지도 $\alpha =.76$	30	20.31	11.89	.45	.74
	31	20.12	12.46	.43	.74
	32	19.75	11.66	.53	.72
행정업무 수행 $\alpha =.71$	33	10.91	3.56	.40	.70
	34	10.41	3.23	.63	.57
	35	10.50	3.29	.50	.64
	36	10.39	2.96	.47	.66
전문성 신장 $\alpha =.80$	37	10.13	3.77	.51	.80
	38	10.04	3.34	.77	.67
	39	9.98	3.95	.61	.75
	40	10.06	4.16	.59	.76
학급경영 $\alpha =.81$	41	25.62	13.34	.50	.79
	42	25.40	12.99	.65	.77
	43	26.00	12.78	.44	.80
	44	25.25	13.96	.40	.80
	45	25.81	12.05	.65	.77
	46	25.84	12.16	.59	.77
	47	26.57	12.95	.48	.79
	48	25.72	12.83	.50	.79

전체 Cronbach의 α 계수: 0.95

[부록 5-2] 2차 예비조사용 '직무수행' 척도의 요인분석 결과

1. 교수학습지도 영역

	문 항	요인 1	요인 2	요인 3
준 비	1	−.05	**.56**	.24
	2	.11	.13	**.75**
	3	−.03	**.46**	**.64**
	4	.24	.08	**.61**
실 행	5	**.60**	.16	.23
	6	**.54**	−.14	.47
	7	**.47**	−.25	.45
	8	**.50**	.32	.22
	9	**.55**	.06	.09
평 가	10	.08	**.74**	.11
	11	.37	**.62**	.10
	12	.27	**.59**	−.18
	13	**.72**	.27	−.10
	고유치	2.22	2.12	2.00
	설명변량(%)	17.10	16.30	15.41
	누적변량(%)	17.10	33.40	48.81

2. 실습지도 및 실습실 운영 영역

	문 항	요인 1	요인 2	요인 3
실습 준비	14	.16	**.65**	.34
	15	.01	**.81**	.18
	16	.34	**.73**	−.11
	17	−.12	**.55**	**.53**
실습 실행	18	.05	.35	**.57**
	19	.35	.27	**.43**
	20	**.41**	.24	**.62**
	21	.21	−.05	**.79**
실습실 운영	22	**.79**	.38	−.01
	23	**.55**	−.07	.31
	24	**.79**	−.01	.35
	25	**.83**	.17	.04
	고유치	2.75	2.34	2.19
	설명변량(%)	22.89	19.50	18.23
	누적변량(%)	22.89	42.39	60.62

3. 학생생활지도 영역

문 항	요인 1	요인 2
26	.71	.04
27	.81	.09
28	.72	.30
29	.24	.74
30	.06	.82
31	.17	.68
32	.58	.39
고유치	2.01	1.94
설명변량(%)	29.93	27.76
누적변량(%)	29.93	57.69

4 행정업무수행 영역

문 항	요인 1
33	.63
34	.84
35	.75
36	.71
고유치	2.17
설명변량(%)	54.36
누적변량(%)	54.36

5. 전문성 신장 영역

문 항	요인 1
37	.71
38	.89
39	.80
40	.78
고유치	2.53
설명변량(%)	63.31
누적변량(%)	63.31

6. 학급경영 영역

문 항	요인 1
41	.63
42	.77
43	.57
44	.54
45	.77
46	.72
47	.60
48	.63
고유치	3.49
설명변량(%)	43.68
누적변량(%)	43.68

[부록 6] 1차 예비조사용 '직무 중요성' 척도의 Cronbach의 α 계수분석

영 역	문 항	제거 시 평균	제거 시 변량	제거 시 총점 상관	제거 시 α 계수
교수학습 지도 α =.74	1	49.47	11.76	.18	.74
	2	49.30	10.49	.53	.70
	3	48.90	11.96	.16	.74
	4	49.53	11.22	.37	.72
	5	49.40	11.77	.18	.74
	6	49.33	10.78	.39	.72
	7	49.83	10.76	.33	.72
	8	49.50	11.09	.39	.72
	9	49.93	10.89	.31	.73
	10	50.10	11.40	.24	.73
	11	49.63	10.79	.39	.72
	12	48.97	9.90	.63	.68
	13	49.70	10.49	.56	.70
실습지도 및 실습실운영 α =.89	14	45.27	28.20	.41	.90
	15	45.37	26.59	.63	.88
	16	45.47	27.43	.56	.89
	17	45.33	26.85	.71	.88
	18	45.47	26.19	.69	.88
	19	45.20	28.17	.50	.89
	20	45.03	27.41	.63	.89
	21	45.53	25.57	.72	.88
	22	45.97	25.83	.54	.89
	23	45.60	26.04	.60	.89
	24	45.63	25.96	.68	.88
	25	45.73	26.34	.67	.88
학생생활 지도 α =.86	26	22.60	9.42	.68	.83
	27	22.57	8.94	.71	.83
	28	22.40	10.39	.54	.85
	29	22.93	10.75	.39	.87

영 역	문 항	제거 시 평균	제거 시 변량	제거 시 총점 상관	제거 시 α 계수
학생생활 지도 α =.86	30	22.97	9.14	.69	.83
	31	22.97	8.38	.84	.81
	32	22.37	10.03	.54	.85
행정업무 수행 α =.92	33	10.47	6.19	.75	.91
	34	10.43	6.12	.79	.90
	35	10.57	5.84	.91	.86
	36	10.93	4.62	.86	.89
전문성 신장 α =.77	37	12.83	1.73	.62	.69
	38	12.93	1.72	.64	.67
	39	13.07	1.86	.50	.75
	40	13.17	1.94	.52	.74
학급경영 α =.90	41	30.80	23.75	.52	.90
	42	30.90	23.13	.53	.90
	43	31.27	24.00	.38	.91
	44	31.03	22.03	.66	.89
	45	31.80	21.41	.74	.88
	46	31.43	19.50	.81	.88
	47	31.70	20.63	.71	.88
	48	31.63	19.62	.82	.88
	49	31.30	19.94	.81	.88

전체 Cronbach의 α 계수: 0.96

[부록 7] 2차 예비조사용 '직무 중요성' 척도의 Cronbach의
α 계수분석

영 역	문 항	제거 시 평균	제거 시 변량	제거 시 총점 상관	제거 시 α 계수
교수학습 지도 $\alpha =.77$	1	49.85	15.21	20	.77
	2	49.66	14.67	.35	.76
	3	49.61	14.34	.43	.75
	4	50.00	14.57	.35	.76
	5	49.82	14.57	.29	.77
	6	49.73	13.75	.56	.74
	7	50.12	14.38	.38	.76
	8	49.95	15.08	.32	.76
	9	50.44	13.80	.46	.75
	10	49.89	14.77	.38	.76
	11	49.82	14.10	.45	.75
	12	49.44	14.72	.38	.75
	13	49.96	13.64	.60	.73
실습지도 및 실습실운영 $\alpha =.82$	14	45.60	16.59	.49	.80
	15	45.51	15.98	.49	.80
	16	45.71	16.33	.46	.81
	17	45.43	16.35	.47	.81
	18	45.62	15.84	.46	.81
	19	45.26	17.38	.32	.82
	20	45.18	16.30	.48	.80
	21	45.46	16.03	.56	.80
	22	46.01	15.12	.58	.79
	23	45.43	16.91	.34	.82
	24	45.74	16.59	.54	.80
	25	45.83	16.07	.47	.81
학생생활 지도 $\alpha =.86$	26	23.35	10.60	.52	.85
	27	23.15	11.03	.66	.83
	28	22.99	10.49	.66	.83
	29	23.51	10.60	.69	.83

영 역	문 항	제거 시 평균	제거 시 변량	제거 시 총점 상관	제거 시 α 계수
학생생활 지도 α =.86	30	23.60	9.99	.69	.83
	31	23.63	10.01	.68	.83
	32	23.04	11.09	.50	.85
행정업무 수행 α =.82	33	11.28	3.12	.65	.77
	34	11.12	2.95	.67	.75
	35	11.30	2.83	.67	.75
	36	11.48	2.92	.57	.80
전문성 신장 α =.78	37	12.57	2.15	.46	.78
	38	12.52	1.91	.72	.66
	39	12.59	1.85	.69	.67
	40	12.80	2.13	.49	.77
학급경영 α =.84	41	27.38	13.19	.50	.84
	42	27.53	12.70	.63	.82
	43	27.77	13.03	.55	.83
	44	27.77	12.41	.59	.82
	45	28.26	12.02	.61	.82
	46	28.11	11.28	.69	.81
	47	28.12	13.01	.49	.84
	48	27.85	12.35	.59	.82

전체 Cronbach의 α 계수: 0.95

[부록 8-1] 예비조사용 '학교풍토' 척도의 변별도 분석

1. 협의적 리더십 영역

문 항	집단구분	평 균	표준편차	t값
1	상위집단	4.29	0.49	7.770*
	하위집단	2.11	0.60	
3	상위집단	4.43	0.53	9.356*
	하위집단	2.00	0.50	
4	상위집단	4.43	0.79	5.785*
	하위집단	2.00	0.87	
9	상위집단	4.14	0.69	5.595*
	하위집단	2.44	0.53	
12	상위집단	4.00	0.58	5.219*
	하위집단	2.56	0.53	
18	상위집단	4.43	0.53	7.338*
	하위집단	1.89	0.78	
25	상위집단	4.43	0.53	5.866*
	하위집단	2.11	0.93	

상위집단(상위 27%): 7명, 하위집단(하위 27%): 9명　　* : p<0.05

2. 교사 전문행위 영역

문 항	집단구분	평 균	표준편차	t값
7	상위집단	4.00	0.00	7.811*
	하위집단	2.78	0.44	
16	상위집단	4.25	0.46	3.328*
	하위집단	3.44	0.53	
19	상위집단	4.00	0.00	3.288*
	하위집단	3.22	0.67	
21	상위집단	4.00	0.00	3.757*
	하위집단	3.33	0.50	
23	상위집단	4.00	0.00	3.757*
	하위집단	3.33	0.50	
26	상위집단	4.13	0.35	4.165*
	하위집단	3.11	0.60	
27	상위집단	4.00	0.00	9.393*
	하위집단	2.89	0.33	

상위집단(상위 27%): 8명, 하위집단(하위 27%): 9명　　* : p<0.05

3. 학업 강조 영역

문 항	집단구분	평 균	표준편차	t값
6	상위집단	4.29	0.76	6.834*
	하위집단	2.00	0.53	
10	상위집단	4.43	0.53	5.121*
	하위집단	2.75	0.71	
13	상위집단	4.43	0.53	3.538*
	하위집단	3.13	0.83	
14	상위집단	4.86	0.38	5.040*
	하위집단	3.13	0.83	
15	상위집단	4.57	0.53	7.078*
	하위집단	2.75	0.46	
17	상위집단	4.29	0.49	3.844*
	하위집단	3.00	0.76	
20	상위집단	3.86	0.69	3.533*
	하위집단	3.00	0.00	
22	상위집단	4.00	0.58	1.742
	하위집단	3.50	0.53	

상위집단(상위 27%): 7명, 하위집단(하위 27%): 8명   * : p<0.05

4. 기관 취약성 영역

문 항	집단구분	평 균	표준편차	t값
2	상위집단	4.00	0.93	4.382*
	하위집단	2.29	0.49	
5	상위집단	3.63	0.52	6.247*
	하위집단	2.14	0.38	
8	상위집단	3.25	0.71	3.180*
	하위집단	2.00	0.82	
11	상위집단	3.63	0.74	3.026*
	하위집단	2.43	0.79	
24	상위집단	3.63	0.52	6.247*
	하위집단	2.14	0.38	

상위집단(상위 27%): 8명, 하위집단(하위 27%): 7명   * : p<0.05

[부록 8-2] 예비조사용 '학교풍토' 척도의 Cronbach의 α 계수 분석

영 역	문 항	제거 시 평균	제거 시 변량	제거 시 총점 상관	제거 시 α 계수
협의적 리더십 α =0.93	1	18.90	26.71	.85	.92
	3	19.23	27.15	.80	.92
	4	19.07	26.20	.81	.92
	9	19.17	29.45	.69	.93
	12	18.87	29.64	.74	.93
	18	19.10	25.20	.90	.91
	25	19.27	27.17	.72	.93
교사 전문행위 α =0.82	7	21.83	4.56	.73	.77
	16	21.33	5.33	.59	.80
	19	21.50	5.16	.61	.79
	21	21.57	5.70	.41	.82
	23	21.57	5.63	.44	.82
	26	21.67	5.06	.51	.81
	27	21.93	4.96	.68	.78
학업강조 α =0.86	6	25.77	14.05	.74	.83
	10	25.40	16.32	.60	.85
	13	24.97	16.38	.68	.84
	14	24.63	15.62	.69	.83
	15	25.23	15.29	.83	.82
	17	25.17	17.04	.53	.85
	20	25.43	18.53	.49	.86
	22	25.23	19.50	.29	.87
기관 취약성 α =0.73	2	11.60	4.73	.55	.67
	5	11.80	5.20	.63	.64
	8	11.83	5.87	.35	.74
	11	11.73	5.86	.40	.72
	24	11.83	5.45	.57	.66

[부록 8-3] 예비조사용 '학교풍토' 척도의 요인분석 결과

영 역	문 항	요인 1	요인 2	요인 3	요인 4
협의적 리더십	1	**.85**	.23	.21	−.02
	3	**.83**	.21	.07	.00
	4	**.83**	.25	.05	−.18
	9	**.70**	.36	.00	.04
	12	**.77**	−.05	.34	−.06
	18	**.83**	.21	.34	−.23
	25	**.76**	.12	.23	.35
교사 전문행위	7	.33	.14	**.69**	.05
	16	.35	.29	**.57**	−.02
	19	.17	.20	**.77**	−.01
	21	.13	−.11	**.72**	.05
	23	.17	.02	**.47**	.32
	26	.27	**.55**	.24	.34
	27	−.07	.37	**.61**	**.47**
학업강조	6	**.57**	**.56**	.23	.03
	10	.39	**.60**	.22	−.19
	13	.01	**.88**	−.10	.09
	14	.24	**.77**	.07	.02
	15	.29	**.78**	.16	.21
	17	.32	**.53**	.29	−.05
	20	.12	**.41**	**.43**	.02
	22	.09	.18	.34	**.62**
기관 취약성	2	−.18	.07	−.23	**.66**
	5	−.20	.22	−.06	**.72**
	8	.13	**.40**	−.39	**.42**
	11	.13	−.33	.14	**.71**
	24	−.02	−.02	.21	**.76**
고유치		5.68	4.42	3.71	3.34
설명변량(%)		21.03	16.38	13.73	12.38
누적변량(%)		21.03	37.42	51.14	63.52

[부록 9-1] 예비조사용 '개인적 교수효능감' 척도의 변별도 분석

문 항	집단구분	평 균	표준편차	t값
1	상위집단	4.00	0.58	0.931
	하위집단	3.75	0.46	
2	상위집단	4.29	0.49	1.703
	하위집단	3.63	0.92	
3	상위집단	3.43	0.53	1.502
	하위집단	2.88	0.83	
4	상위집단	3.71	1.11	3.086*
	하위집단	2.25	0.71	
5	상위집단	4.43	0.53	5.164*
	하위집단	3.00	0.53	
6	상위집단	4.00	0.00	6.517*
	하위집단	3.13	0.35	
7	상위집단	4.14	0.69	3.671*
	하위집단	3.13	0.35	
8	상위집단	4.29	0.49	2.755*
	하위집단	3.38	0.74	
9	상위집단	4.43	0.53	6.523*
	하위집단	2.75	0.46	
10	상위집단	4.14	0.69	5.193*
	하위집단	2.50	0.53	
11	상위집단	4.14	0.69	2.467*
	하위집단	3.25	0.71	
12	상위집단	4.14	0.38	4.572*
	하위집단	2.88	0.64	
13	상위집단	4.14	0.38	5.388*
	하위집단	3.13	0.35	

상위집단(상위 27%): 7명, 하위집단(하위 27%): 8명
* : $p < 0.05$

[부록 9-2] 예비조사용 '개인적 교수효능감' 척도의 Cronbach의 α 계수 분석

문 항	제거 시 평균	제거 시 변량	제거 시 총점 상관	제거 시 α 계수
1	42.10	27.13	.12	.82
2	42.00	26.28	.20	.82
3	42.80	25.96	.31	.81
4	42.97	23.90	.35	.81
5	42.13	23.15	.68	.78
6	42.37	25.34	.54	.80
7	42.47	24.26	.49	.79
8	42.20	24.37	.51	.79
9	42.30	22.49	.60	.78
10	42.70	22.76	.53	.79
11	42.33	24.85	.41	.80
12	42.47	23.56	.65	.78
13	42.37	24.79	.57	.79

전체 Cronbach의 α 계수: 0.81

[부록 9-3] 예비조사용 '개인적 교수효능감' 척도의 요인분석

문 항	요인 1
4	.54
5	.78
6	.60
7	.62
8	.56
9	.74
10	.60
11	.57
12	.75
13	.65
고유치	4.17
설명변량(%)	41.73
누적변량(%)	41.73

주) 문항 양호도와 신뢰도에 문제가 있는 1번, 2번, 3번 문항을 제외하고 요인분석을 실시한 결과임.

기술수업 담당교사의 직무수행에 관한 설문지

안녕하십니까?

어려운 교육환경에서도 헌신적으로 노력하시는 선생님들의 노고에 경의를 표합니다. 또한 사전에 선생님께 협조를 구하지 못하고 설문을 보내게 된 점에 대하여 매우 송구스럽게 생각합니다(선생님의 성함은 학교 홈페이지를 통해 알게 되었습니다).

저는 현직교사로 근무하면서 대학원에서 기술교육을 전공하고 있는 이명훈이라고 합니다. 금번에 박사학위논문으로서 기술수업을 담당하고 계신 선생님들의 직무수행에 대하여 연구하고 있습니다. 이 연구의 목적은 제7차 교육과정에서의 기술과 담당교사의 직무수행의 어려움과 그의 개선 방안을 알아보고자 하는 것이며, 현장의 의견이 최대한 반영될 수 있도록 하기 위하여 설문지를 발송하게 되었습니다.

만약 선생님께서 기술 영역을 지도하고 계시지 않다면, 기술 영역을 지도하고 계신 다른 분에게 이 설문지가 전달되어 응답될 수 있도록 해 주시면 감사하겠습니다. 선생님께서 응답하신 자료는 오직 연구를 위한 자료로만 사용될 것이며, 다른 목적으로 사용되거나 공개되지 않음을 약속드립니다.

끝으로 늘 건강과 행복이 가득하시길 기원하며, 바쁘신데도 불구하고 귀중한 시간을 내 주신 선생님께 깊이 감사드립니다.

2005년 9월 5일

서울대학교 대학원 농산업교육과
지도교수 나승일
박사과정 이명훈 올림

※ 송구하오나 응답하신 설문지는 동봉한 회신 봉투를 이용하여 9월 16일까지 저에게 도착될 수 있도록 보내 주시면 대단히 감사하겠습니다.

그리고 연구 결과에 관심이 있으신 분께서는 설문지 맨 뒷장에 메일 주소를 남겨 주시면, 연구 결과물을 보내드리겠습니다.

Ⅰ. 다음은 선생님께서 수행하시는 직무에 대한 중요도와 실제 수행수준을 알아보기 위한 문항입니다. 가운데 제시한 직무내용에 대한 중요도(왼쪽)와 실제 수행수준(오른쪽)을 [응답 예시]와 같이 표시하여 주시기 바랍니다.

[응답 예시]

각 진술문에 대하여 선생님의 생각과 일치하는 곳에 V표 해 주십시오.

얼마나 중요한가?				직 무 내 용	수행수준은 어느 정도입니까?			
전혀중요하지않음	중요하지않음	보통	매우중요함		매우낮음	낮음	보통	매우높음
		V		1. 학년 초에 연간 진도 계획을 수립한다 (중간고사 전까지 진도를 어디까지 나갈 것이며, 어떤 실습을 언제쯤 실시하겠다는 계획 등).			V	
			V	2. 학생들의 능력, 흥미 등을 고려하여 수업을 준비한다.				V

※ 왼쪽(중요도)과 오른쪽(실제 수행수준) 모두에 응답해 주십시오.

전혀 중요하지 않음	중요하지 않음	보통	중요함	매우 중요함	직 무 내 용	매우 낮음	낮음	보통	높음	매우 높음
					얼마나 중요한가? 〈좌측 묶음〉			**수행수준은 어느 정도입니까?**		
					1. 학년 초에 연간 수업진도 계획을 수립한다(중간고사 전까지 진도를 어디까지 나갈 것이며, 어떤 실습을 언제쯤 실시하겠다는 계획 등)					
					2. 학생들의 능력, 흥미 등을 고려하여 수업을 준비한다.					
					3. 수업 전에 효율적인 수업이 이루어질 수 있도록 교재연구를 충실히 한다(학습지도안 작성 등).					
					4. 수업 전에 학생들의 학습에 도움이 되는 수업자료(ICT자료, 시청각 교구 등)를 준비한다.					
					5. 수업을 시작할 때 수업목표를 명확하게 제시한다.					
					6. 학생들이 수업에 적극적으로 참여할 수 있도록 동기를 부여한다.					
					7. 수업목표 달성을 위하여 수업 중 다양한 수업방법을 활용한다.					
					8. 학습효과를 높이기 위해 수업 중 적절한 질의응답을 사용한다.					
					9. 기초학력이 부족한 학생을 위해 보충지도를 실시한다(추가설명, 개별지도 등).					

얼마나 중요한가?					직 무 내 용	수행수준은 어느 정도입니까?				
전혀중요하지않음	중요하지않음	보통	중요함	매우중요함		매우낮음	낮음	보통	높음	매우높음
					10. 학생들의 학업성취수준을 측정하기 위한 평가계획을 수립한다(평가기준 수립 등).					
					11. 적합한 평가도구(고사문제, 수행평가 문항 등)를 만든다.					
					12. 평가기준에 따라 공정하게 채점한다.					
					13. 평가결과를 교과지도 개선에 활용한다.					
					14. 실습 전에 실습을 통해 이루고자 하는 목표를 확인한다.					
					15. 실습 전에 실습 내용을 분석한다.					
					16. 실습 계획서를 작성한다.					
					17. 실습에 필요한 기자재 및 실습재료를 준비한다.					
					18. 학생들의 실습을 돕기 위해 실습 중 시범을 보인다.					
					19. 학생들이 스스로 실습을 진행할 수 있도록 지도한다.					
					20. 안전사고 예방을 위하여 실습을 할 때 안전지도를 한다.					
					21. 실습을 마친 후 학생들이 실습실 정리 정돈을 하도록 지도한다.					
					22. 실습실 연간 운영계획을 수립한다.					
					23. 실습예산을 편성한다.					
					24. 학생들에게 실습실 준수사항을 지도한다.					
					25. 실습실 환경(공구, 재료, 설비)을 관리한다.					

얼마나 중요한가?					직 무 내 용	수행수준은 어느 정도입니까?				
전혀중요하지않음	중요하지않음	보통	중요함	매우중요함		매우낮음	낮음	보통	높음	매우높음
					26. 용의지도 등 학생들의 기본생활습관지도를 한다.					
					27. 학생들의 어려움이나 문제해결을 돕기 위한 상담을 한다.					
					28. 학생들의 원만한 대인관계(교사에 대한 존경, 친구들과의 친화유지 등)를 지도한다.					
					29. 특별활동(계발활동, 동아리 활동 등)을 지도한다.					
					30. 학생들의 각종 학교행사(현장체험학습, 사생대회, 수련활동 등)를 지도한다.					
					31. 봉사활동을 지도한다.					
					32. 진로지도(진로탐색, 진학지도 등)를 한다.					
					33. 담당 교무분장업무의 계획을 수립한다.					
					34. 담당 교무분장업무를 정확하게 수행한다.					
					35. 담당 교무분장업무를 마무리한다(보고용 공문서 작성 등).					
					36. 각종 교사행사(교직원 회의와 같은 각종 회의나 교내 자체 연수)에 참석한다.					
					37. 첨단 기술 등 교과 내용과 관련된 지식을 습득한다.					
					38. 수업방법의 개선과 관련된 지식과 노하우를 습득한다.					
					39. 학생지도와 관련된 지식과 노하우를 습득한다.					
					40. 교사로서 지녀야 할 일반교양을 습득한다.					

※ 41번부터 48번까지는 담임업무와 관련된 문항입니다. 현재 담임을 맡고 계시지 않은 선생님께서는 과거의 담임 경험에 기초하여 응답해 주시기 바랍니다.

얼마나 중요한가?				직 무 내 용	수행수준은 어느 정도입니까?				
전혀 중요하지 않음	중요하지 않음	보통	중요함	매우중요함		매우 낮음	낮음	보통	높음	매우 높음
					41. 문서나 면담, 관찰 등을 통하여 학급 학생들의 생활특성(가정환경, 교우관계)을 파악한다.					
					42. 학급 학생들의 출결지도(자퇴 예방, 지각생 지도 등)를 한다.					
					43. 학생지도를 위해 학부모와 상담한다.					
					44. 조·종례를 수행한다.					
					45. 학급시설(교단선진화 기자재, 비품 등)을 관리한다.					
					46. 청소지도 등 학급환경을 교육적으로 구성한다.					
					47. 학급회의(HR) 시 학생들의 적극적 참여가 이루어지도록 지도한다.					
					48. 학급학생 관련 각종 서류(생활기록부 등)를 체계적으로 관리한다.					

II. 다음은 선생님께서 근무하시는 학교 상황을 알아보기 위한 문항입니다. 각각의 문항에 대하여 선생님의 생각과 일치하는 곳에 V표 해 주시기 바랍니다(*만약 2학기에 교장 선생님이 바뀌신 경우, 교장 선생님에 관한 문항에 대해서는 1학기 때 교장 선생님을 염두에 두시고 기록하시면 됩니다*).

문 항	전혀 그렇지 않다	그렇지 않다	보통이다	그렇다	매우 그렇다
1. 우리 학교 교장 선생님은 학교 방침과 다른 의견이 존재할 수 있다는 것을 인정한다.					
2. 소수의 영향력 있는 학부모들은 학교경영 계획을 변경시킬 수 있다.					
3. 우리 학교 교장 선생님은 모든 교직원들을 자신과 동등한 위치에서 대한다.					
4. 우리 학교 교장 선생님은 다정다감하다.					
5. 지역 유지들은 학교경영에 영향력을 발휘한다.					
6. 우리 학교 선생님들은 서로를 도우며 지원한다.					
7. 우리 학교 교장 선생님은 선생님들에게 기대되는 것이 무엇인지 분명히 알게 한다.					
8. 우리 학교 학생들은 공부 잘하는 친구를 부러워한다.					
9. 우리 학교 선생님들은 지역 교육청으로부터 간섭을 받는다고 느낀다.					
10. 우리 학교 교장 선생님은 정해진 기준을 준수한다.					
11. 우리 학교 학생들은 성적 향상을 위하여 과외 공부도 한다.					
12. 우리 학교 학부모들은 학생들의 학업 성적에 관심이 많다.					
13. 우리 학교 학생들은 더 좋은 성적을 얻기 위해 열심히 노력한다.					

문 항	전혀 그렇지 않다	그렇지 않다	보통이다	그렇다	매우 그렇다
14. 우리 학교 선생님들은 열의를 가지고 자신의 직무를 수행한다.					
15. 우리 학교에서는 공부 잘하는 학생이 친구들로부터 인정을 받는다.					
16. 우리 학교 교장 선생님은 선생님들의 제안을 적극적으로 수용한다.					
17. 우리 학교 선생님들은 동료 선생님들의 업무 수행을 존중한다.					
18. 우리 학교 선생님들은 동료 선생님들과 협동적으로 근무한다.					
19. 우리 학교 선생님들은 합리적인 판단을 한다.					
20. 우리 학교는 외부의 압력(교육청이나 학부모 등)에 영향을 받는 편이다.					
21. 우리 학교 교장 선생님은 변화를 추구하고자 한다.					
22. 우리 학교 선생님들은 동료 선생님에게 강한 정신적 지지를 한다.					

Ⅲ. 다음은 교사가 갖는 교육에 대한 신념을 묻는 문항입니다. 각각의 문항에 대하여 선생님의 생각과 일치하는 곳에 V표 해 주시기 바랍니다.

문 항	전혀 그렇지 않다	그렇지 않다	보통이다	그렇다	매우 그렇다
1. 나는 아무리 노력해도 어떤 영역의 활동은 다른 영역의 활동보다 잘 지도하지 못한다.					
2. 나는 학생들을 비효과적인 방법으로 지도한다.					
3. 나는 학생들을 지도하는 데 필요한 만큼의 지식이 있다.					
4. 나는 학생들에게 어떤 활동을 왜 하는지 이해시키는 데 어려움을 느낀다.					
5. 나는 학생들이 질문을 할 때, 적절하게 대답할 자신이 있다.					
6. 나는 학생들을 지도하는 교사로서 필요한 능력을 가지고 있는지 염려된다.					
7. 나는 나의 교수능력에 대해 외부 전문가로부터 객관적으로 평가받는 것이 꺼려진다.					
8. 나는 학생이 어려움을 나타낼 때 어떻게 지도해야 할지 당황한다.					
9. 나는 학생들을 지도하는 데 있어서 그다지 유능하지 않은 것 같다.					
10. 나는 학생들이 어떤 것에 관심을 갖도록 하기 위해서 어떻게 해야 할지 모르겠다.					

IV. 다음은 통계분석에 필요한 인적사항에 관한 문항입니다. 해당하는 곳에 V표 하시거나 직접 기록해 주십시오.

1. 선생님께서 근무하시는 학교의 3개 학년의 총 학급 수는 몇 학급입니까?

   (　　) 학급

2. 선생님의 성별은?

   남 (　　)　　　　　　　② 여 (　　)

3. 선생님의 학력은 무엇입니까?

   ① 대학 졸 (　　)　　　　② 대학원 졸 (　　)

4. 선생님의 총 교직 경력은?

   (　　) 년　(　　) 개월

5. 선생님께서는 현재 학급담임을 맡고 계십니까?

   ① 그렇다 (　　)　　　　② 아니다 (　　)

6. 2003년 1월부터 현재까지 받으신 연수(직무연수나 자격연수 등)의 시간은 총 몇 시간입니까?

   (　　) 시간

7. 선생님께서 현재 담당하고 계신 교과목은 무엇입니까?(해당되는 곳에 모두 표시해 주십시오)

① 기술·가정 과목의 기술 영역 (　　)

② 기술·가정 과목의 가정 영역 (　　)

③ 기타 과목 (　　)

8. 선생님의 대학 때 주 전공은 무엇입니까?

① 기술교육 (　　)

② 가정교육 (　　)

③ 공업교육(기계교육, 전자교육, 건축교육 등) (　　)

④ 기타 (　　)

8-A. 선생님께서는 '기술', 또는 '기술·가정' 교원자격을 어떻게 취득하셨습니까?

① 대학에서 부전공, 또는 복수전공으로 취득했다 (　　)

② 대학원에서 취득했다 (　　)

③ 입직 후 부전공 연수를 통해 취득했다 (　　)

④ '기술', 또는 '기술·가정' 교원자격이 없다 (　　)

V. 전문가 집단이 생각하는 기술과 교사의 직무수행 영역별 중요도는 다음 표와 같습니다. 선생님께서 생각하시는 영역별 중요도를 (   ) 안에 기록해 주십시오(단, 중요도의 합은 100이 되도록 해 주십시오).

직무 영역	교과 지도 (실습 관련 지도는 제외)	실습 지도 및 실습실 운영	학생 생활 지도	학급 경영	행정 업무 수행	교사의 전문성 신장	합 계
전문가 집단의 의견	36	12	15	15	10	12	100
응답자 의견	( )	( )	( )	( )	( )	( )	100

〈끝까지 성실히 응답해 주셔서 대단히 감사합니다〉

[부록 11-1] 본 조사용 '직무수행' 척도의 Cronbach의 α 계수 분석

영 역	문 항	제거 시 평균	제거 시 변량	제거 시 총점 상관	제거 시 α 계수
교수학습 지도 $\alpha = .83$	1	42.38	28.42	.38	.82
	2	42.79	27.38	.53	.81
	3	42.57	27.54	.48	.81
	4	42.69	27.38	.43	.82
	5	42.84	26.88	.46	.81
	6	42.80	26.44	.58	.81
	7	42.92	27.16	.48	.81
	8	42.78	26.85	.50	.81
	9	43.94	27.81	.36	.82
	10	42.65	26.99	.49	.81
	11	42.46	27.05	.49	.81
	12	41.90	28.48	.37	.82
	13	42.87	26.95	.52	.81
실습지도 및 실습실운영 $\alpha = .92$	14	41.29	51.64	.66	.92
	15	41.19	51.43	.68	.92
	16	41.31	50.55	.67	.92
	17	40.99	49.95	.72	.91
	18	40.89	50.51	.69	.91
	19	41.09	51.66	.63	.92
	20	40.66	50.60	.71	.91
	21	40.89	50.03	.72	.91
	22	41.58	51.54	.56	.92
	23	41.11	49.85	.66	.92
	24	41.06	49.84	.73	.91
	25	41.32	50.42	.68	.92

영 역	문 항	제거 시 평균	제거 시 변량	제거 시 총점 상관	제거 시 α 계수
학생생활 지도 α =.83	26	20.40	14.51	.50	.82
	27	20.55	13.79	.62	.80
	28	20.44	13.70	.67	.80
	29	20.64	13.72	.56	.81
	30	20.62	13.67	.60	.81
	31	20.84	13.67	.59	.81
	32	20.40	13.92	.54	.82
행정업무 수행 α =.83	33	11.59	3.77	.62	.80
	34	11.30	3.72	.73	.75
	35	11.29	3.66	.74	.75
	36	11.34	3.85	.55	.83
전문성 신장 α =.84	37	10.92	3.60	.63	.82
	38	10.88	3.59	.74	.76
	39	10.92	3.66	.73	.77
	40	10.88	3.96	.59	.83
학급경영 α =.84	41	27.09	13.92	.60	.82
	42	26.84	13.90	.61	.81
	43	27.60	13.49	.53	.82
	44	26.85	13.86	.56	.82
	45	27.36	13.33	.64	.81
	46	27.34	13.39	.62	.81
	47	27.75	14.03	.46	.83
	48	27.13	13.84	.53	.82

전체 Cronbach의 α 계수: 0.95

[부록 11-2] 본 조사용 '직무수행' 척도의 영역별 요인분석 결과

1. 교수학습지도 영역

문 항		요인 1	요인 2	요인 3
준 비	1	−.10	.24	**.74**
	2	.36	.20	**.53**
	3	.23	.15	**.65**
	4	.27	.09	**.56**
실 행	5	**.43**	.17	.36
	6	**.62**	.15	.38
	7	**.67**	.05	.23
	8	**.60**	.16	.24
	9	**.77**	.03	−.07
평 가	10	.15	**.73**	.19
	11	.11	**.76**	.20
	12	−.01	**.70**	.19
	13	.48	**.58**	.01
고유치		2.50	2.15	2.07
설명변량(%)		19.21	16.51	15.92
누적변량(%)		19.21	35.72	51.64

2. 실습지도 및 실습실 운영 영역

문 항	요인 1
14	**.72**
15	**.75**
16	**.73**
17	**.78**
18	**.75**
19	**.70**
20	**.77**
21	**.78**
22	**.63**
23	**.72**
24	**.78**
25	**.74**
고유치	6.50
설명변량(%)	54.20
누적변량(%)	54.20

3. 학생생활지도 영역

문 항	요인 1
26	.63
27	.75
28	.79
29	.69
30	.72
31	.71
32	.67
고유치	3.52
설명변량(%)	50.30
누적변량(%)	50.30

4 행정업무수행 영역

문 항	요인 1
33	.80
34	.87
35	.87
36	.73
고유치	2.68
설명변량(%)	67.06
누적변량(%)	67.06

5. 전문성 신장 영역

문 항	요인 1
37	.79
38	.87
39	.86
40	.76
고유치	2.71
설명변량(%)	67.71
누적변량(%)	67.71

6. 학급경영 영역

문 항	요인 1
41	.71
42	.73
43	.65
44	.69
45	.75
46	.73
47	.57
48	.65
고유치	3.79
설명변량(%)	47.42
누적변량(%)	47.42

[부록 12] 본 조사용 '직무 중요성' 척도의 Cronbach의 α 계수 분석

영 역	문 항	제거 시 평균	제거 시 변량	제거 시 총점 상관	제거 시 α 계수
교수학습 지도 α =.80	1	50.19	18.30	.30	.80
	2	50.23	17.46	.43	.79
	3	50.09	17.36	.48	.79
	4	50.33	17.33	.44	.79
	5	50.46	16.96	.45	.79
	6	50.25	17.55	.47	.79
	7	50.39	17.49	.43	.79
	8	50.41	17.69	.45	.79
	9	51.03	17.03	.40	.79
	10	50.40	17.23	.49	.78
	11	50.38	17.18	.48	.79
	12	49.89	18.30	.36	.80
	13	50.51	17.26	.51	.78
실습지도 및 실습실운영 α =.92	14	45.49	31.83	.58	.91
	15	45.51	31.48	.60	.91
	16	45.59	30.47	.65	.91
	17	45.39	29.95	.73	.91
	18	45.36	30.41	.67	.91
	19	45.42	30.97	.64	.91
	20	45.02	31.07	.64	.91
	21	45.33	30.45	.69	.91
	22	45.76	30.78	.61	.91
	23	45.44	30.63	.64	.91
	24	45.47	30.14	.73	.91
	25	45.59	30.19	.73	.91

영 역	문 항	제거 시 평균	제거 시 변량	제거 시 총점 상관	제거 시 α 계수
학생생활 지도 α =.84	26	23.18	10.07	.55	.83
	27	23.13	9.70	.63	.81
	28	23.03	9.52	.66	.81
	29	23.40	9.90	.58	.82
	30	23.37	9.85	.58	.82
	31	23.51	9.42	.64	.81
	32	22.99	10.05	.52	.83
행정업무 수행 α =.86	33	11.68	3.15	.70	.83
	34	11.49	3.22	.76	.80
	35	11.58	3.12	.77	.80
	36	11.70	3.22	.61	.86
전문성 신장 α =.82	37	12.55	2.35	.57	.80
	38	12.50	2.27	.68	.75
	39	12.57	2.18	.71	.73
	40	12.65	2.32	.59	.79
학급경영 α =.83	41	28.95	10.17	.46	.82
	42	28.97	9.54	.62	.80
	43	29.34	9.76	.51	.82
	44	29.08	9.37	.60	.80
	45	29.49	9.31	.60	.80
	46	29.41	9.34	.63	.80
	47	29.51	9.77	.49	.82
	48	29.22	9.52	.53	.81

전체 Cronbach의 α 계수: 0.95

[부록 13] 본 조사용 '학교풍토' 척도의 Cronbach의 α 계수 분석

영 역	문 항	제거 시 평균	제거 시 변량	제거 시 총점 상관	제거 시 α 계수
협의적 리더십 α =.86	1	19.89	15.34	.62	.84
	3	20.27	14.46	.70	.83
	4	19.89	14.25	.73	.82
	7	19.90	15.83	.60	.84
	10	19.67	16.74	.54	.85
	16	20.00	14.81	.74	.82
	21	20.04	16.43	.47	.86
교사 전문행위 α =.87	6	17.96	6.62	.72	.84
	14	17.63	7.71	.53	.87
	17	17.93	7.18	.70	.84
	18	17.96	6.65	.80	.82
	19	17.96	7.18	.68	.85
	22	18.44	7.14	.60	.86
학업강조 α =.79	8	14.63	6.93	.55	.75
	11	14.50	6.24	.59	.74
	12	14.16	6.47	.60	.74
	13	14.58	6.26	.66	.72
	15	14.61	7.55	.44	.79
기관 취약성 α =.70	2	8.86	4.19	.49	.64
	5	8.89	4.55	.46	.65
	9	8.58	4.58	.41	.68
	20	8.72	4.13	.59	.57

[부록 14] 본 조사용 '개인적 교수효능감' 척도의 Cronbach의 α 계수 분석

문 항	제거 시 평균	제거 시 변량	제거 시 총점 상관	제거 시 α 계수
1	33.59	19.41	.53	.84
2	33.05	20.36	.55	.84
3	33.00	21.29	.43	.85
4	33.27	19.67	.52	.84
5	32.83	21.17	.52	.84
6	33.08	18.98	.64	.83
7	33.51	19.38	.52	.85
8	33.07	19.60	.62	.83
9	33.02	19.60	.65	.83
10	32.99	19.86	.64	.83

전체 α 계수: 0.86

Ⅰ. 다음은 선생님의 인적사항에 관한 내용입니다. 해당되는 곳에 √
표 하시거나 직접 기록해 주십시오.

  1. 선생님이 근무하시는 학교급은 무엇입니까?
    ① 중학교 (　　　)　　　　　② 고등학교 (　　　)

  2. 선생님의 총 교직 경력은 얼마입니까?
    (　　　) 년　　　　　　　(　　　) 개월

  3. 선생님의 성별은 무엇입니까?
    ① 남 (　　　)　　　　　② 여 (　　　)

  4. 선생님의 학력은 무엇입니까?
    ① 대학 졸 (　　　)
    ② 대학원 석사과정 졸업 (　　　)
    ③ 대학원 박사과정 졸업 (　　　)

  5. 선생님의 직급은 무엇입니까?
    ① 부장교사 (　　　)　　　　② 평교사 (　　　)

  6. 선생님께서는 현재 학급담임을 맡고 계십니까?
    ① 그렇다 (　　　)　　　　② 아니다 (　　　)

Ⅱ. 다음은 기술과 교사가 일반적으로 수행하는 직무의 상대적 중요성을 알아보기 위한 것입니다. 각 직무의 중요도를 기록해 주시기 바랍니다(단, 중요도의 합은 100이 되도록 해 주십시오).

직무 영역	설 명	중요도
교과지도	수업준비, 수업 실행, 평가 등 (단, 실습과 관련된 지도는 제외)	
실습지도 및 실습실 운영	실습지도, 실습실 운영 등 실습과 관련된 지도 및 실습실 운영	
학생생활지도	인성지도, 용의지도, 상담, 특별활동지도, 봉사활동지도 등 모든 교사가 수행하는 생활지도 업무	
학급경영	조·종례 실시, 청소지도, HR 운영, 학급시설관리 등 담임교사에게만 해당되는 업무	
행정업무수행	공문서 작성, 담당행정업무 수행, 교직원회의 참석 등	
전문성 신장	교과지도나 교과 내용과 관련된 최신 내용 습득 등	
합 계		100

－ 참고 자료 －

현행 근무성적 평정에 나와 있는 평정점은 학습지도 24점, 생활지도 16점, 교육연구 및 담당업무 16점으로 되어 있으며(합계 56점), 이를 100점 만점으로 환산하면 다음과 같습니다.

학습지도	생활지도	교육연구 및 담당업무	합 계
42.8점	28.6점	28.6점	100점

[부록 16] 관련 변인들의 상호작용을 알아보기 위한 다원분산분석

1. 전체 직무수행

소 스	제곱합	자유도	평균자승	F	p
주 효과					
현직연수 이수	2.369	4	0.592	3.563	0.007
학교급	0.077	1	0.077	0.465	0.496
학교 설립 유형	0.154	1	0.154	0.926	0.336
상호작용 효과					
현직연수 이수 * 학교급	1.082	4	0.271	1.628	0.166
현직연수 이수 * 학교 설립 유형	0.177	4	0.044	0.266	0.900
학교급 * 학교 설립 유형	0.000	1	0.000	0.000	0.986
현직연수 이수 * 학교급 * 학교 설립 유형	0.230	4	0.057	0.345	0.847
오 차	90.739	546	0.166		
합 계	7619.064	566			

주) 전체 직무수행에 유의미한 차이를 나타낸 인구통계학적 특성 변인은 '현직연수 이수'이고, 근무학교 특성 변인은 '학교급'과 '학교 설립 유형'이며, 이들에 대한 다원분산분석을 한 결과임.

2. 교수학습지도 영역

교수학습지도 영역의 직무수행에 유의미한 차이를 나타낸 인구통계학적 특성 변인이 '현직연수 이수' 하나뿐이기 때문에 다원분산분석을 하지 않음.

3. 실습지도 및 실습실 운영 영역

소 스	제곱합	자유도	평균자승	F	p
주 효과					
성 별	0.853	1	0.853	2.202	0.139
현직연수 이수	3.024	4	0.756	1.951	0.101
학교급	0.706	1	0.706	1.822	0.178
학교 설립 유형	0.737	1	0.737	1.902	0.169
학교 소재지	0.433	2	0.217	0.559	0.572
상호작용 효과					
성별 * 현직연수 이수	1.268	4	0.317	0.818	0.514
성별 * 학교급	0.021	1	0.021	0.055	0.814
현직연수 이수 * 학교급	1.485	4	0.371	0.958	0.430
성별 *현직연수 이수 * 학교급	0.483	3	0.161	0.415	0.742
성별 * 학교 설립 유형	0.208	1	0.208	0.538	0.464
현직연수 이수 * 학교 설립 유형	0.895	4	0.224	0.578	0.679
성별 * 현직연수 이수 * 학교 설립 유형	0.743	3	0.248	0.639	0.590
학교급 * 학교 설립 유형	0.001	1	0.001	0.003	0.957
성별 * 학교급 * 학교 설립 유형	0.159	1	0.159	0.410	0.523
현직연수 이수 * 학교급 * 학교 설립 유형	1.079	4	0.270	0.696	0.595
성별 * 현직연수 이수 * 학교급 * 학교 설립 유형	0.127	2	0.064	0.164	0.849
성별 * 학교 소재지	0.771	2	0.385	0.994	0.371
현직연수 이수 * 학교 소재지	3.845	8	0.481	1.240	0.274
성별 * 현직연수 이수 * 학교 소재지	2.531	8	0.316	0.816	0.589
학교급 * 학교 소재지	0.563	2	0.282	0.726	0.484
성별 * 학교급 * 학교 소재지	0.275	2	0.138	0.355	0.701
현직연수 이수 * 학교급 * 학교 소재지	0.964	8	0.120	0.311	0.962
성별 * 현직연수 이수 * 학교급 * 학교 소재지	0.304	5	0.061	0.157	0.978
학교 설립 유형 * 학교 소재지	0.081	2	0.040	0.104	0.901
성별 * 학교 설립 유형 * 학교 소재지	0.223	2	0.111	0.288	0.750
현직연수 이수 * 학교 설립 유형 * 학교 소재지	2.504	8	0.313	0.808	0.596
성별 * 현직연수 이수 * 학교 설립 유형 * 학교 소재지	0.427	4	0.107	0.275	0.894

소 스	제곱합	자유도	평균자승	F	p
학교급 * 학교 설립 유형 * 학교 소재지	0.412	2	0.206	0.532	0.588
성별 * 학교급 * 학교 설립 유형 * 학교 소재지	1.711	1	1.711	4.415	0.036
현직연수 이수 * 학교급 * 학교 설립 유형 * 학교 소재지	3.722	6	0.620	1.600	0.145
성별 * 현직연수 이수 * 학교급 * 학교 설립 유형 * 학교 소재지	0.000	0	.	.	.
오 차	180.614	466	0.388		
합 계	8142.507	566			

주1) 실습지도 및 실습실 운영 영역의 직무수행에 유의미한 차이를 나타낸 인구통계학적 특성 변인은 '성별', '현직연수 이수'이고, 근무학교 특성 변인은 '학교급', '학교 설립 유형', '학교 소재지'이며, 이들에 대한 다원분산분석을 한 결과임.

주2) 성별, 학교급, 학교 설립 유형, 학교 소재지의 상호작용 효과는 $p < 0.05$로 유의미하게 나타났으나 성별, 학교급, 학교 설립 유형, 학교 소재지의 주 효과가 유의미하지 않으므로 의미가 없음.

4. 학생생활지도 영역

소 스	제곱합	자유도	평균자승	F	p
주 효과					
성 별	0.161	1	0.161	0.448	0.504
현직연수 이수	1.098	4	0.274	0.764	0.549
학교급	0.285	1	0.285	0.793	0.373
상호작용 효과					
성별 * 현직연수 이수	3.823	4	0.956	2.660	0.032
성별 * 학교급	0.053	1	0.053	0.147	0.702
현직연수 이수 * 학교급	2.792	4	0.698	1.943	0.102
성별 * 현직연수 이수 * 학교급	2.441	3	0.814	2.264	0.080
오 차	196.528	547	0.359		
합 계	6855.143	566			

주1) 학생생활지도 영역의 직무수행에 유의미한 차이를 나타낸 인구통계학적 특성 변인은 '성별', '현직연수 이수'이며, 근무학교 특성 변인은 '학교급'이며, 이들에 대한 다원분산분석을 한 결과임.

주2) 성별과 현직연수 이수의 상호작용 효과는 $p < 0.05$로 유의미하게 나타났으나 성별과 현직연수 이수의 주 효과가 유의미하지 않으므로 의미가 없음.

5. 행정업무수행 영역

소　스	제곱합	자유도	평균자승	F	p
주 효과					
성 별	1.575	1	1.575	4.164	0.042
현직연수 이수	0.096	1	0.096	0.253	0.615
학교급	0.699	1	0.699	1.850	0.174
학교 설립 유형	0.570	1	0.570	1.506	0.220
상호작용 효과	0.033	1	0.033	0.198	0.657
성별 * 현직연수 이수	1.534	1	1.534	4.057	0.044
성별 * 학교급	0.035	1	0.035	0.092	0.762
현직연수 이수 * 학교급	1.445	1	1.445	3.821	0.051
성별 * 현직연수 이수 * 학교급	1.950	1	1.950	5.157	0.024
성별 * 학교 설립 유형	0.021	1	0.021	0.055	0.815
현직연수 이수 * 학교 설립 유형	0.395	1	0.395	1.045	0.307
성별 * 현직연수 이수 * 학교 설립 유형	1.001	1	1.001	2.646	0.104
학교급 * 학교 설립 유형	0.050	1	0.050	0.133	0.715
성별 * 학교급 * 학교 설립 유형	0.182	1	0.182	0.482	0.488
현직연수 이수 * 학교급 * 학교 설립 유형	0.133	1	0.133	0.351	0.554
성별 * 현직연수 이수 * 학교급 * 학교 설립 유형	0.031	1	0.031	0.083	0.774
오 차	207.997	550	0.378		
합 계	8368.938	566			

주1) 행정업무수행 영역의 직무수행에 유의미한 차이를 나타낸 인구통계학적 특성 변인은 '성별', '현직연수 이수'이고, 근무학교 특성 변인은 '학교급', '학교 설립 유형'이며, 이들에 대한 다원분산분석을 한 결과임.

주2) 성별과 현직연수 이수의 상호작용 효과, 성별과 현직연수 이수와 학교급의 상호작용 효과는 p<0.05로 유의미하게 나타났으나 현직연수 이수와 학교급의 주 효과가 유의미하지 않으므로 의미가 없음.

6. 전문성 신장 영역

전문성 신장 영역의 직무수행에 유의미한 차이를 나타낸 인구통계학적 특성 변인이 '현직연수 이수' 하나뿐이기 때문에 다원분산분석을 실시하지 않음.

7. 학급경영 영역

학급경영 영역의 직무수행에 유의미한 차이를 나타낸 인구통계학적 특성 변인과 근무학교 특성 변인이 없기 때문에 다원분산분석을 실시하지 않음.

[부록 17] 학교 소재지와 관련 변인에 따른 실습지도 및 실습실
운영 영역의 직무수행의 이원분산분석 결과

1. 학교 소재지와 성별에 따른 실습지도 및 실습실 운영 영역의
직무수행의 이원분산분석 결과

소 스	제곱합	자유도	평균자승	F	p
주 효과					
학교 소재지	1.389	2	0.695	1.696	0.184
성 별	2.002	1	2.002	4.885	0.027
상호작용 효과					
학교 소재지 * 성별	0.308	2	0.154	0.375	0.687
오 차	229.441	560	0.410		
합 계	8142.507	566			

2. 학교 소재지와 현직연수 이수에 따른 실습지도 및 실습실
운영 영역의 직무수행의 이원분산분석 결과

소 스	제곱합	자유도	평균자승	F	p
주 효과					
학교 소재지	0.747	2	0.373	0.928	0.396
현직연수 이수	6.166	4	1.541	3.833	0.004
상호작용 효과					
학교 소재지 * 현직연수 이수	3.769	8	0.471	1.172	0.314
오 차	221.559	551	0.402		
합 계	8142.507	566			

3. 학교 소재지와 학교급에 따른 실습지도 및 실습실 운영영역의 직무수행의 이원분산분석 결과

소 스	제곱합	자유도	평균자승	F	p
주 효과					
학교 소재지	2.141	2	1.070	2.737	0.066
학교급	7.310	1	7.310	18.693	0.000
상호작용 효과					
학교 소재지 * 학교급	3.258	2	1.629	4.166	0.016
오 차	218.993	560	0.391		
합 계	8142.507	566			

4. 학교 소재지와 학교 설립 유형 이수에 따른 실습지도 및 실습실 운영 영역의 직무수행의 이원분산분석 결과

소 스	제곱합	자유도	평균자승	F	p
주 효과					
학교 소재지	2.083	2	1.041	2.629	0.073
학교 설립 유형	8.741	1	8.741	22.063	0.000
상호작용 효과					
학교 소재지 * 학교 설립 유형	0.708	2	0.354	0.893	0.410
오 차	221.861	560	0.396		
합 계	8142.507	566			

[부록 18] 다중공선성 진단을 위한 회귀분석 결과

1. 전체 직무수행

변 인	비표준화 회귀계수 (B)	표준화 회귀계수 (β)	t	유의 확률	공선성 통계량 공차 한계	VIF
직무 중요성	0.595	0.510	16.359	0.000	0.915	1.093
개인적 교수효능감	0.284	0.337	10.977	0.000	0.941	1.062
학교풍토의 교사 전문행위	0.104	0.132	4.322	0.000	0.948	1.054
학교급	0.077	0.087	2.847	0.005	0.957	1.044
상 수	−0.265		−1.577	0.115		

종속변인: 기술과 교사의 전체 직무수행

2. 교수학습지도 영역

변 인	비표준화 회귀계수 (B)	표준화 회귀계수 (β)	t	유의 확률	공선성 통계량 공차 한계	VIF
개인적 교수효능감	0.359	0.409	12.068	0.000	0.959	1.043
직무 중요성	0.412	0.338	9.796	0.000	0.924	1.082
학교풍토의 교사 전문행위	0.118	0.144	4.245	0.000	0.963	1.038
상 수	0.123		0.627	0.531		

종속변인: 교수학습지도 영역의 직무수행

3. 실습지도 및 실습실 운영 영역

변 인	비표준화 회귀계수 (B)	표준화 회귀계수 (β)	t	유의 확률	공선성 통계량 공차 한계	VIF
직무 중요성	0.811	0.447	12.376	0.000	0.901	1.110
학교급	0.181	0.132	3.561	0.000	0.858	1.165
개인적 교수효능감	0.217	0.166	4.688	0.000	0.939	1.065
학교풍토의 학업 강조	−0.146	−0.143	−3.997	0.000	0.923	1.083
학교 설립 유형	0.158	0.111	3.058	0.002	0.890	1.124
학교풍토의 교사 전문행위	0.092	0.075	2.086	0.037	0.905	1.105
상 수	−0.427		−1.372	0.171		

종속변인: 실습지도 및 실습실 운영 영역의 직무수행

4. 학생생활지도 영역

변 인	비표준화 회귀계수 (B)	표준화 회귀계수 (β)	t	유의 확률	공선성 통계량 공차 한계	VIF
직무 중요성	0.707	0.410	10.895	0.000	0.893	1.119
개인적 교수효능감	0.254	0.204	5.496	0.000	0.916	1.091
학교풍토의 교사 전문행위	0.124	0.106	2.933	0.003	0.962	1.039
학교 규모	−0.004	−0.088	−2.447	0.015	0.981	1.019
교직 경력	−0.005	−0.079	−2.147	0.032	0.926	1.080
상 수	−0.652		−2.129	0.034		

종속변인: 학생생활지도 영역의 직무수행

5. 행정업무수행 영역

변 인	비표준화 회귀계수 (B)	표준화 회귀계수 (β)	t	유의 확률	공선성 통계량 공차 한계	VIF
직무 중요성	0.741	0.419	11.116	0.000	0.909	1.100
개인적 교수효능감	0.213	0.167	4.373	0.000	0.888	1.126
학교풍토의 협의적 리더십	0.102	0.105	2.898	0.004	0.987	1.013
성 별	−0.134	−0.090	−2.380	0.018	0.899	1.112
학교급	0.102	0.076	2.058	0.040	0.952	1.051
상 수	−0.336		−1.096	0.274		

종속변인: 행정업무수행 영역의 직무수행

6. 전문성 신장 영역

변 인	비표준화 회귀계수 (B)	표준화 회귀계수 (β)	t	유의 확률	공선성 통계량 공차 한계	VIF
개인적 교수효능감	0.423	0.334	8.903	0.000	0.959	1.043
직무 중요성	0.529	0.301	8.029	0.000	0.959	1.043
상 수	−0.095		−0.326	0.744		

종속변인: 전문성 신장 영역의 직무수행

7. 학급경영 영역

변 인	비표준화 회귀계수 (B)	표준화 회귀계수 (β)	t	유의 확률	공선성 통계량 공차 한계	VIF
직무 중요성	0.676	0.459	12.633	0.000	0.924	1.082
개인적 교수효능감	0.171	0.161	4.514	0.000	0.959	1.043
학교풍토의 교사 전문행위	0.147	0.148	4.147	0.000	0.963	1.038
상 수	−0.037		−0.147	0.883		

종속변인: 학급경영 영역의 직무수행

· 저자 ·

이명훈　　· 약　력 ·
(李明薰)　충남대학교 전기공학교육과 졸업
　　　　　한국교원대학교 대학원 교육학 석사(기술교육과 졸업)
　　　　　서울대학교 대학원 교육학 박사
　　　　　현 성동공업고등학교 교사
　　　　　　서울대학교 시간강사

　　　　　· 주요논저 ·
　　　　　국정 교과서 '전기 응용'
　　　　　'초음파 전동기의 이론과 응용'
　　　　　'산업교육실습 이해와 실제'

기술과 교사의 직무수행

· 초판 인쇄　2007년 8월 20일
· 초판 발행　2007년 8월 20일

· 지 은 이　이명훈
· 펴 낸 이　채종준
· 펴 낸 곳　한국학술정보㈜
　　　　　　경기도 파주시 교하읍 문발리 526-2
　　　　　　파주출판문화정보산업단지
　　　　　　전화　031) 908-3181(대표) · 팩스　031) 908-3189
　　　　　　홈페이지　http://www.kstudy.com
　　　　　　e-mail(출판사업부)　publish@kstudy.com
· 등　　록　제일산-115호(2000. 6. 19)
· 가　　격　21,000원

ISBN　978-89-534-7131-3 93370 (Paper Book)
　　　　978-89-534-7132-0 98370 (e-Book)